Inhalt

D1997079

Principal Berlin

Berlin has changed fundamentally during the last decade. The city has undergone a profound modernization since the Berlin wall came down. Berliners in either East and West had to come to terms with a completely new situation. First of all, many of them had their problems with this radical change. Today we know that there was no alternative of modernising the infrastructure, renovating houses and flats, factory buildings as well as roads and railways. Ten years after the reunification of East and West, Berlin is about to become a normal big city. The early years of expectations too great are long since over, as well as those days, when Berlin was at odds with its own future. Today the city is aware of both its strength and its weak points. The relocation of the German government has finally accomplished the transformation of Berlin from a symbolic to a real capital. Its geographical location between East and West is getting more and more important for the life of the city, that especially attracts young people. The image of the city and the increasing living quality there is linked to the process of modernization. There is a vital city space on the one hand, and modern technologies, efficient transport systems and public utilities on the other. In this respect, Berlin has become an excellent model over the last ten years. Berlin succeeded in becoming a normal city. What will matter, is to continue this process in the decade to come.

z. B. Berlin

Zehn Jahre Transformation und Modernisierung

Begleitbuch zur Ausstellung

EDITION FOYER

z.B. Berlin | 10 Jahre Transformation und Modernisierung – eine Ausstellung

Veranstalter:	Senatsverwaltung für Stadtentwicklung
Zeit:	02. Juni bis 03. Oktober 2000
Ort:	Postbahnhof am Ostbahnhof, Straße der Pariser Kommune 3–7
Information:	Telefon 030.29 00 92 33, Internet www.z-B-Berlin.de

Berlin

z.B.

Die Ausstellung „z.B. Berlin“ wurde ermöglicht durch die Deutsche Post AG.

Deutsche Post

Die Senatsverwaltung für Stadtentwicklung bedankt sich für die freundliche Unterstützung bei den folgenden Partnern:

Bewag

BSR

MUNICIPALITY OF BUDAPEST

BVG

GASAG

DASS Vermeiden. Sortieren. Verwerten. Berlin bringt's. Internet: www.dass-online.de

DER TAGESSPIEGEL

DB Die Bahn

Investitions Bank Berlin

viterra

Prinzip Großstadt

VORWORT PETER STRIEDER

Berlin hat in den vergangenen zehn Jahren einen tiefgreifenden Wandel durchlebt. Seit dem Fall der Mauer hat sich die Stadt grundlegend modernisiert. Gleichzeitig mussten sich die Berlinerinnen und Berliner aus Ost und West in einer neuen Lebenssituation zurecht finden. Dieser Umbruch ist von vielen zunächst als Zumutung empfunden worden. Heute aber wissen wir: Zur Modernisierung der Infrastruktur, zur umfassenden Sanierung von Wohnungen, Fabrikgebäuden, Verkehrswegen gab es keine Alternative. Ein Jahrzehnt nach Mauerfall und Wiedervereinigung ist Berlin auf dem Weg zu einer normalen Metropole. Vorbei sind die ersten Nachwende-Jahre, als Boom-Szenarien manche hoch gesteckte Erwartung schürte. Vorbei ist aber auch die Zeit, als sich vor allem in Berlin selbst die Zweifel an der Zukunftsfähigkeit der Stadt ausbreiteten. Die Stadt ist sich inzwischen ihrer Stärken und Schwächen bewusst. Die Hauptstadt ist von der papiernen Beschlusslage zur materiellen Realität geworden. Die Lage der Stadt zwischen Ost und West wird mehr und mehr zu einem Bestandteil des Berliner Lebens. Kreativität in Wissenschaft und Kunst, in den neuen Medien und Technologien wird in Berlin und über Berlin hinaus zu einem Begriff. Die Anziehungskraft der Stadt bewegt immer mehr vor allem junge Leute nach Berlin.

Postbahnhof am Ostbahnhof, Bezirk Friedrichshain

Vieles ist auf den Weg gebracht worden, ohne dass heute ein fertiges Berlin präsentiert werden könnte. Dieses war nicht zu erwarten, wenn man die Entwicklungen Berlins mit Strukturveränderungen über Jahrzehnte in anderen Regionen – zum Beispiel dem Ruhrgebiet – vergleicht. Doch mit den Anstrengungen der Neunzigerjahre ist der Grundstein gelegt worden für die Rolle Berlins im 21. Jahrhundert: eine junge kreative Stadt, ein Zentrum für neue und zukunftsweisende Industrien und Dienstleistungen, eine Kulturmetropole, ein Treffpunkt zwischen Ost und West und die Hauptstadt des wiedervereinigten Deutschland. Berlins Chance liegt in der Mobilisierung seiner humanen und vitalen Ressourcen für die Vorbereitung auf die Produkte und Märkte von morgen. Auch wenn das zunächst als Allerweltsformel für die Definition von Standortvorteilen angesehen werden kann: Eine wohlverstandene Standortpolitik, die Bündelung von gemeinsamem kulturellem, geschichtlichem Wissen, die Aktivierung der „Infrastruktur der Köpfe". Dabei gilt: Die beste Förderung für die Entwicklung eines modernen Wirtschaftsortes ist die Attraktivität der Stadt.

Das Bild der Stadt, das Wachsen urbaner Lebensqualität geht einher mit dem Prozess der Modernisierung. Der lebenswerte Stadtraum auf der einen Seite, moderne Technologien, leistungsfähige Verkehrssysteme und eine effektive Ver- und Entsorgung auf der anderen Seite. Hierfür ist in Berlin in den vergangenen zehn Jahren bereits auf vielen Feldern Beispielhaftes geleistet worden. Es wird darauf ankommen, im normalisierten Berlin des kommenden Jahrzehnts die jetzt begonnenen Projekte zum Wohle der Stadt voran zu treiben.

Peter Strieder ist Senator für Stadtentwicklung

Szeneclub
Maria am Ostbahnhof

Passagiere und Projektionen

I am the passenger
and I ride and I ride
I ride through the city's backsides
I see the stars come
out of the sky
yeah the bright and hollow sky
you know it looks
so good tonight
I am the passenger
I stay under glass
I look through my
window so bright
I see the stars
come out tonight
I see the gright
and hollow sky
over the city's backside
and everything looks good tonight
singing la la la
get into the car
we'll be the passenger
we'll ride through the city tonight
we'll see the stars that shine
so bright – stars made
for us tonight
o the passenger
how he rides and he rides
o the passenger
he rides and he rides
he looks through his window
what does he see
he sees the sign and
hollow sky
he sees the stars
come out tonight
he sees the city's ripped backsides
he sees the winding ocean drive
and everything was made for you and me
all of it was made for
you and me – 'cause it
just belongs to you and me
so let's take a ride and
see what's mine
singing la la la
o the passenger
and he rides and he rides
he sees things from under glass
he looks through his window side
he sees the things he
knows are his
he sees the bright and
hollow sky
he sees the city
sleep at night
he sees the stars are
out tonight
and all of it is yours and mine
and all of it is yours and mine
ao let's ride and ride
and ride and ride
singing la la la...

Iggy Pop – The Passenger
© 1977 James Osterberg Music

Iggy Pop war Mitte der Siebzigerjahre von seinem Freund David Bowie nach Europa geholt worden. Gemeinsam nahmen sie zwei Klassiker der Pop-Geschichte auf: *The Idiot* (1976) und *Lust For Life* (1977). Beide hatten sich vorgenommen, sich von ihren verschiedenen Drogenabhängigkeiten zu kurieren. Zuerst lebten und arbeiteten sie in Paris, dann zogen sie nach Berlin, wo sie bis etwa 1979 blieben. Neben den unter Pops Namen veröffentlichten Gemeinschaftsproduktionen findet man auch auf Bowies Alben *Low* und *Heroes* verschiedene Bearbeitungen des Berlin-Einflusses, etwa die Instrumentalkompositionen *V2-Schneider, Neukölln* (sic!) und natürlich *Heroes/Helden*, eine ambivalente Hommage an die Stadt, die teilweise in Deutsch gesungen wurde.

TEXT DIEDRICH DIEDERICHSEN

FOTO PIERRE ADENIS/G.A.F.F.

Iggy Pop aber war es, der in seinen Texten schon immer allgemeine Gefühlswerte und atmosphärische Gesetze des Lebens in großen Städten untersucht hatte. *The Idiot* feierte noch eindeutig die US-amerikanischen Stadtlandschaften: „I like to drive along the freeways/See the smokestacks belching". Endlose Industriegebiete, auf die der Highway den Blick freigibt, sind ein feststehender Topos nicht erst der Rockmusik. Die Smokestacks ragten schon in unzählige städtische Blues- und R&B-Texte der Vierziger und Fünfziger.

Ein Jahr später hatte Iggy Pop Europa kennen gelernt. Auf dem Album *Lust for Life* besang er in dem Song *The Passenger* diese für ihn neuen, ganz anderen Städte. Dafür hatte er eine neue Figur eingeführt, eine Art motorisierten Flaneur, den Passagier, den man sich vielleicht auf dem Rücksitz einer Limousine vorzustellen hatte, vielleicht aber auch in einem der modernen europäischen Schnellzüge, deren Art, große Städte miteinander zu verbinden, für Pop neu war. Dafür spräche nicht nur, dass der *Passenger* sehr lange Strecken zurückzulegen schien: „and I ride and I ride". Vor allem wurden diesem Passagier auf seinen Fahrten ungewöhnliche Perspektiven zuteil: „I see the bright and hollow sky over the city´s ripped backside". Gerade letzteres betonte Pop immer wieder: „I ride through the city´s backside".

DJ Performance, Oberbaum City (oben)

Sophie-Gips-Höfe, Spandauer Vorstadt (links)

Diese Rückseiten der Städte, die von einem hohlen, hellen Himmel beschienen und die später von den Sternen der Nacht beleuchtet wurden, diese „zerrissenen Rückseiten" wurden einem nicht von den Straßen aus gezeigt. Man fand (und findet) sie nicht, wenn man nur im Auto herumfährt. Diese Ansichten zeigte einem aber die europäische Eisenbahn, die, wie ihre Werbung vor ein paar Jahren noch betonte, in die Herzen der Städte fuhr, unmittelbar durch deren Rückseiten, die Industriegebiete, Großbaustellen, Frachtterminals in jene Bahnhöfe – an denen heute Benimmregeln aushängen, in denen gedämpfte Musik läuft und von denen unerwünschte Personen vertrieben werden. Pop hatte diese Seite der Stadt entdeckt: Bahnhöfe und Industriegebiet – und sich von ihr euphorisieren lassen: „You know it looks so good tonight ... All of it was made for you and me." Endlose Verfügung über endlose und uncodierte Gebiete: ein erhabener hoher, hohler und heller Himmel und später der Weltraum selbst wurden die Äquivalente da oben zu den Weiten und Schönheiten hier unten, den Schönheiten der Backsides.

Die großen Städte lassen sich entlang zweier Konstellationen erforschen. (Berlin macht da zunächst keinen großen Unterschied: es gelten dieselben Gesetze, erst später werden wir merken, dass noch etwas anderes hinzukommt.) Die eine Konstellation ist die der Atmosphäre, die andere nenne ich das Potenzial. Die erste spielt in der Gleichzeitigkeit, die andere im Nacheinander. Die Atmosphäre einer Stadt hat immer etwas mit dem Verhältnis von Kontrolle und Chaos zu tun. Damit ist nicht die exotistische Beobachtung gemeint, die deutsche Autofahrer in Metropolen der südlichen Hemisphäre machen: dass der Verkehr nicht geregelt sei und dennoch funktioniere. Ich meine damit das Verhältnis von Vorgängen großen öffentlichen Interesses zu unbeachteten Vorgängen in unmittelbarer Nachbarschaft: große ökonomische Volumen, politisch oder symbolisch wichtige Veranstaltungen. Ihnen allen gilt der Lichtkegel der Aufmerksamkeit, in dessen Umgebung alles eindeutig wird und jedes Zeichen sich leicht von einer Bedeutung an die Kandare nehmen lässt.

Atmosphäre hat eine Stadt aber nur in dem Maße, wie in unmittelbarer Nachbarschaft dieses Lichts uneindeutige und unklare Prozesse ablaufen, am besten im Schatten, den dieses Licht selbst hervorruft. Atmosphäre ist eine Funktion der Backsides, der ripped Backsides, der endlosen Brachen, der verfallenen und nutzlosen Gebiete, die aber mitten im Zentrum oder nicht weit davon zu finden und zu sehen sind, die als erhabene Endlosigkeit neben der Endlichkeit des Geschäftigen und des Geschäfts, als Strand unter dem Pflaster, als uncodierter und unverkäuflicher Raum neben den Parzellen der Stadt einen Kontext bilden, den diese nicht selbst setzt.

Diesem Gegensatz zwischen unmittelbar benachbarten beleuchteten und unbeleuchteten Flächen entspricht natürlich die klassische symbolische Struktur des hell erleuchteten Rotlichtviertels. Dort wird ein ausgegrenztes Geschäft, ein anrüchiges Business – wie es immer heißt – „grell" erleuchtet, um daneben die dunklen Zonen des Verbotenen wie des Marginalisierten zu züchten, zu hegen oder zu tolerieren. In einem viel gewaltigeren und unklareren Sinne finden wir diese Konstellation aber auch in den ausgelagerten Industriegebieten, die riesige unbewohnte Flächen nachts mit Strom und Infrastruktur versorgen, ohne dass ein Mensch da wohnt. Wenn diese Infrastruktur dicht und geschmeidig genug ist, die Nacht zu überstehen, kann auch in diesem Schatten Atmosphäre gedeihen.

Gucci Store, Friedrichstadtpassagen (oben)

Bar in der Kreuzberger Oranienstraße (rechts)

Berlin hat es in diesem Sinne mit zwei Formen von Atmosphäre zu tun: permanent unbeachteten und unbeleuchteten Gebieten und solchen, die während der letzten zehn Jahre ins Dunkle abgedrängt wurden oder in die Nähe eines Lichtkegels gerückt sind. Berlin hat einerseits immer schon Brachen, leere und dunkle Zonen gehabt. Man sehe sich Berlin-Filme der Siebzigerjahre an, wie etwa Rudolf Thomes *Tagebuch*, in dem eine britische Fotokünstlerin nach Stadtlandschaften sucht und überall, in Kreuzberg wie im Wedding, immer wieder das Zusammentreffen von alltäglich genutztem Stadtgebiet und erhabener Leere als „poetisch" oder „atmosphärisch" erlebt.

Zum anderen sind in den letzten zehn Jahren Gebiete, die schon länger brach lagen oder im Begriff standen, unbenutzbar zu werden, durch die Wiedervereinigung umittelbar in die Nähe der (West-)berliner Lichtkegel geraten. Darüber hinaus haben sich die Lichtkegel selbst weit in leere oder kaum genutzte Territorien hineingefräst. Dabei spielt gerade die Subkultur eine besondere Rolle. Sie wurde schon oft als „Avantgarde der Gentrifizierung" (Martha Roesler) geschmäht. Tatsächlich kann man es so sehen: die Subkultur führt – quasi als unbeabsichtigte Vorhut des Geldes und meist gegen ihren eigenen Willen – durch ihren Einsatz und ihre Präsenz aufgegebene oder schon lange unbewohnbare Stadtteile zurück in die Ökonomie. Aber es ist selten gezeigt worden, dass diese Funktion von Künstlern und Bohemiens nicht allein auf ökonomischen Voraussetzungen beruht, sondern diese mit dem zusammenspielen, was die Backsides der Stadt an anderen Versprechungen zu bieten haben.

Ich würde für eine umgekehrte Beschreibung plädieren. Indem künstlerische Communities, Subkulturen und andere, die eine Atmosphäre zu schätzen wissen, diese in bestimmten aufgegebenen oder leeren, infrastrukturell schwachen Gegenden finden, definieren sie für das Kapital dessen jeweiliges Jenseits: das Unbezahlbare. Ein exquisites Gut, für das die Betreffenden aber offensichtlich nicht viel bezahlt haben. Nichts aber beschäftigt, quält und motiviert das Kapital, allemal seine wachesten

DESTAN & AKBAŞ MUZIK
BISTRO

AUSSTELLUNG
Blindes Vertrauen
1 STOCK
Anmeldung

Vertreter so sehr wie das Unbezahlbare, das Preislose. Hier haben wir es nicht mit einem abstrakten Unbezahlbaren zu tun, der Liebe, der Ehre, der Treue oder irgendwelcher Überzeugungen, sondern mit einem konkreten Unbezahlbaren: mit der Atmosphäre – die darüber hinaus auch noch mit konkreten Immobilien wenigstens mittelbar verbunden ist. Das Unbezahlbare bezahlbar zu machen und zu kaufen, ist aber nun einmal die Triebfeder kapitalistischen Handelns. Wer immer sozusagen das Außen des Kapitalismus an konkreten Orten findet, schafft neue attraktive Werte.

Doch obwohl diese Logik tatsächlich und beobachtbar so funktioniert und die von der frühen Techno-Generation mit Prestige und Atmosphäre versorgten, geadelten Ecken von Mitte etwa, auch und gerade dadurch zu begehrten Orten des Investments, der Erneuerung wurden, gibt es diverse Abweichungen von diesem Gang der Dinge, vor allem im Detail. Entweder indem die Boheme-Besiedlung wenigstens vorübergehend einen Waffenstillstand mit Investoren erkämpft, oder indem andere Attraktivitätsdefizite einer Gegend die Investoren abschrecken.

Hinterhof in der Rosenthaler Straße (links)

debis-Gebäude, DaimlerChrysler-Areal (unten)

An dieser Stelle wird es Zeit, die zweite Kategorie einzuführen, die zweite Konstellation zu beschreiben, die neben der Atmosphäre zu nennen ist. Mit dieser zweiten Kategorie wird die eben dargestellte Logik des Kapitals nicht gebrochen – wohl aber ihre Verwirklichung weiter kompliziert, zugleich auch dynamisiert. Wir reden statt vom räumlichen Nebeneinander von Licht und Schatten von zeitlichem Nacheinander, von Geschichte. Ich habe den Begriff des Potenzials angekündigt. Ein städtischer Raum, der nämlich von Geschichte spricht, Spuren von Geschichte zeigt, legt gleichzeitig nahe, dass sich in ihm wieder und weiterhin geschichtsträchtige Ereignisse abspielen werden. Er bietet sich als Bühne an. Menschen führen ihr Leben gerne auf einer Bühne, in einem Rahmen, der ihr Leben in eine größere Kontinuität einträgt.

Um die Spuren der Geschichte als produktiv, ermutigend und inspirierend erleben zu können, müssen diese Stadträume zwei Bedingungen erfüllen: zum einen dürfen die Spuren nicht zu einfach zu deuten sein, sie müssen mehrere vergangene Geschichten zulassen, mehrere Projektionen und fortsetzbare Kontinuitäten. Dadurch scheiden all jene Orte aus, deren Geschichte zu berühmt und zu eindeutig ist. Filmkulissen, Prachtstraßen, zentrale Plätze sind meistens von dominanten und zentralen Deutungsmustern verstellt und kommen nicht infrage.

Ebenso scheiden all die Monumente der Depression aus, die für eine nahe und als schmerzhaft erlebte Vergangenheit stehen. Viele Stellen Ost-Berlins, die für die zugezogene West-Bevölkerung von einer diffusen aber reichhaltigen Vergangenheit erzählen, ergeben für diejenigen, die schon länger dort wohnen oder vorbeikommen, einen sehr eindeutigen, zu eindeutigen Sinn. Das Gleiche gilt für zu positiv besetzte Orte: die berühmten Berliner Kieze, in denen sich eine angestammte oder vermeintlich angestammte Bevölkerung wohlfühlt, lassen natürlich auch keine Atmosphäre aufkommen – und stehen nicht für das Potenzial, von dem ich hier spreche. Ihre ständig wiederholte Erzählung von sich selbst lässt eben keine Veränderung erwarten – nur die ewige Fortsetzung. Denkt man an eine Stadt wie Wien – und wie oft Berlin an Wien denkt, zeigt nicht nur die Dominanz der Wiener Küche und der Wiener Kneipeninterieurs gerade bei vielen Neugründungen – fällt auf, dass die Unzahl der schon bestehenden Erzählungen, die normalerweise Potenzial in dem von mir gebrauchten

Sinne unmöglich macht, weil sie die Phantasie einschränkt, mittlerweile in einen diffusen Humus von einander überlappenden Vorstellungen herabgesunken ist, der nun doch eine zweite und eine dritte Deutung ermöglicht. Die Attraktivität Kreuzbergs für die erste Alternativkultur der Nachkriegszeit hängt sicher mit der Präsenz vieler und diffus von einer alternativen Geschichte erzählenden alten, heruntergekommenen und daher auch vom eigenen Alter offen erzählenden Bausubstanz zusammen – nicht nur mit den Mietpreisen. Vielleicht haben die wegen der Mietpreise nach Kreuzberg Gekommenen, die – ein anderer Grund – die strategischen Vorteile einer von der Mauer begrenzten Community zu schätzen wussten, erst im Laufe der Zeit die ästhetische Form ihrer Lebensform erkannt und beschrieben: zwischen Brachen, einer Mauer, der Spree – und der Geschichte. Vielleicht hat sich ihnen die aus vielen diffusen, mit ihrer Lebensform verbundenen Reizen zusammengesetzte Atmosphäre irgendwann erst als ein bestimmtes Verhältnis zur Geschichte zu erkennen gegeben – als ein Verhältnis zu sichtbaren Spuren einer Vergangenheit, die gleichwohl nicht abgeschlossen ist. Die einerseits reich an Geschichten, an die Phantasie mobilisierendem Material war, aber andererseits offen ließ, wer oder was dieses Material aufgreift oder fortführt. Nur dass es weiter geht, stand außer Frage.

Dieses Verhältnis von geschichtlich reichem Material zu Versprechungen ist im Osten der Stadt noch viel stärker ausgeprägt. Einschusslöcher und verwitterte Kolonialwarenschilder, die für Emil und die Detektive, die freudlose Gasse und eine Stadt, die einen Mörder sucht, ebenso stehen wie für Angriffe der SA oder den Zweiten Weltkrieg, waren dort in den Neunzigern überall zu finden. Wer immer die Stimulanz des Geschichtlichen suchte, konnte sie finden, wenn er oder sie die unmittelbar zurückliegende Geschichte der DDR ausblenden konnte. Denn so attraktiv Alt-Berlin, die Zwanzigerjahre und selbst das Dritte Reich als historischer Fundus von Möglichkeiten waren, so sehr engte die DDR-Geschichte den Intepretationsspielraum ein. Selten fand man Leute wie die Betreiber des Szeneclubs WMF, die die atmosphärische Dichte der verschiedenen Ost-Locations ihres Clubs nicht auf Kosten der Leugnung ihrer DDR-Vergangenheit entwickeln wollten und den Bezug dazu immer deutlich gemacht und ausgestellt haben.

Narva-Turm, Oberbaum City (oben)

Schlesische Strasse, Kreuzberg (unten)

Den exotistischen Blick auf die Schönheit der im Sozialismus langsam verfallenden Quartiere Ost-Berlins haben Westler auch schon während der Zeit der Teilung geworfen. Ich kann mich an Fahrten durch den Osten während der frühen Achtziger erinnern, auf denen man – spielerisch – leer stehende Ladenwohnungen und erst recht offizielle Gebäude für Parties aussuchte und sich an der absoluten Abwesenheit irgendwelcher Erkennungszeichen der Gegenwart ergötzte. Die bloße Abwesenheit von Werbung eröffnete den städtischen Raum für jeden anderen, natürlich aus der Vergangenheit, aus der Geschichte zu ermittelnden Sinn.

Die historische Atmosphäre, das Potenzial, entsteht dadurch, dass der Stadtraum viele Geschichten anbietet, die jeweils prägnant und klar sind – und keine vagen Szenarios, die aber immer neben anderen stehen, nicht einer dominanten Geschichte und ihrer Deutung unterworfen sind. Sind diese Qualitäten vorhanden, dann inspiriert die Historizität eines solchen Ortes in viel stärkerem Maße dazu, Zukunft zu gestalten, für möglich zu halten und vor allem politisch zu begreifen als jedes neue städtische Ensemble mit seiner zunächst blanken Leere – wie gut gemeint es auch immer sein mag. Erst recht bewirkt der beabsichtigte historische Bezug neuer Architektur das Gegenteil seiner Absichten (sofern diese Architektur nicht in eine Pluralität historischer Erzählungen integriert ist). Vor allem aber versagt die liebevolle Restauration einer bestimmten historischen Schicht, wie man sie an so vielen Stellen in Mitte beobachten kann: überall, wo ein mehrfach codiertes Gebäudeensemble im Sinne einer Codierung (meistens der musealen: als architektonisches Schmuckstück) herausgeputzt wurde – wie etwa die Hackeschen Höfe.

Es bleibt die Frage, welche Alternative es dazu gäbe, als Abenteurer urbaner Atmosphären nur zum Avantgardisten von Mieterhöhungen und Deutungsverengungen zu werden. Ein frühes Beispiel für den Künstler und Intellektuellen, der aus ideellen und politischen Gründen in heruntergekommene, aber an Atmosphäre und Geschichte reiche Viertel zieht, findet man in Jules Vallés´ Roman *Die Abtrünnigen*. Abtrünnige nennt Vallés Bohemiens, die sich aus Solidarität oder romantischer Neugier in den Quartieren der Elenden niederlassen – und nicht oder nicht nur aus eigener ökonomischer Not. Natürlich baut die Mythologie einer Boheme-Dissidenz immer auf dieser Ur-Konstellation auf. Die Kinder der Mittelklasse siedeln bei den Unterdrückten, schreiben sich in eine andere Geschichte ein. Ihre Kunst wiederum gewinnt utopische Kraft nur durch die Konfrontation mit dem historischen Potenzial dieser Gegend, sie wird nur wirksam durch die Konstellation der Atmosphäre – durch die Verschiebbarkeit des Lichtkegels.

Dem steht der Flaneur gegenüber, der weder zu der einen noch zu der anderen Welt fix gehören will, sondern nur vorübergeht. In Iggy Pops *Passenger* scheint sich dieser Flaneur mit dem Abtrünnigen zu treffen. Die „ripped backsides" werden zwar im Vorbeifahren wahrgenommen, werden zum flüchtigen Hintergrund einer Liebesaffäre. Doch sie sind andererseits soziales Neuland, eine ganz neue Welt, eine ganz neue Atmosphäre: eine Utopie. Und damit gewinnen sie mehr soziale Verbindlichkeit als alles, was dem Flaneur en passant begegnet.

Es gibt allerdings auch einen Hinweis, dass der *Passenger* weder Flaneur noch Abtrünniger ist und auch keine Synthese aus beiden darstellt. „I stay under glass", insistiert Iggy Pop gleich mehrfach. Er tritt nicht wirklich heraus. Das könnte darauf verweisen, dass der *Passenger* schon genau jener Investor neuen Typs ist, der von der Limo aus in Augenschein nimmt, wo sich in Atmosphäre investieren ließe. Das würde dem ursprünglich utopisch verstandenen Ausruf – „and all of it was just made for you and me" – eine andere Wendung geben. Privateigentum statt Utopie. ■

Passengers and Projections

It was Berlin, that inspired Iggy Pop, when he admired the backside of cities in his songs. The genuine potential of the city appears to be the availability of uncoded and somehow endless space. Potential here means an urban quality in the sense of an open-end sequence, whereas the atmosphere of a city rather embraces its qualities at a certain point. The special atmosphere of a city is characterized by the relation of chaos and control. It is the balance between events taking place in the spotlight of the general public and those happening rather unnoticed and at random; in dark, empty and invisible zones of the city. Berlin always had such fallows. But this forgotten urban space has awoken from its slumber during the last decade. The immense interest in inner city locations has triggered an overall change of Berlin's atmosphere. Ironically, it is the subculture, who pioneers this process in two ways: not only by defining atmosphere, but making it a commodity at the same time, simply because atmosphere is always located in concrete, marketable places and buildings. This process can be regarded as successive commercialization of atmosphere, where potential enters the stage. Historical layers and traces of the past are promises for the future of a city. But it is necessary to fulfill two requirements in order to make the heritage of history becoming an inspiring, encouraging and creative experience: first, the codes of the past are not to decipher too easily, second, they should be open for more than only one interpretation, and they should to be continued. Following this, many places are ruled out: those too famous and well-known, those too miserable and depressing, and eventually, places too nice and prosperous. Therefore, the popular „Kiez" in Berlin cannot generate atmosphere, let alone potential, because „Kiez" mainly is synonymous with permanent and unchanged self-repetition. East Berlin seems to be the fertile soil for the sought alliance of both historically enriched urban texture and promises – but one finds this very relation, that produces potential, in Berlin more often than anywhere else.

Potential emerges from urban narratives, more a collection of poignant and pittoresque stories than a vague scenario. And they are not subject of a single dominant interpretation. Only then the historicity of a place can become a source of inspiration for future ideas. There is much more to such places than to any new architectural ensemble, that naturally lacks flair and patina. But potential also vanishes where beautiful restoration turns a multiply coded old building into a precious museum piece.

What remains, is the question whether urban adventurers inevitably have to become avantgardists of rising inner city rents, initiating the notorious invasion-succession-algorithm of gentrification. Iggy Pop's passenger might be the hybrid figure incorporating this special sort of avantgarde as well as the classic flaneur, the city stroller, who rejects to be involved, rather prefering to watch the scene from a distance. It is the passenger, who actually appreciates the backside of cities, that becomes new land, utopia in his eyes. But Iggy Pop's passenger might well be a totally different character. Perhaps the insisting line „I stay under glass" points out to a new sort of passenger: the affluent city slicker, scanning the scene out of his limo – always looking for atmosphere worth investing.

Börse,
Ludwig-Erhard-Haus

Bühne der Hauptstadt

TEXT LOUIS BACK

FOTO DPA/ZENTRALBILD

Die Feiern waren standesgemäß. Hunderttausende bevölkerten die Straßen Berlins und erwarteten den Sprung des Zeigers auf die Zwölf. Fast magisch der erwartungsvolle Blick, mit dem die Stellvertreter einer ganzen Nation den Wechsel ins nächste Saeculum zum Anbruch einer neuen Zeit stilisierten. Die Medien hatten die Hoffnungsfeuer kräftig geschürt. So wurde die Nacht zum 1. Januar noch einmal zur symbolträchtigen Inszenierung einer Geschichtswende, die eigentlich zehn Jahre zuvor begonnen hatte. Eine Novembernacht des Jahres 1989 veränderte die Parameter der Politik. Doch zunächst standen eher die gewaltigen, vor allem wirtschaftlichen Aufgaben des Tages im Mittelpunkt, für ausgeruhte Nachdenklichkeit über Programmatisches blieb wenig Zeit, Realpolitik war angesagt. Der Umzug in die neue Hauptstadt 1999 galt deshalb Vielen als wichtige Wegmarke des überfälligen politischen Neubeginns. Seit Jahren schon machte das Wort von der Berliner Republik die Runde. Für welche Inhalte würde sie stehen? Johannes Gross prognostizierte 1995 eher nüchtern die „Rückkehr zur Normalität", andere erwarteten eine wie auch immer geartete deutsche Variante der „New Economy" und schließlich ließ selbst die unleidige Parteispendenaffäre die Auguren bedeutungsschwanger lächeln. Nüchtern betrachtet ist indes die politische Standortbestimmung des wieder vereinten Deutschlands bis heute nachzuholen. Erst schemenhaft zeigen sich ihre Konturen im Diskurs der Gesellschaft. Berlin – soviel ist sicher – redet dabei kräftig mit. Die Stadt spielt eine neue Rolle – als Entscheidungs- und Informationskapitale einer ganzen Nation. Dem Aufmerksamen gibt die Semiotik ihres architektonischen und städtebaulichen Textes erste Hinweise auf die mögliche Richtung dieses Neubeginns – doch auch auf eine gewisse Unbestimmtheit, die die Stadt sich willentlich bewahrt. Berlin setzt der Bundespolitik einen Rahmen, der einiges vorgibt, anderes offen lässt. Nicht umsonst sprach Roman Herzog 1997 im Hotel Adlon vom „Laboratorium Berlin". Ein programmatisches Wort. Die Alchimisten aus Politik und Medien sind angekommen. Das Experiment hat begonnen ...

9. September 1998

Im Lichtzylinder der Berliner Reichstagskuppel spiegeln sich Pressefotografen. Die Bundestagspräsidentin hatte sie eingeladen, sich selbst ein Bild vom neuen Berliner Wahrzeichen zu machen. Nach der Eröffnung werden tausende von Besuchern dasselbe tun.

Regieren in Berlin?

Es war zu erwarten und es war folgerichtig. Andere Nationen haben sich gewundert, wieviel Nachdenklichkeit sich die Deutschen leisteten, bis es soweit war. Dass der Einigungsvertrag von 1990 Berlin zur Hauptstadt machte, war wenig mehr gewesen als ein Stück inhaltsleerer Bekenntnispolitik. Erst am 20. Juni 1991 fiel die wichtigere Entscheidung: der Bundestag beschloss den Umzug an die Spree. Die Standorte der Politik sollten sich innerhalb der Stadt auf die Bezirke Mitte und Tiergarten verteilen – und damit die Nahtstellen zwischen Ost und West besetzen. Der neue politische Stadttext avancierte zum Kitt des historischen Bruchs. Eine Idee, die zwei zeitsensible Architekten auch zum Leitthema des größten Bauvorhabens der Politik machten. Mit ihrem *Band des Bundes* gingen Axel Schultes und Charlotte Frank 1993 als unangefochtene Sieger aus dem Wettbewerb zur Neuordnung des Regierungsviertels im Spreebogen hervor.

4. Januar 1999

Eine Sondersendung auf SAT 1 zeigt die besten Stunts der Actionserie *HeliCops – Einsatz über Berlin*. Das Foto zeigt, wie sie entstanden: Schauspielerin Doreen Jacobi bei den Dreh-

Die Spange über die Spree sollte das einzige reine Neubauprojekt bleiben. Ein erstes Unterbringungskonzept, das umfangreiche Neubauten vorsah, wich bald einerseits dem Drängen der Berliner Stadtplaner, vor allem aber wohl der finanziellen Vernunft. Das Wort vom „sanften Umzug" trat an seine Stelle. Die damit gemeinte Nutzung vorhandener Altbausubstanz war ein Glücksfall für die Berliner Stadtentwicklung, den man schwerlich hoch genug bewerten kann. Der Einzug in bestehende Bauten eröffnete der Stadt und dem ganzen Land die Chance für einen Paradigmenwechsel im Umgang mit Geschichte. Das Verneinen und Übersehen der gebauten Überreste unliebsamer Epochen – und an denen ist Berlin reich genug – hätte fatale Folgen gehabt. Anstatt die geschichtliche Last mitzuschleppen, musste man sich ihr nun stellen. Das Ziel: gemauerte Ikonen der Kaiserzeit, der Nazidiktatur und des SED-Regimes mit neuem, demokratischem Leben zu füllen.

Für den Bau der Reichsbank etwa hatte Adolf Hitler einst persönlich den Entwurf Heinrich Wolffs ausgewählt – und dabei Koryphäen wie Poelzig, Gropius oder Mies van der Rohe übergangen. Der sensible Umbau durch einen Architekten von den Qualitäten Hans Kollhoffs ebnete hier den Weg zur demokratischen Aneignung des schwierigen baulichen Erbes. Die neue Republik ging – notgedrungen – selbstbewusst zu Werke. Ganz en passant ergab sich dabei die Gelegenheit, unselige Legenden zu demontieren. So zeigte sich beim Umbau des einstigen Reichsluftfahrtministeriums, dass in den sagenhaft schnell errichteten NS-Bauten eines Ernst Sagebiels (damals Generalbauinspektor für die Reichshauptstadt) Pfusch am Bau betrieben worden war.

Selbstbewusstsein auch an anderer Stelle. Das Reichstagsgebäude wurde zum Sitz des Deutschen Bundestags. Einst vom Bürgertum dem Kaiser abgetrotzt und unter den Nazis niedergebrannt, war die fehlende Geschichtslast des Hauses ein Geschenk an die neue Republik. Dass im Wettbewerb für den Umbau des Reichstags mit Norman Foster, Pi de Bruijn und Santiago Calatrava drei ausländische Architekten reüssierten, wurde in aller Welt als positives und erstaunliches Signal eben jenes erstarkten Selbstbewusstseins gewertet.

Bei den Neubauten des Kanzleramts und der Bundestagsbüros in der Spreespange kamen dagegen deutsche Architekten zum Zug. Der Münchner Stephan Braunfels entwarf das Paul-Löbe- und das Marie-Elisabeth-Lüders-Haus, Axel Schultes setzte sich im Wettbewerb für das Bundeskanzleramt gegen das Trio Krüger, Schubert, Vandreike durch. Selten zuvor entstand eine solche Flut architektonischer Gedankenarbeit für eine Stadt. So liegt heute hinter der gebauten Regierungsstadt ein Text der anders gedachten, nicht realisierten Lösungen. Architektonisch mag er an manchen Stellen sogar interessanter sein, doch steht er für die ebenso leidvolle wie hilfreiche Erfahrung, dass Architektenwollen und Nutzerwunsch nicht immer in eins gehen – man denke nur an Max Dudlers Entwurf für die Erweiterung des Auswärtigen Amtes.

Das wiedergewonnene Zentrum

Berlin 2000 ist auch ein Lehrbeispiel der behutsamen Aneignung baulicher Vergangenheit. Was einst im Grunde mit der Besetzung Kreuzberger Altbauten begann, hat durch den Regierungsumzug eine völlig neue Dimension gewonnen. Paradoxerweise leistete das DDR-Regime der Aneignung der Berliner Mitte insofern Vorschub, als es den mauernahen Bezirk an vielen Stellen entlebt und die städtebaulich wichtigsten Gebäude durch Staatsinstitutionen besetzt hatte. Als der in Mitte omnipräsente Staat verschwand, entstand ein Nutzungsvakuum, das das neue Berlin schnell als Potenzial erkannte. Erfreulicherweise wird das alte Zentrum heute nicht nur von der Politik belebt, sondern auch von Privatwirtschaft, Einzelhandel und Wohnungsbau. Zwar gilt der Spreebogen manchem Fremdenführer als Regierungsviertel, doch eine monofunktionale Massierung wie in den Bonner Rheinauen sucht man in Berlin zum Glück vergebens. Das Justizministerium liegt zwischen dem touristisch belebten Gendarmenmarkt und den Wohnblöcken der Leipziger Straße, das Bundesministerium für Umwelt, Naturschutz und Reaktorsicherheit ist vorübergehend ins ehemalige Haus der Elektroindustrie an den Alexanderplatz gezogen und das Innenministerium hat sich dauerhaft in einem ganz unabhängig von den Regierungsbauten geplanten privaten Bürogebäude eingemietet.

20. Juli 1999

Ein Feldjäger der Bundeswehr versucht während der Gelöbnisfeier im Berliner Bendlerblock zwei nackte Demonstranten festzuhalten. Trotz strenger Kontrollen stürmen zehn Demonstranten von den Zuschauerrängen aus auf die Soldaten zu, als diese die Gelöbnisformel sprechen wollen, und beginnen, sich auszuziehen.

1999 packte man in Bonn die Umzugskartons. Eine Arbeit, die mit unzähligen Fototerminen inszeniert wurde. Die Inszenierung war wichtig, weil der Öffentlichkeit mit solchen Symbolhandlungen ein Wandel vermittelt werden musste, der weit schwerer wog, als der folgende Zusammenprall der Geister Bonns und Berlins, der rheinischen und einer noch immer spurenhaft vermuteten preußischen Mentalität. Den Konflikt gab es zwar auch, er äußerte sich aber eher in Marginalien und Übergangserscheinungen. Spürbar wurde er einzig in demonstrativ besetzten Enklaven, etwa als der Bonner Prominentenwirt Friedel Drautzburg 1998 in seiner im Jahr zuvor eröffneten Berliner STÄV rheinischen Karneval feiern wollte – und das Bezirksamt die Feier wegen der erwarteten Lärmbelästigung für die Anwohner untersagte. Alles in allem sind kaum mehr als 25 000 Menschen aus Bonn nach Berlin gezogen – Familienangehörige inklusive. Eine Zahl, deren Bedeutung ein simpler Vergleich klarmacht: im August 1999 schätzte der Polnische Sozialrat die Zahl polnischer Bürger, die mehr oder minder regelmäßig in Berlin arbeiteten, auf 100 000. Berlins Integrationskraft ist durch den Zuzug vom Rhein also kaum übermäßig gefordert worden.

Was den Umzug so bedeutungsschwanger machte, war, dass an den Folgen nicht nur die etwa 10 000 umziehenden Bundesangestellten beteiligt waren, sondern die gesamte Bevölkerung der Bundesrepublik. Es geht heute um ein neues Verhältnis der Hauptstadt zum Land und um die bereits eingangs erwähnte Neuentwicklung der Inhalte einer Berliner Republik. Und die ist schon lange nicht mehr nur an die politischen Akteure gebunden.

30. Juni 1999

Ein Saaldiener macht vor Beginn der vorletzten Sitzung im Bonner Plenarsaal ein Erinnerungsfoto mit zwei Kollegen. Die letzte Sitzung, am Tag darauf, steht unter dem Motto „Dank an Bonn". Sie beendet nach fünfzig Jahren und 2 785 Sitzungen die Ära der Bonner Republik.

Kettenreaktion

Die Politik bewegte sich – und alle folgten ihr. Parteien, Lobbyisten, Diplomaten und Medien zog und zieht es in der Bugwelle des Regierungsumzugs an die Spree. Die SPD eröffnete 1996 als erste der großen Parteien ihr Willy-Brandt-Haus (Architekt: Helge Bofinger) an der Kreuzberger Wilhelmstraße; die CDU wird ihre neue Bundesgeschäftsstelle an der Klingelhöferstraße in Tiergarten noch im Jahr 2000 einweihen. Beide Bauten sind dynamische Kommandozentralen, Schiffsbuge, die markante Ecksituationen besetzen. FDP und Grüne dagegen haben neu hergerichtete Altbauten bezogen, die Liberalen in der Reinhardtstraße, die Grünen am Platz vor dem Neuen Tor.

Wieviele Verbände nach Berlin gekommen sind, lässt sich mit Zahlen schwer beziffern. Das für die Organisation des Umzugs verantwortlich zeichnende Bundesbauministerium formulierte lakonisch: „Die bisher im Raum Köln/Bonn/Düsseldorf ansässigen Spitzenverbände verlegen – mit Ausnahme des Bauernverbandes – ihren Sitz nach Berlin." Das *Umzugsbuch Bonn-Berlin*, ein Adressbuch, das die Deutsche Bundespost sponsort, verzeichnete allerdings in der Ausgabe 1999 253 Verbände und Institutionen, von denen mehr als die Hälfte (nämlich 137) keine Umzugspläne hatten. 15 hielten sich die Entscheidung offen, 101 wollten ab dem Jahr 2000 umziehen oder sind bereits 1999 umgezogen.

Niedergelassen haben sich die Verbände zumeist in Architekturen, die eher sachliche Nüchternheit zur Schau stellen. Die introvertierten Arbeitsburgen scheinen der Stadt wenig abgewinnen zu können und negieren die Bühne Hauptstadt. Das Haus der deutschen Wirtschaft, bezogen von BDA, BDI und DIHT, auf der Spreeinsel am Mühlendamm besticht vor allem durch sein Volumen. Die repräsentative Geste hat sich mit einem gewaltigen Lichthof nach innen verzogen. Immerhin: einem Architekten vom Kaliber Peter Schwegers gelang es erwartungsgemäß, in das durch sozialisitische Planungen und Abrisse merkwürdig leere Umfeld eine Baumasse von notwendiger Präsenz zu stellen und die Spreefront neben dem Marstall anständig zu schließen. Auffällig – wenn auch wenig verwunderlich – ist nur die betonte Nähe der Lobbyisten-Standorte zur Regierung: die Versicherer residieren heute Friedrich-, Ecke Leipziger Straße, die Banklobbyisten nahe dem Hackeschen Markt und an der Weidendammbrücke wächst der Rohbau eines Hauses für sieben weitere Wirtschaftsverbände in die Höhe.

Metropoliten und Weltbürger

Berlin beansprucht unaufhörlich, eine europäische Metropole zu sein. Vorläufig ist es nur eine amorphe Großstadt, schrieb Wolf Jobst Siedler 1995. Tatsächlich ist die Metropolenrolle Berlins bis heute eher eine Beschwörungsformel denn eine Tatsache. Nach Erhebungen der UN lag Berlin 1996 auf Platz 74 der bevölkerungsstärksten städtischen Ballungsräume. Bedeutender als die Diskussionen, wo Berlin heute steht, ist jedoch die Frage, wohin die Stadt will. Potenzial, so wie es Diedrich Diederichsen in diesem Buch versteht, ist ein grundlegendes Reagens im Laboratorium Berlin. Es schafft auch die Grundlage für wachsende internationale Einflüsse, die unverzichtbar sind, wenn die Offenheit der Stadt mehr sein soll als ein Schachzug der Stadtvermarktungsstrategen. Längst beschränkt sich dieser Ideenzustrom aus fremden Ländern nicht mehr nur auf den Kulturbereich. Als eine seiner formalisiertesten Formen mag man den Zuzug der Diplomatie betrachten: Schätzungen gehen von 15 000 Mitarbeitern aus, die in diesem Bereich nach Berlin gekommen sind.

Die meisten Neubauten für diplomatische Vertretungen und Repräsentanzen setzten denn auch selbstbewusste bauliche Akzente. Besonders auffällig etwa beim Ensemble der Nordischen Botschaften, die auf dem Nordteil des Klingelhöfer Dreiecks an der Rauchstraße entstanden sind. Der Gesamtentwurf der Architekten Berger + Parkkinen wird wie eine Treibeisscholle von einem grün korrodierten Kupferband zusammengehalten. Mexiko wurde auf der Berliner Landkarte zum direkten südlichen Nachbarn der Skandinavier. Teodoro González de Léon und Francisco Serrano entwarfen als Fassade der Botschaft einen monumentalen, bewegten Vorhang aus Betonlamellen. Und die Architektin Orit Wilenberg-Giladi setzte für die Residenz ihres Heimatlandes Israel in der Schmargendorfer Auguste-Viktoria-Straße sechs Steinsegmente wie Schriftzeichen vor eine Glasfassade. Von Selbstbescheidung keine Spur, die meisten Nationen suchen in Berlin die markante, unverwechselbare Form, beziehen Position, betonen ihren Sonderstatus und nationale Traditionen.

3. September 1999

Zwei Beamte des Bundesgrenzschutzes stehen im Rohbau des neuen Kanzleramtes im Spreebogen. Die nackten Betonformen sollen sich im nächsten Jahr in die sichere Lobby des Hauses verwandelt haben.

Doch was ästhetisch durchaus ein Gewinn ist, kann in anderer Hinsicht zum Problem werden. Ausgerechnet bei der US-amerikanischen Botschaft, deren gestalterischer Entwurf von Moore, Ruble, Yodell sich den strengen Vorschriften der Pariser Platz Bebauung vollständig unterwarf, verzögern Diskussionen um den nötigen Sicherheitsabstand bis heute den Baubeginn. Hinter der Frage, ob und wieweit die Ebertstraße verlegt werden soll, um die von den Amerikanern geforderte Sicherheitszone zu gewährleisten, verbirgt sich die grundlegendere Frage, wie souverän sich ein Staat gegenüber dem Gastgeberland verhalten muss – und wieweit verständliche aber individuelle Funktionsanforderungen die Abschottung und die Ignorierung des Stadtgefüges legitimieren.

Die deutsche Politik hat sich jedenfalls entschlossen, andere Zeichen zu setzen. Ein befriedeter Bezirk ersetzt in Berlin die alte Bonner Bannmeile. Auch wenn es rechtlich de facto kaum Unterschiede gibt, ist doch die Wahl des offeneren Konzepts ein deutliches Signal für die gewollte Zugänglichkeit der politischen Institutionen in Berlin.

Kennzeichen B

Helden wie wir! – Berlin, die Medien und die Affären. Die Headline der ZEIT stammt aus dem Februar 2000 – und wäre weniger bemerkenswert, wenn sie nicht eine unauffällige Verständnisfalle für alteingesessene Berliner enthielte. Im Text ging es nämlich keineswegs um Affären der Berliner Landespolitik, sondern um die damals aktuellen Verwicklungen auf Bundesebene. Berlin als pars pro toto für die Bundespolitik. Daran musste sich so mancher erst gewöhnen. Die Medien waren da schneller. Sie haben von der neuen Hauptstadt rasch Besitz ergriffen.

Am 3. Februar 2000 weihte das ZDF sein Hauptstadtstudio im Zollernhof Unter den Linden ein. *Bonn direkt* mutierte zu *Berlin direkt* und wird jetzt Unter den Linden produziert. Ebenso wie *Kennzeichen D*, die Talkshow *Berlin Mitte* und das *ZDF Morgenmagazin*. Die großen Fernsehanstalten haben sich damit praktisch vollzählig im Zentrum eingerichtet. Die ARD-Studios am Reichstagsufer, gebaut nach Entwürfen von Ortner + Ortner, eröffneten im April 1999 mit dem ersten *Bericht aus Berlin*. SAT 1 hat sich ein neues Sendezentrum an der Jägerstraße gebaut. N-TV gehört zum Urgestein der neuen Medienlandschaft. Der Nachrichtensender arbeitet seit 1992 von der Glinkastraße aus. Auch die Nachrichtenagenturen sind angekommen. AFP residiert in der Friedrichstraße, Reuters bei RTL am Schiffbauerdamm, und die dpa eröffnete ihre Hauptstadtniederlassung in der Reinhardtstraße im Januar 2000.

Weniger Aktivität meldete der Printbereich. Zwar haben *Spiegel*, *Focus* und *Stern* Büros entlang der Friedrichstraße eingerichtet, doch ansonsten gibt es wenig Neues aus dem Blätterwald. Der frühe Umzug der *Welt* anfangs der Neunzigerjahre blieb die Ausnahme: eine politische Entscheidung des Springer Verlags, bei der auch wirtschaftliche Überlegungen eine Rolle gespielt haben dürften. Schließlich ist der Verlag seit den Tagen eines Axel Springer untrennbar mit Berlin verbunden und verfügte vor Ort bereits über eine entsprechende Infrastruktur. Versuche, neue Titel – wie etwa die Zeitschrift *Tango* – von Berlin aus zu etablieren, scheiterten. Die Ostmagazine starben eins nach dem anderen weg – mit wenigen Ausnahmen wie dem Verbrauchermagazin *Guter Rat*, das mit neuem Profil die Zeitläufte überdauert hat. NBI (später *Extra*), *Neue Welt*, *Sibylle*, *FF Dabei*, *Wochenpost* und *Freie Welt* sind verschwunden. Durchgesetzt hat sich die *Super Illu*, weil sie als cleverer Schachzug des westdeutschen Burda-Verlags ostdeutsche Befindlichkeiten abdecken konnte.

Auch die Tageszeitungslandschaft der Hauptstadt beschränkt sich (noch) aufs Lokale. Gleich drei seriöse Abonnementszeitungen konkurrieren auf dem engen Markt: *Der Tagesspiegel*, die *Berliner Morgenpost* und die *Berliner Zeitung*. Letztere ist nicht nur die auflagenstärkste der drei genannten, sondern auch als einzige einigermaßen erfolgreich bei dem Versuch, sich als überregionales Blatt zu profilieren.

Es sind also eher die audiovisuellen und elektronischen Medien, die in Berlin den Ton angeben. 770 Film- und Produktionsfirmen drehen jährlich rund 300 Filme. Die High Tech Kommunikation ist eine der wichtigsten Wachstumsbranchen der Stadt – mit zahllosen kleinen und mittleren Unternehmen, deren Geschichte denkbar jung ist. Von den derzeit 4400 Berliner Medienbetrieben wurde rund die Hälfte nach 1989 gegründet, nicht zuletzt durch umfangreiche Hilfen des Senats, der die Branche allein zwischen 1991 und 1998 mit mehr als 257 Millionen Mark förderte.

12. September 1999

Mit einem Kanzlerfest feiert die Bundesregierung ihre Ankunft in Berlin. Gerhard Schröder schenkt seinen Frühstücksgästen im Garten des provisorischen Kanzleramts höchstpersönlich Kaffee aus. Die Fotografen halten das fest.

Die Medienmacher der neuen Generation, die Fernseh-, Film- und Internetleute arbeiten gerne mit dem vielbeschworenen Bild des neuen Berlin. Tatsächlich wies die öffentliche Diskussion der Stadt von Beginn an einen entscheidenden Unterschied zu Bonn auf. Sie bot einen Themenreichtum jenseits des unmittelbar Politischen. Wirtschaft und Wissenschaft, Kultur und Unterhaltung, die in Bonn weniger präsent waren, trafen im Brennpunkt Berlin zusammen und schufen ein geistiges Stadtbild, das als Mikrokosmos der Nation für die Zuschauer in jeder Lebenslage zur Referenz geworden ist. Dabei war das vermittelte mit dem vor Ort gelebten Berlin niemals notwendigerweise kongruent. Im Gegenteil.

Eine Frage des Image

Die neue Rolle Berlins hat neue Symbole und Bedeutungsträger mit sich gebracht. Kamerateams aus aller Welt machten das Brandenburger Tor – als Hintergrund nicht nur für Nachrichtenbilder – zum Sinnbild einer ganzen Stadt. Das Tor und die neu hinzugekommene Reichstagskuppel lösten in der Welt der Medien die Henry Moore Skulptur vor dem Bonner Kanzleramt ab – und konnten sich im Unterbewusstsein tausender und abertausender Zuschauer festsetzen. Doch weil sich die Stadt nicht auf ihre politischen Funktionen beschränkt, werden auch ihre Symbolorte heute nicht nur für politische Inszenierungen aufgesucht. Ihre Bildkraft entwickelte eine problematische Eigendynamik. Die Reduzierung einer Stadt von 890 Quadratkilometern Fläche auf zwei zentrale Orte kommt einer seltsamen Verengung der städtischen Realität gleich. Das hatte zunächst einmal ganz handfeste Folgen. Etwa die Menschenschlangen vor dem Reichstag – zwischen 4 000 und 8 000 Besucher waren es 1999 täglich – oder die nicht enden wollende Veranstaltungsphalanx am Brandenburger Tor. Die für eine föderale Demokratie wenig hilfreiche, aber aus Sicht der Medien sinnvolle Idee der zentralen Veranstaltungen erhielt neuen Auftrieb. Mediale und Masseninszenierungen kommen ohne solche Symbole nicht (mehr) aus. Silvester 2000 fand denn auch zehn Jahre nach dem Mauerfall schon lange nicht mehr wegen der weltpolitischen Ereignisse statt, die einst – ja: eben auch nicht am Brandenburger Tor stattgefunden hatten, sondern schon damals mit diesem aussagekräftigen Bild nur illustriert worden waren. Deutschland feierte den Jahrtausendwechsel am Brandenburger Tor, weil Berlin wieder Hauptstadt, und die Berliner Mitte zum Sinnbild einer ganzen Nation geworden war.

12. November 1999

Bundespräsident Johannes Rau und Tissy Bruns, Vorsitzende der Bundespressekonferenz, eröffnen mit dem ersten Tanz den ersten Bundespresseball in Berlin. Rund 2 400 Gäste feiern unter dem Motto „Welten der Zukunft" bis in den Morgen.

Als Folge dieses neuen Images, das Brandenburger Tor gleich Berlin gleich Deutschland setzte, gewann die Stadt an Nachrichtenpräsenz und wurde auch international stärker beachtet. Berlin strahlt aus. Und ist zum eigenständigen Nachrichtenfaktor geworden. Was in Berlin passiert, ist heute wichtig, schon allein deshalb, weil es in Berlin geschieht – und nicht anderswo. Das ist Chance und Fluch zugleich. Eine Chance, weil so die im Laboratorium Berlin gewonnenen – oder noch zu gewinnenden – Ergebnisse zum Exportartikel werden können. Und weil viele kommen, um sich den virtuellen Ort unmittelbar anzuschauen. 1999 besuchten nach Angaben der Berlin Tourismus Marketing rund 100 Millionen Menschen die Stadt. Im Jahre eins der Regierungsstadt Berlin verzeichnet die Hotellerie 14 Prozent mehr Übernachtungen als noch 1998. Warum aber ein Fluch?

31. Dezember 1999

Am frühen Abend steht das Brandenburger Tor und der Pariser Platz in buntem Scheinwerferlicht. Mehrere tausend Menschen haben sich rund um das Wahrzeichen versammelt, um bei einem fünfzehnminütigen Feuerwerk den Jahrtausendwechsel zu erleben. Bunt und schillernd.

A stage for the capital city

Finally, Berlin has become the national focus of information, power and decision-making. Berlin is capital. Not only government and parliament have moved to the banks of river Spree; the whole treck of political, social, economic and cultural institutions with their lobby organisations, the international diplomacy and not least the media are settling here. This gigantic relocation marks the beginning of a new kind of interaction between those institutions and the old, existing city. This process will reshape both sides thoroughly. The new inhabitants are giving new impetus to Berlin in various ways, not only by changing the old city's architectural texture. It would hardly be possible to think of Berlin Mitte being the throbbing heart of the German capital without these fundamental changes. Berlin's image, its self-perception as well as the city's international position are going to be totally redefined in the long run. But Berlin's performance has already reached a new level, impressingly illustrated by a selection of media-compatible symbols. Locations like Brandenburger Tor or the Reichstag Dome have already become icons of Berlin's new role. Even rather local news have gained a certain prominence in Germany's general political and cultural life: Berlin is hot news. Whatever happens here, is second to none, simply because it happens here. The new German capital is live on air.

Berlin als Spielort

Mit dem Aufstieg der neuen Symbole löste sich das Berlin-Bild zunehmend von der Realität. Die Reduzierung von Komplexität schuf ein Vakuum, das sich je nach Anliegen neu befüllen ließ – und bis heute lässt. Beispiel Fernsehserien. Vor der Wende dominierte der humane Kiez das Bild Berlins. In der Inselstadt menschelten die *Drei Damen vom Grill* und der freundliche Doktor der *Praxis Bülowbogen*. Heute geht es rauher zu. *Die Straßen von Berlin*, *Helicops* oder *Wolffs Revier* wiederholen den Großstadt-Topos im Sinne eines bedrohlichen Problemmilieus. Angst paart sich mit Respekt: Deutschlands einzige Metropole liefert Sex and Crime für die Prime Time oder – wie es der *Tagesspiegel* unlängst formulierte: „Aus München kommt die beschauliche Heimatserie, in Berlin schießt die Russen-Mafia.". Mit dem wirklichen Leben in der Stadt hat das nur am Rande zu tun, sehr viel mehr aber mit der amerikanisch dominierten Ikonographie der Großstadt, die sich das 20. Jahrhundert erschaffen hat.

Im Jahr 2000 assoziieren deshalb auch 41 Prozent der Deutschen ihre Hauptstadt mit dem Begriff Aggressivität. Doch die EMNID-Studie, die dieses Ergebnis an den Tag brachte, verbuchte auch einen überraschend positiven Wandel im Berlinbild der Deutschen. 85 Prozent der Befragten halten Berlin für weltoffen. Das Image der Stadt hat sich im Allgemeinen gegenüber einer früheren Umfrage aus dem Jahr 1992 deutlich verbessert.

Welche Rolle dieses neu wahrgenommene Berlin in der Welt des 21. Jahrhunderts spielen kann, bleibt einmal mehr – offen. Noch sind die Inhalte der neuen Berliner Republik relativ unbestimmt. Immerhin: Die Stadt ist dabei, ihren neuen Standort im Scheinwerferlicht als Chance zu begreifen. Für die Zukunft der deutschen Hauptstadt wird es ausschlaggebend sein, mit welchen Ergebnissen das Laboratorium Berlin aufwarten kann. Die Foren und Arbeitsräume stehen bereit. Genau wie die Kanäle, um die hier gewonnenen Ergebnisse einem nationalen und internationalen Publikum zu vermitteln. Berlin regiert. Wir sind auf Sendung. ■

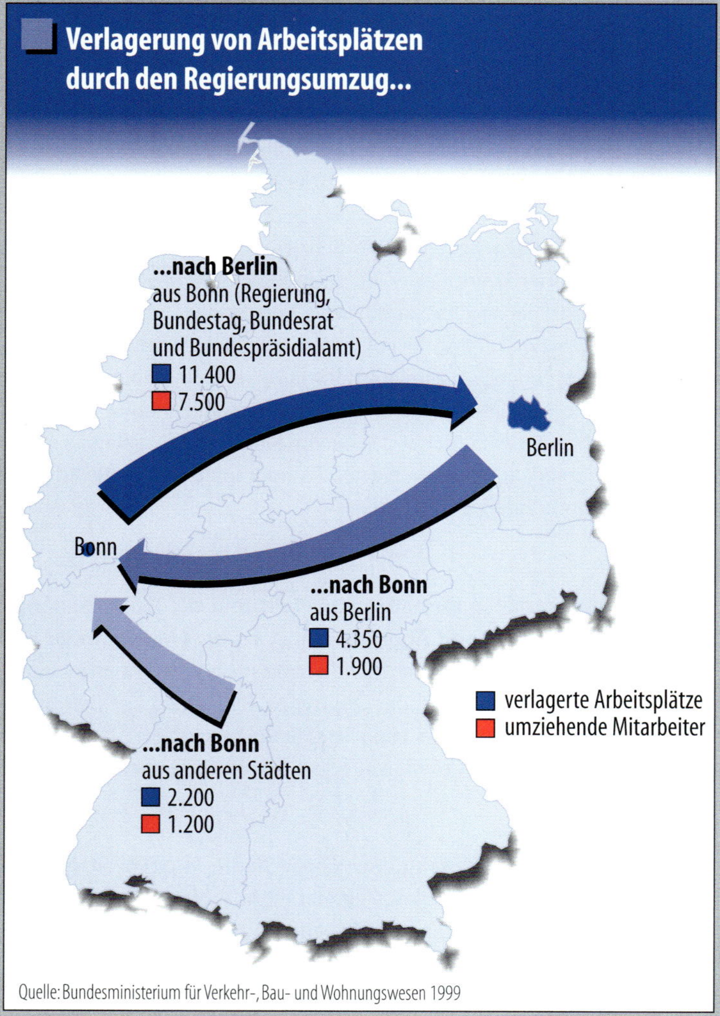

Berlin-Image im Wandel. Der Vergleich zweier Umfragen aus den Jahren 1992 und 1999 zeigt: Die Deutschen sehen ihre Hauptstadt positiver als noch vor acht Jahren.

BERLIN ALS HAUPTSTADT

Der Spiegel-Journalist Sontheimer liefert die lesbarste und detailfreudigste Darstellung des Umzugs der politischen Institutionen; die Rückkehr der Botschaften behandeln Fischer/ Knott/ Sewald mit einem ausführlichen Kapitel im Rahmen ihrer Geschichte der Diplomatie in Berlin. Zur jüngsten Entwicklung der Medien in Berlin gibt es leider bis heute keine Darstellung.

Bernd Fischer/Anja Knott/Enrico Seewald: Zwischen Wilhelmstraße und Bellevue. 500 Jahre Diplomatie in Berlin; Berlin, Henschel, 1998

Wolf Jobst Siedler: Phoenix im Sand. Glanz und Elend der Hauptstadt; Berlin, Propyläen, 1998

Michael Sontheimer: Berlin, Berlin. Der Umzug in die Hauptstadt; Hamburg, Spiegel Buchverlag, 1999

Werner Süß/Ralf Rytlewski: Berlin. Die Hauptstadt. Vergangenheit und Zukunft einer europäischen Metropole; Berlin, Nicolai, 1999

Max Welch Guerra: Hauptstadt Einig Vaterland. Planung und Politik zwischen Bonn und Berlin; Berlin, Verlag Bauwesen, 1999

BERLINER REPUBLIK

Johannes Gross: Begründung der Berliner Republik. Deutschland am Ende des 20. Jahrhunderts; Berlin, Ullstein/Propyläen Taschenbuch, 1997 (1995)

Jürgen Habermas: Die Normalität einer Berliner Republik. Kleine politische Schriften VIII; Frankfurt/Main, edition suhrkamp, 1995

NEUE STANDORTE, NEUE ARCHITEKTUR

Ulf Meyer liefert die übersichtlichste Darstellung der einzelnen Bauvorhaben – und einen lesenswerten Essay von Hans Wolfgang Hoffmann.

Christian Bahr: Berlins Gesicht der Zukunft. Die Hauptstadt wird gebaut; Berlin, Jaron, 1998

Bundesministerium für Verkehr, Bau- und Wohnungswesen (Hrsg.): Bundeshauptstadt Berlin. Bauten für Parlament und Regierung, Berlin, 2000

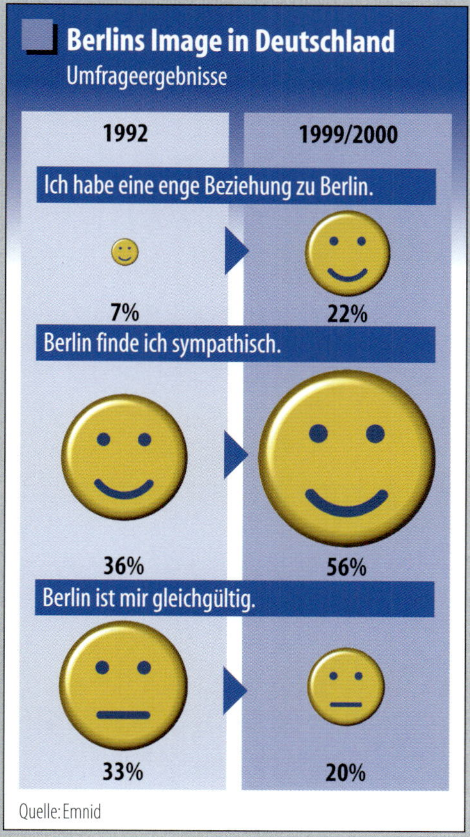

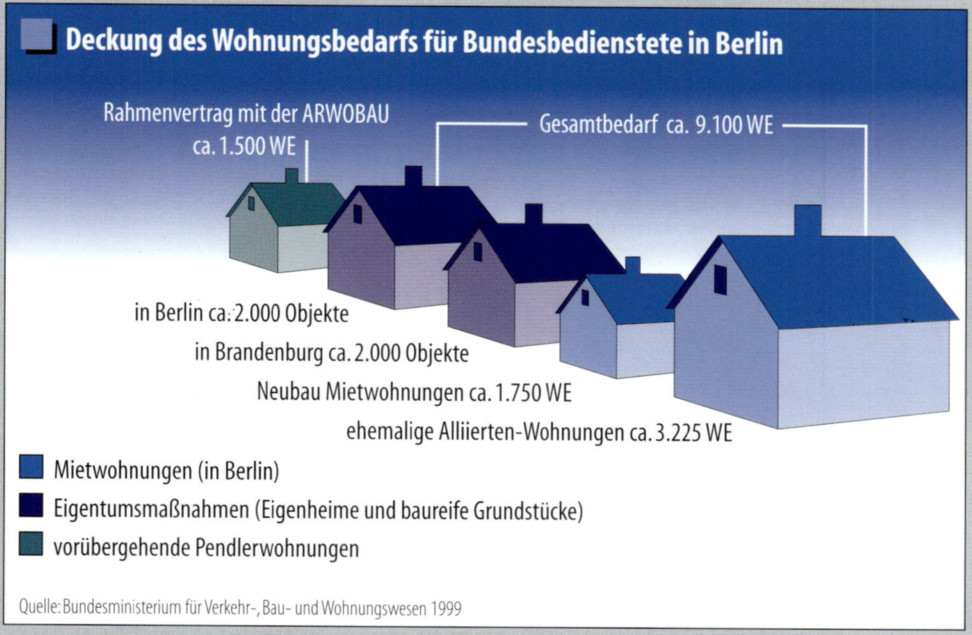

Der Umzug von Parlament und Regierung sollte den Berliner Wohnungsmarkt nicht belasten. Deshalb sorgte der Bund für ausreichend Wohnraum, um alle Umziehenden zu versorgen.

Ulf Meyer : Bundeshauptstadt Berlin. Parlament, Regierung, Ländervertretungen, Botschaften; Berlin, Jovis, 1999

Jürgen Tietz: Berliner Verwandlungen. Hauptstadt, Architektur, Denkmal; Berlin, Verlag Bauwesen, 2000

ARCHITEKTUR EINZELNER BAUTEN

Vor allem zum Reichstag erschienen im letzten Jahr zahllose kleinere und größere Publikationen. Die beiden wichtigsten stammen von Schulz, der in einem schmalen und reich bebilderten Band Fosters Arbeit unter die Lupe nimmt, und Cullen, dessen ausführliche Geschichte des Hauses überarbeitet und um die jüngste Zeit ergänzt wurde.

Philipp Meuser: Schlossplatz 1. Vom Staatsratsgebäude zum Bundeskanzleramt; Berlin, Berlin Edition, 1999

Michael S. Cullen: Der Reichstag. Parlament, Denkmal, Symbol; Berlin, be.bra Verlag, 1999

Bernhard Schulz: Der Reichstag. Die Architektur von Norman Foster; München/London/New York, Prestel 2000

ADRESSBÜCHER

Unter 3) verzeichnet Adressen und Namen aus Politik und Medien, und gibt damit auch den einzigen derzeit lieferbaren Überblick über die neue Berliner Medienlandschaft. Das *Umzugsbuch* wurde im Auftrag der Deutschen Post aufgelegt. Es verzeichnet neben den politischen Institutionen auch Verbände, Medien und Unternehmen mit ihren Umzugsplänen und -aktivitäten.

Das Umzugsbuch Bonn-Berlin 2000, Jahrbuch, vierte Ausgabe, Bonn/ Berlin, Piller Communications, 2000

Unter 3) Handbuch Medien und Öffentlichkeitsarbeit. Berlin – Bundeshauptstadt, Bundesländer Berlin und Brandenburg; Jahrbuch, erste Ausgabe 1999, Verlag Communication in & aus Berlin

Parlament und Regierung in Berlin – Bauten und Standorte

Institution	Standort	Maßnahmen	Architekt	Baubeginn	Fertigstellung	HNF*
Bundestag						
Reichstagsgebäude (Sitz des Deutschen Bundestages; Plenarsaal des Deutschen Bundestages, Büroräume des Bundestags--präsidenten, des Ältestenrates und der Verwaltungsleitung des Deutschen Bundes-tages, Besucherräume/Tribünen, Informations-räume, Fraktionssäle, Presselobby, Dachterrasse mit Restaurant und Aussichtsplattform)	Platz der Republik	Umbau/Innenausbau des Reichstags-gebäudes von 1894	Paul Wallot Umbau: Norman Foster	1995	Eröffnung Mai 1999	ca. 11 000 qm
Bürogebäude des Deutschen Bundestages	Unter den Linden 69-73	Umbau und Sanierung des ehemaligen Ministeriums für Volksbildung (1962)	ARGE-Plan Generalplaner GmbH	Januar 93	9.1.1995	6 300 qm
Bürogebäude des Deutschen Bundestages	Wilhelmstraße 60	Umbau und Sanierung des ehemaligen Gebäudes der Pädagog. Akademie der DDR (1903)	ARGE-Plan Generalplaner GmbH	Januar 93	18.3.1996	4 027 qm
Bürogebäude des Deutschen Bundestages	Unter den Linden 44-60	Umbau und Sanierung des ehemaligen Außen-handelsministeriums der DDR	Brands/Kolbe/ Wernik	Herbst 1994	Frühjahr 1997	16 600 qm
Jakob-Kaiser-Haus (Räume für Fraktionen, Abgeordnete und einen Teil der Bundestagsverwaltung, sowie für die Deutsche Parlamentarische Gesellschaft; Cafés und Einzelhandel)	Ebertstraße/ Dorotheenstraße/ Wilhelmstraße	Neubau unter Einbeziehung dreier historischer Gebäude	Busmann und Haberer/ De Architekten Cie (Pi de Bruijn)/ von Gerkan, Marg & Partner/ Schweger & Partner/ Thomas van den Valentyn	1996	–	ca. 54 000 qm
Paul-Löbe-Haus/ Marie-Elisabeth-Lüders-Haus (Büros für Bundestagsabgeordnete und -verwaltungsmitarbeiter, Sitzungssäle, Bibliothek des Deutschen Bundestages, Archivräume, Besucherdienst, Restaurant.)	Konrad-Adenauer-Straße/Paul-Löbe-Allee/Otto-von-Bismarck-Allee	Neubau	Stephan Braunfels	1997	2000	ca. 60 000 qm
Bundesrat						
Bundesrat im Preussischen Herrenhaus (Plenarsaal, Sitzungs- und Büroräume)	Leipziger Straße 3/4	Umbau des Preußischen Herrenhauses	Friedrich Schulze-Colditz (1904) Schweger & Partner	1997	2000	11 541 qm
Bundespräsident						
Schloss Bellevue (Amtssitz des Bundespräsidenten)	Spreeweg	–	Michael Philipp Boumann	1785	1786	k.A.
Bundespräsidialamt	Spreeweg	Neubau (Bundesamt für Bauwesen und Raumordnung)	Gruber + Kleine-Kraneburg	1995	1998	ca. 5 300 qm
Regierung						
Bundeskanzleramt (Amtssitz des Bundeskanzlers, Büros des Chefs des Bundeskanzleramts und der Staatsminister, Kabinettsäle und Lage-zentrum; Ehrenhof für Staatsempfänge)	Willi-Brandt-Straße/ Paul-Löbe-Allee	Neubau (Bundesbaugesellschaft Berlin mbH)	Axel Schultes/ Charlotte Frank	Anfang 1997	2000	ca. 19 000 qm
Presse- und Informationsamt der Bundesregierung	Dorotheenstraße 74, 80, 82/84, 86/88; Neustädtische Kirch-straße 4-15; Reichs-tagsufer 12-14	Umbau und Sanierung des Postscheckamtes von 1917 (Anbau 1925) und vier weiterer Gebäude (Bundesamt für Bauwesen und Raumordnung)	Alfred Lemp (1917), Heinz Mehlan, Harry Reichert (1965), KSP Engel Zimmermann	1995	1999	15 683 qm

* HNF=Hauptnutzfläche

Institution	Standort	Maßnahmen	Architekt	Baubeginn	Fertigstellung	HNF
Ministerien 1. Dienstsitz						
Auswärtiges Amt	Am Werderschen Markt/Kurstraße	Umbau des ehemaligen Reichsbank-gebäudes (Bundesamt für Bauwesen und Raumordnung)	Heinrich Wolff (1939), Umbau: Hans Kollhoff	Juli 1996	1999	49.892 qm
Auswärtiges Amt	Am Werderschen Markt/Kurstraße	Neubau (Bundesamt für Bauwesen und Raumordnung)	Müller Reimann	Ende 1997	1999	19 745 qm
Bundesministerium für Familie, Jugend, Frauen und Senioren	Jägerstraße 9/ Glinkastraße 26	Bauliche Anpassung/Umbau (Bundesamt für Bauwesen und Raumordnung)				ca. 3 000 qm
Bundesministerium für Arbeit und Sozialordnung	Mauerstraße 45-52, Mauerstraße 53	Herrichtung des ehemaligen Medien-ministeriums, Grundsanierung des Kleisthauses (Bundesamt für Bauwesen und Raumordnung)	Karl Reichle (1940), Bodo Ebhardt (1912), Josef Paul Kleihues	1996	1999	10 160 qm
Bundesministerium der Finanzen	Leipziger Straße 5-7	Herrichtung des ehemaligen Reichsluftfahrt-ministeriums (Das Haus wurde als Detlev-Rohwedder-Haus bereits für die Nutzung durch die Treuhand-Anstalt saniert) (Bundesbauamt)	Ernst Sagebiel (1936) Umbau: Hentrich Petschnigg Partner	1994	1999	ca. 41 028 qm
Bundesministerium des Inneren	Alt-Moabit 101 D	Anmietung eines privaten Bürogebäudes	Kühn, Bergander, Bley	1992	1994	ca. 24 000 qm
Bundesministerium der Justiz	Jerusalemer-straße 24-28/ Kronenstraße 38-41/ Mohrenstraße 36-37b	Ausbau Jerusalemer Str. 24-28; Grund-sanierung des ehem. Patentamtes in der Mohrenstraße 37g und der ehema-ligen Außenstelle des Bundespresse-amtes in der Mohrenstraße 36-37; Erweiterungsbau auf dem Grundstück Kronenstr. 41(Bundesamt für Bauwesen und Raumordnung)	Carl Bauer, Ludwig Otto, Hermann Muthesius, Carl Gotthard Langhans Umbau: Eller + Eller	1.7.1997	2000	21 343 qm
Bundesministerium für Verkehr, Bau- und Wohnungswesen	Invalidenstraße 44	Sanierung des ehemaligen Gebäudes der geologischen Landesanstalt und Berg-akademie, später genutzt als Ministerium für Geologie der DDR (Bundesamt für Bauwesen und Raumordnung)	August Tiede (1878) Umbau: Gerber + Partner	1.7.1996	30.9.1999	20 084 qm (Alt- und Neubau!)
Bundesministerium für Verkehr, Bau- und Wohnungswesen	Schwarzer Weg	Erweiterung durch Neubau (Bundesamt für Bauwesen und Raumordnung)	Max Dudler	1.9.1997	30.9.1999	20 084 qm (Alt- und Neubau!)
Bundesministerium für Wirtschaft und Technologie	Invalidenstraße/ Scharnhorststraße 34-37	Sanierung der ehemaligen Akademie für das militärärztliche Bildungswesen, später Regierungskrankenhaus der DDR, und des Invalidenhauses in der Scharnhorststraße (Bundesamt für Bauwesen und Raumordnung)	Cremer & Wolffen-stein (1910)	24.6.1996	2000	ca. 23 400 qm
Bundesministerium f ür Wirtschaft und Technologie	Invalidenstraße/ Scharnhorststraße 34-37	Neubau eines Erweiterungstraktes (Bundesamt für Bauwesen und Raumordnung)	Thomas Baumann, Dieter Schnittger	2.5.1997	2000	ca. 12 000 qm
Ministerien 2. Dienstsitz						
Bundesministerium für Bildung und Forschung	Hannoversche Straße 30	Umbau und Erweiterung der Caserne der reitenden Garde-Artillerie aus dem 18. Jahrhundert, später Sitz der Ständigen Vertretung der Bundes-republik in der DDR	N. N. (vor 1800) Hans Scharoun (1949); Umbau u. Erweiterung: Jourdan Müller	1999	2000	ca. 4 500 qm
Bundesministerium für Ernährung, Land-wirtschaft und Forsten	Wilhelmstraße 54	Umbau des Hauses des geheimen Zivil-kabinets des Kaisers, später als Wohnhaus des preußischen Staatsratspräsidenten	Carl Vohl (1898) Umbau: Elisabeth Rüthnick	1999	2000	ca. 3 300 qm
Bundesministerium für Familie, Senioren, Frauen und Jugend	Jägerstraße 9	Herrichtung/Umbau eines ehemaligen Bankhauses	Kayser & Großheim (1896) Umbau: Gibbins, Bultmann & Partner	1999	1999	ca. 3 331 qm (Jäger- u. Taubenstr.)
Bundesministerium für Familie, Senioren, Frauen und Jugend	Taubenstraße 42-43	Herrichtung/Umbau des ehemaligen Verkehrsministeriums der DDR	Lesser und Stelten (1928); Umbau: Gibbins, Bultmann & Partner	1999	1999	ca. 3 331 qm (Jäger- u. Taubenstr.)
Bundesministerium für Gesundheit	Mohrenstraße 62	Herrichtung eines ehemaligen Versicherungsgebäudes	Georg Rathenau (1906) Umbau: Gibbins, Bultmann & Partner	1999	1999	ca. 2 100 qm
Bundesministerium für Umwelt, Naturschutz und Reaktorsicherheit	Alexanderplatz 6	Anmietung von Büroflächen im ehemaligen Haus der Elektroindustrie	Mehlan, Leibold, Skujin	–	1969	ca. 10 500 qm
Bundesministerium der Verteidigung	Reichpietschufer 74-76	Umbau des einst als Reichsmarineamt errichteten, später als Reichswehrministerium genutzten Bendlerblocks	Reinhardt & Süßenguth (1914) Umbau: Burckhardt, Emch u. Berger	1997	1999	11 655 qm
Bundesministerium für wirtschaftliche Zusammenarbeit und Entwicklung	Stresemannstraße 92-102	Umbau der oberen Stockwerke des Europahauses	Otto Flirle (1931); Umbau: Wolfgang Schäfer	1999	2000	ca. 4 200 qm

Zivilisierte Mobilität

TEXT MARIA KRAUTZBERGER

FOTO WOLFGANG KORALL

Es war eine Zeit der Korrekturen, der Instandsetzung und der Lückenschlüsse. In den zehn Jahren seit 1990 investierte die Stadt Berlin fast fünf Milliarden Mark in den Straßenbau, mehr als zehn Milliarden Mark flossen aus den Kassen von Bund und Land in den Schienen- und den öffentlichen Nahverkehr der Hauptstadt. Bei den gewaltigen Anstrengungen, die der Tag forderte, blieb zunächst wenig Zeit für die Entwicklung neuer Leitbilder, die der Stadt des 21. Jahrhunderts gerecht werden. 1995 legte der Senat ein verkehrspolitisches Strukturkonzept vor – als Rahmen für einen Stadtentwicklungsplan Verkehr. Heute, im Jahr 2000, vollzieht sich nach der Zusammenlegung der Ressorts Stadtentwicklung, Bauen, Umwelt und Verkehr ein Paradigmenwechsel in der Berliner Verkehrspolitik, die nun Mobilitätspolitik als Querschnittspolitik begreift, als Arbeit am Gesamtsystem Stadt – mit entsprechenden Auswirkungen auf die Ansatzpunkte.

Netzleitstelle BVG

Dichtes Buschwerk und mannshohe junge Birken wuchsen zwischen den alten Gleisen, über die seit Jahrzehnten keine S-Bahn mehr rollte. Verlassen der S-Bahnhof, auf dem einst die Menschen der umliegenden Wohnviertel täglich zu hunderten von der Arbeit heimgekommen waren. Die eisernen Bahnbrücken rosteten vor sich hin, pittoreske Erinnerungsstätten vergangener Mobilität. Bilder wie diese waren im Berlin des Jahres 1990 keine Seltenheit. Über Jahrzehnte hatten sich die Verkehrssysteme der geteilten Stadt unabhängig voneinander entwickeln müssen. Die Mauer hatte einst vielbefahrene Straßen und Trassen zu toten Strecken gemacht.

Die Verkehrsplaner der Stadt waren nach der Wiedervereinigung beider Stadthälften jahrelang damit beschäftigt, die gröbsten Lücken zu schliessen. Das war nicht einfach. Die Verkehrssysteme beider Stadthälften hatten verschiedene Strukturen entwickelt, die kaum kompatibel waren. Im Osten rollte der öffentliche Nahverkehr verstärkt auf den Trassen der S-Bahn und der Straßenbahn, im Westen hatte sich die U-Bahn weiterentwickelt, die Straßenbahn dagegen war völlig aus dem Stadtbild verschwunden. Auch bei den Straßennetzen ein ähnliches Bild: Während im Ostteil ein System von Radialen auf das einstige und neue Zentrum zuführte, dominierten im Westen die Tangentialverbindungen, die wiederum auf der anderen Seite der Mauer vernachlässigt worden waren. Es nimmt kaum Wunder, dass sich - angesichts der unmittelbaren, tagespolitischen Aufgaben der zahllosen Reparaturen - die langfristige Perspektive einer intelligenten Mobilitätsplanung nur zögerlich durchsetzen konnte.

Omnibusleitstelle BVG

Strukturelle Stärken

Dabei ist Berlin ein Stadt mit strukturellen Stärken und bietet gute Voraussetzungen, um Verkehr und Mobilität in einer Weise zu organisieren, die dem 21. Jahrhundert angemessen ist. So verfügt Berlin über ein polyzentral organisiertes Stadtgefüge mit vielen, funktional eigenständigen Stadtkernen, eine verkehrsgünstige Struktur, die den Bewohnern lange Wege erspart. Die große Innenstadt mit ihrer hohen Siedlungsdichte ist ein weiterer Vorteil, nicht zuletzt deshalb, weil sie eine überwiegend günstige Nutzungsmischung aufweist. Die Menschen wohnen und arbeiten hier, kaufen ein und gehen den unterschiedlichsten Freizeitbeschäftigungen nach – alles auf engstem Raum. Auch das spart lange Wege. Für den Güterverkehr bietet die ehemalige Industriestadt bis heute ein differenziertes Netz aus Schienen und Wasserwegen mit den nötigen Umschlagplätzen zwischen den verschiedenen Transportmitteln.

Paradoxerweise sind zwei weitere strukturelle Pluspunkte gerade durch die lange Zeit der Teilung bedingt. Da ist einerseits die von der Mauer gezogene, klare Stadtkante, die Berlin vom immer noch relativ unzersiedelten Umland

abgrenzt. Und da ist andererseits die schienenorientierte Siedlungsstruktur in Stadt und Umland, die durch die politischen Umstände anders als in anderen Städten konserviert wurde. Die vielen Zentren Berlins sind immer dort entstanden, wo Schienenwege vorhanden waren.

Zeit des Umbruchs

Es wäre vermessen, zu glauben, dass diese günstige Raumstruktur allein schon ausreichend sei, und mit reinen Reparaturen am einstigen Netz die Mobilitätsanforderungen der Zukunft erfüllen zu können. Europa – und mit ihm Berlin – steckt mitten in einem Umbruch der Mobilitätsentwicklung. Das individuelle Verkehrsverhalten wie der Wirtschaftsverkehr verändern sich durch kommunalpolitisch kaum zu beeinflussende Faktoren. Berlin kann auf diese Megatrends der Gesellschaft reagieren, verändern wird man sie kaum. Da ist zum einen die Änderung der Reisezwecke. Die Fahrt zum Fitness-Studio, ins Konzert, ins Kino oder einfach zum Sonntagspicknick im Grünen haben in der Freizeitgesellschaft deutlich an Bedeutung gewonnen. Auch die Zeitorganisation hat sich verändert. Gleitende Arbeitszeiten und neue Berufsbilder haben die klassische Rush-Hour abgeschwächt, den Verkehr entzerrt, damit aber auch das Verkehrsaufkommen auf den gesamten Tag ausgedehnt. Neue Techniken in Information und Kommunikation wie das Internet ersetzen beileibe nicht nur Verkehrswege, sondern schaffen auch neue Mobilitätsbedürfnisse. Und schließlich bringt die Globalisierung der Wirtschaft bisher ungeahnte überregionale, ja transnationale Verkehrsströme ins Rollen, für die Berlin zum wichtigen Drehkreuz zwischen Nord und Süd, zwischen Ost und West wird.

Mehr denn je stehen Stadt und Verkehr deshalb in einem komplexen Wechselverhältnis. Schnelle eindimensionale Lösungsansätze haben in solcher Situation keine Aussicht auf nachhaltigen Erfolg. Die Berliner Verkehrspolitik muss dicke Bretter bohren – und braucht dazu entsprechend komplexe und interdisziplinäre Politikansätze. Ansätze, deren Machbarkeit durch die erst 1999 aufgehobene Ressorttrennung zwischen Verkehrs-, Stadtentwicklungs- und Bauverwaltung nicht eben befördert worden war. Mit dem Jahr 2000 haben sich die Vorzeichen in dieser Hinsicht deutlich verändert.

Verkehrsleitstelle Polizeipräsidium

Sackgassen und Spiralen

Eine der bedrohlichsten Entwicklungen der Stadt ergibt sich aus ihrer Überlastung durch den Verkehr. Lärm und Schmutz, aber auch die Gefährdung der nichtmotorisierten Verkehrsteilnehmer verschlechtern die Lebensbedingungen in der inneren Stadt und schüren so den Wunsch, ins ruhigere Umland abzuwandern. Doch gerade diese Abwanderung erzeugt zusätzlichen Verkehr, weil sie die alte Mischung von Wohnen und Arbeiten aufhebt und große Pendlerströme mit sich bringt. Mehr Verkehr bedeutet aber wieder weniger Lebensqualität, ein Ursache-Wirkung-Kreislauf, der sich beständig hochzuschaukeln droht. Mittelfristig führt das zum Verlust der oben beschriebenen raumstrukturellen Vorteile der Berliner Region.

Flughafen
Berlin-Tegel
Zentralflughafen
Berlin-Tempelhof

Dieser Zirkelschluss wird durch eine zweite Entwicklung noch verstärkt. Der öffentliche Personennahverkehr wird in Berlin seit Jahren mit hohen Zuschüssen bedacht. Dennoch sinken die Nutzerzahlen. Das kann nur drei Folgen haben: mehr Subventionen, höhere Preise oder eine Reduzierung des bisherigen Angebots. Nichts davon ist wünschenswert. Da die Kassen der öffentlichen Hand leer sind, kann sie keine höheren Zuschüsse gewähren. Durch hohe Preise oder ein weniger attraktives Angebot aber werden die Nutzerzahlen noch weiter sinken, wird das ÖPNV-Angebot weiter ausgezehrt. Auch aus diesem Grund werden immer mehr Menschen aufs eigene Auto umsteigen und die Strassen der Stadt weiter verstopfen.

Ähnliche Eskalationen drohen beim Güterverkehr. Die zunehmende Abwicklung über die Straße erhöht die anteiligen Kosten, die für die Vorhaltung geeigneter Infrastrukturen bei Schiene und Wasser anfallen. Die umweltgerechten Transportmittel werden teurer, noch mehr Transporte werden auf die Straße verlagert. Diese Spiralen zu durchbrechen wird nur gelingen, wenn die Zusammenhänge deutlich gemacht und ins Bewusstsein der Öffentlichkeit gerufen werden – und wenn Inkonsistenzen in der bisherigen Verkehrspolitik abgebaut werden. Nicht selten haben sich in der Berliner Verkehrspolitik der letzten zehn Jahre einzelne Maßnahmen gegenseitig neutralisiert oder gar behindert, etwa wenn Pull-Maßnahmen beim ÖPNV ohne entsprechende Push-Maßnahmen beim motorisierten Individualverkehr in Angriff genommen wurden.

Realisitische Neubewertung

Auch die Verkehrsgrossprojekte, die in der unmittelbaren Nachwendezeit entstanden, müssen erneut auf den Prüfstand. Projekte wie der Lehrter Bahnhof, die Verlängerung der U5 vom Alexanderplatz bis zum Lehrter Bahnhof oder der Ausbau des Wasserweges entlang des Teltowkanals, der als Projekt 17 in die Liste der Verkehrsprojekte Deutsche Einheit aufgenommen wurde, wollen im Detail geprüft werden. Oft genug haben sich die Prognosen, auf denen solche Planungen basieren, nicht erfüllt. Sie müssen heute in Bezug auf die reale wirtschaftliche und Bevölkerungsentwicklung einer realistischen Kosten-Nutzen-Analyse unterzogen werden. Berlin braucht effiziente und bezahlbare Mobilität – keine heiligen Kühe.

Tower Flughafen Tegel

Effiziente Leistung zu einem bezahlbaren (Bau)preis verspricht dabei ein innerstädtisches Verkehrsmittel, das in den sechziger Jahren aus den Westbezirken verschwunden war: die Strassenbahn. Im Oktober 1995 rollte erstmals wieder eine Linie über die Straßen im Westen: von der Bornholmer Brücke bis zum Louise-Schroeder-Platz im Wedding. Die Linie, 1997 bis zum Virchow-Klinikum verlängert, war indes erst der Anfang. In den nächsten Jahren sollen neue Strecken hinzukommen und die Innenstadt kleinräumig erschließen (siehe Karte auf S. 54).

Intelligente Auswege

Intelligente Wege aus den Sackgassen und Spiralen hängen aber von mehr ab, als von der Förderung einzelner, in puncto Nachhaltigkeit noch so günstiger Verkehrsmittel. Ein Weg aus dem Dilemma wird sich nur dann auftun, wenn ein stadtgesellschaftlicher Konsens über Ziele, Wege und Maßnahmen zustandekommt, der auch die gesellschaftspolitischen Zielkonflikte nicht aus der Diskussion ausspart. Gefragt sind mehr denn je innovative Wege mit einem günstigen Kosten-Wirksamkeits-Verhältnis – und der Abschied von offensichtlich gescheiterten Strategien. Ansatzpunkte dafür gibt es genug.

20 DON JAN 15 12
ANWAHL
LISTEN
ARCHIVE ->
NOTIZBUCH
SIMULATION->
repas AEG

Verkehrsplanung ist Stadtplanung

Die Verkehrspolitik hat sich viel zu lange als Folgedisziplin der Stadtentwicklung begriffen, anstatt selbst die Vorgaben zu liefern. Weit mehr als der Bau neuer Straßen kann der bedachte Eingriff in die Stadtstruktur eine zukunftsfähige Mobilität in Berlin garantieren. Ziel ist der Erhalt der polyzentralen, funktionsdurchmischten Struktur. So müssen in Großiedlungen gewerbliche Nutzungen integriert, in der Innenstadt dagegen wieder mehr Wohnungen gebaut werden. Berlin kann seine umfangreichen Stadtbrachen dafür nutzen. Neue Standorte an den Rändern dürfen nur dann in Angriff genommen werden, wenn sie bereits durch vorhandene Infrastruktur erschlossen sind. Das bedeutet auch, dass Einkaufszentren und Publikumsmagneten in die Stadt integriert und an zentral gelegenen Standorten gebaut werden müssen. Die gesamte Planung der Flächennutzung muss sich in Zukunft stärker als bisher an der Erschließungsgunst der einzelnen Standorte ausrichten. Innerstädtische Wohnstandorte müssen attraktiver werden, zum Beispiel durch die Verbesserung des Wohnumfeldes in dicht besiedelten Quartieren, aber auch indem die Stadt dort wieder hergestellt wird, wo sie durch überdimensionerte Straßendurchbrüche in der Vergangenheit zerstört worden ist.

Bindungen

Auf anderen Gebieten lassen sich nur mittelfristig Antworten finden. Das gilt etwa für den Bereich des Güterverkehrs, in dem Berlin mehr als in jeder anderen Frage von überregionalen Vorgaben abhängig ist. Die Kooperation mit Brandenburg in Form des während der neunziger Jahre entwickelten „Integrierten Güterverkehrskonzeptes" kann hier nur ein erster Schritt sein. Das Konzept vermag zwar Antworten zu geben, wie im Großraum Berlin die Güterströme sinnvoll kanalisert und auf die umweltverträglichen Wege von Schiene und Wasser verlagert werden können. Damit es nachhaltig greift, müssen jedoch auch die geltenden Rahmenbedingungen verändert werden, die auf Bundes- , teilweise sogar auf europäischer Ebene bestehen. Verkehrspolitik am Beginn des 21. Jahrhunderts ist eben auch Infrastruktur-, Steuer- und Wettbewerbspolitik.

Straßenbahnleitstelle BVG

Mittel- bis langfristig greifen auch die Antworten, die den ÖPNV in Berlin aus der Misere führen können. Vor allem gilt es, seine Nachteile im täglichen Wettbewerb mit dem Auto abzubauen. Noch ist der PKW schneller, erreicht viele Orte leichter und wird durch ein überdurchschnittliches Parkraumangebot in der Innenstadt zusätzlich begünstigt. Die Ausweisung von Gebieten mit Parkraumbewirtschaftung in der City West, in Mitte, Spandau und rings um den Ostbahnhof Ende der neunziger Jahre ist ein erster Schritt in dieser Richtung gewesen. Ein Schritt zumal, der für das Land ohne zusätzliche Kosten realisiert werden konnte. Doch auch der ÖPNV selbst muß sich ändern, den neuen, räumlich und zeitlich breiter gestreuten Anforderungen der Menschen in Berlin entgegenkommen. Noch ist das Angebot zu vertaktet und gebündelt.

Ansätze für den ÖPNV

Um das Angebot des ÖPNV zu verbessern, soll die Einführung von Ampelvorrangschaltungen und Busspuren weiter (und schneller) vorangetrieben werden. Sie beschleunigen den stadtverträglichen öffentlichen Nahverkehr und helfen, den Geschwindigkeitsvorteil des Autos besonders in der Innenstadt zu relativieren. Ein weiterer Fokus liegt auf der Anschlusssicherung und der systematischen Erleichterung des Umsteigens, gerade an wichtigen Knotenpunkten von S-Bahn und Regionalbahn. Bei der

Netzerweiterung haben Lückenschlüsse erste Priorität. Wo mittelfristig Gelder fehlen, muss auch der Einsatz von Mehrsystemfahrzeugen zur Überbrückung solcher Engpässe geprüft werden.

Innovationen helfen, Sicherheit, Geschwindigkeit und Flexibilität im ÖPNV zu erhöhen. Beispiel U-Bahn. Zusammen mit der BVG hat der Senat die Entwicklung einer Referenzstrecke auf der U8 vorangetrieben. Hier soll gezeigt werden, wie die U-Bahn der Zukunft aussehen kann, wie man in attraktiven Räumen und Zügen sicheren und komfortablen ÖPNV realisieren kann. Berlins U-Bahnhöfe sollen heller und freundlicher werden, der Service soll sich verbessern. Die BVG hat 1996 begonnen Service- und Informationsleitstellen einzurichten, die über Infosäulen von jedem Bahnsteig aus erreichbar sind. Getestet wurde bis April 2000 der automatische U-Bahnbetrieb, der einen wesentlich flexibleren und bedarfsgerechteren Zugeinsatz ermöglichen kann. Voraussetzung dafür war die Entwicklung einer neuen Zuggeneration (des sogenannten H-Zuges) und die Einführung des elektronischen Leit-, Informations- und Sicherungssystems LISI. Wenn in den nächsten Jahren – zunächst auf der U5 – der reguläre Automatikbetrieb aufgenommen wird, wird Berlin die erste Stadt sein, in der die beispielsweise in Vancouver, Paris oder London bewährte Automatisierung auch auf bereits vorhandenen Strecken, also nachträglich eingeführt wird.

Leitstelle Wasserstraßen, Deutsche Binnenreederei

Grünes Licht für Fußgänger und Radfahrer

Die kurzen Wege der Stadt können besonders leicht auf umweltschonende Art bewältigt werden: mit dem Fahrrad oder zu Fuß. Tatsächlich wird mehr als ein Viertel (nämlich 26 Prozent) aller Wege in Berlin zu Fuß zurückgelegt. Um hier die Sicherheit zu erhöhen, muß der Autoverkehr zivilisiert werden: durch neue, sinnvolle Geschwindigkeitsbeschränkungen. An Kreuzungen erhalten Fußgänger durch neue Ampelschaltungen "Rundum-Grün" – Wartezeiten am Straßenrand können so entfallen. Vor allem in dicht besiedelten Stadtquartieren soll zudem der ruhende Verkehr eingeengt werden. Parkende Autos müssen breiteren Gehwegen und einem Plus an Aufenthaltsqualität im öffentlichen Raum weichen.

Das Radverkehrsnetz wurde in den Jahren zwischen 1990 und 2000 eher stiefmütterlich behandelt. 1990 gab es im Westteil der Stadt 650 Kilometer Radwege. 1999 waren es in der gesamten Stadt gerade 820 Kilometer auf öffentlichem Straßenland und rund 130 Kilometer andernorts – etwa in öffentlichen Grünanlagen. Einzig die Erlaubnis zur Nutzung von Einbahnstraßen in beiden Fahrtrichtungen erhöhte seit Oktober 1998 die Bewegungsfreiheit der Radler. Das soll nun besser werden. Der Senat hat eigens die Stelle eines Fahrradbeauftragten eingerichtet und plant, jedes Jahr drei Millionen Mark in den Ausbau eines zusammenhängenden Wegenetzes, in die Bereitstellung von Abstellanlagen und die Verbesserung von Mitnahmemöglichkeiten zu investieren.

ELBE
ELBE-SEITEN-KANAL
MITTELLANDKANAL

Stadtverträglicher Autoverkehr

Seit 1996 gehen die Investitionen in den Berliner Straßenbau nach fünf Jahren kontinuierlichen Anstiegs wieder zurück. Das liegt einerseits daran, dass vereinigungsbedingte Aufgaben abgearbeitet wurden, andererseits aber auch schlicht an der Ebbe in den öffentlichen Kassen. In Zukunft wird die Instandhaltung eindeutigen Vorrang vor dem Neubau erhalten, der auf Stadtumbau- oder Erschließungsmaßnahmen, aber auch auf solche Lückenschlüsse begrenzt wird, die nachweislich den Umwegeverkehr reduzieren helfen. Es geht darum, den notwendigen Verkehr sicherzustellen, gleichzeitig aber Anreize zu schaffen, mit dem privaten PKW stadtverträglicher umzugehen als bisher. Und das heißt, das Auto öfters mal stehen zu lassen. Die innere Stadt, der Bereich des sogenannten kleinen Hundekopfes, soll vom Durchgangsverkehr entlastet werden.

Wirtschaftsverkehr

Mit stadtpolitischen Mitteln lässt sich der Güterverkehr nur ein Stück weit beeinflussen. Dieses Potential muss aber vollständig ausgeschöpft werden. So plant der Senat, LKW-Routen einerseits und Tabuzonen für den Lastverkehr andererseits zu verdeutlichen, die vorhandenen Umschlagstandorte und das Verknüpfungsnetz zu erhalten und zu modernisieren. Aus dem Instrumentarium des Integrierten Güterverkehrskonzepts verspricht dabei besonders der Bereich privater Logistik-Optimierung auch kurzfristige Erfolge. Während das System überregionaler Güterverkehrszentren derzeit (noch) an der Unattraktivität des Schienenangebots krankt, haben die sogenannten Plattformen Wirtschaftsverkehr, mit denen die Anlieferung in innerstädtischen Einkaufsstraßen wie der Steglitzer Schlossstraße oder der Müllerstraße im Wedding optimiert wurde, sich bereits nachhaltig bewährt.

Stellwerk S-Bahn

Umsteigen

Mobilität für das neue Berlin – dieses Ziel lässt sich übergreifend nur dadurch verwirklichen, dass die gesamte Stadt an einem neuen großstädtischen Mobilitätsverbund arbeitet. Fraktionenbildung muss abgelöst werden von einem neuen Selbstverständnis der Nutzer, das multi- und intermodal ist. Der PKW-Fahrer, der sein Auto stehen lässt, wenn er mit dem Bus leichter vorankommt, der Fahrradfahrer, der sein Rad auch in der U-Bahn mitnimmt und so weite Entfernungen schneller zurücklegen kann, sie sind die großstädtischen Verkehrsnutzer der Zukunft. Berlin verfügt mit etwa 400 Pkws je 1000 Einwohnern über eine im Städtevergleich bemerkenswert niedrige Motorisierungsrate. Sie könnte noch geringer sein, wenn es gelingt, das Auto effizienter einzusetzen und „öffentlicher" zu machen. Modelle zum Car-Pooling und Car-Sharing gibt es bereits. Im März 2000 präsentierte die BVG ihre Metrocard. Die Plastikkarte verbindet die klassische BVG-Monatskarte mit einem Full-Service-Leasingvertrag, der dem Nutzer regelmäßig für einen selbst gewählten Zeitraum immer dasselbe Auto garantiert. Solche Modelle werden sich umso rascher durchsetzen, wenn der öffentliche Nahverkehr zeitgleich sein Angebot flexibler gestaltet – etwa bei der Routengestaltung oder im Sinne einer Fahrt auf Anforderung.

Wichtigste Voraussetzung für die intermodale Mobilitäts-City ist jedoch ein integriertes Verkehrsmanagement, das dem Nutzer optimale Informationen über die jeweils günstigsten Verkehrsangebote im Personen- und Wirtschaftsverkehr zur Verfügung stellen kann. Zu viel Verkehr findet immer noch statt, weil niemand eine Wahl zu haben scheint. Das Angebot zu schaffen und bekannt zu machen, das den Fahrgast wie den Autofahrer zum bewussten Verkehrsverbraucher macht, ist die größte Herausforderung der Berliner Verkehrspolitik. ■

Civilized Mobility

The modes of mobility have changed not only in Berlin, but everywhere. Today, people normally have to travel longer to get to the office, and they also accept exceeded distances to go shopping or to reach their leisure venues. The mobile society has produced more traffic: even that traffic, that has made the inner city become an unsatisfactory place to live.

Nevertheless, Berlin does have good structural prerequisites to develop a sustainable mobility framework. Berlin is a poly-central city, i.e. there are many urban units instead of a single centripetal city centre. Moreover, Berlin's inner city is characterized by a functional heterogenity: people do live, work and go out there. And the outline of Berlin's urban structure follows railroad tracks; a persistent blueprint drawn by a long and -literally - moving history. The clear-cut border that separates Berlin from its thinly populated periphery, is another leftover of cold war era. Between 1990 and 1998, almost 5 billion DM had been invested in road construction, and twice as much went into the revitalisation of the public transport network and railroads. But that's not enough to get ready for the future. Modern traffic and mobility strategies have to combine the various modes of transport with respect to the standards of sustainable urban and environmental development.

A sensible debate on new paradigms of mobility in a mobile society must take into account the different needs of different actors.

Today's political strategies towards new traffic concepts are much more than mere road planning. In fact, they aren't tabula rasa strategies, but rather politics starting out from existing conditions: the actual situation in a city and in the country as well as regulations on European level.

The process of suburbanisation is a notorious producer of traffic, that strucks the city. Therefore, we ought to increase the quality of living in the inner city to delimit the amount of this commuter mobility.

Consequently, we need to improve public transport in general as well as to give way to bicycles and pedestrians. Furthermore, we need to set acceptable limits to private car traffic. Also planning and building projects have to be revised, and perhaps updated, in order to meet the new standards.

For inner city transport network, the good old tram proofs to be the ideal vehicle, that should be supported and extended. The goods traffic will be supported as much as possible, also by establishing logistic cooperation structures. But unlike short-distance transport, the basic conditions of goods traffic are rather subject to transregional, national and international regulations.

The prior task of political strategies towards new structures of mobility is to develop a concept that entails the whole spectrum of traffic alternatives. People are going to choose between different ways of going from one place to another, depending on their varying needs, purposes and preferences.

A new, successful mobility paradigm, that eventually overcomes the obsolete hostile frontiers between cars, pedestrians and public transport customers, will be the only chance to keep Berlin on the move.

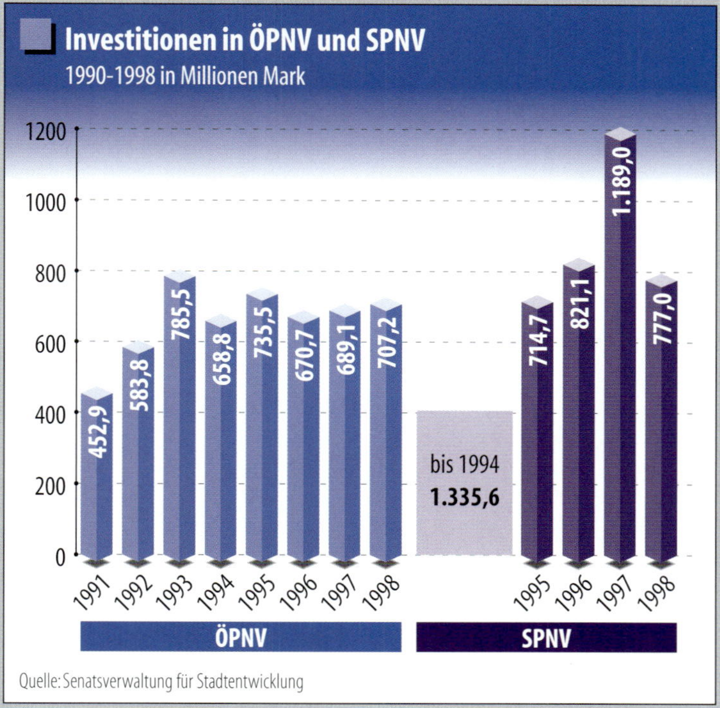

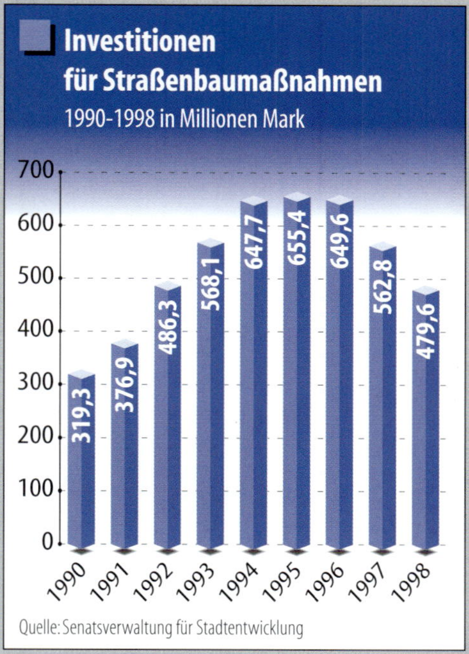

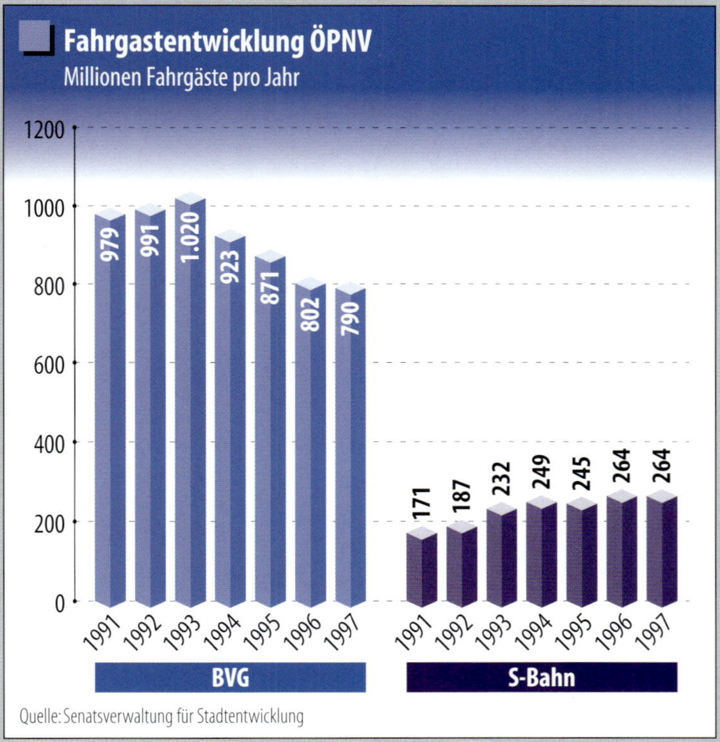

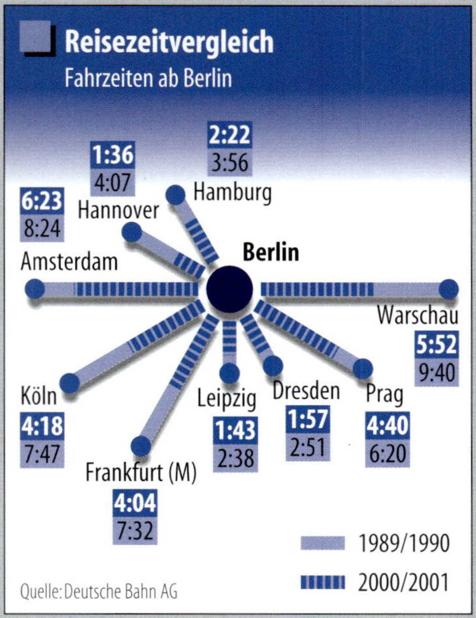

Trotz zunehmender S-Bahn-Nutzung sinkt in Berlin die Zahl der Fahrgäste im ÖPNV insgesamt. Grund: ein kontinuierlicher Rückgang bei der BVG.

Die Bahnreisezeiten von und nach Berlin haben sich seit 1990 drastisch reduziert. Dennoch: Die Fahrzeit nach Hamburg hat heute erst wieder das Vorkriegsniveau erreicht.

Berliner Verkehr 1990 bis 1999
Die wichtigsten Maßnahmen

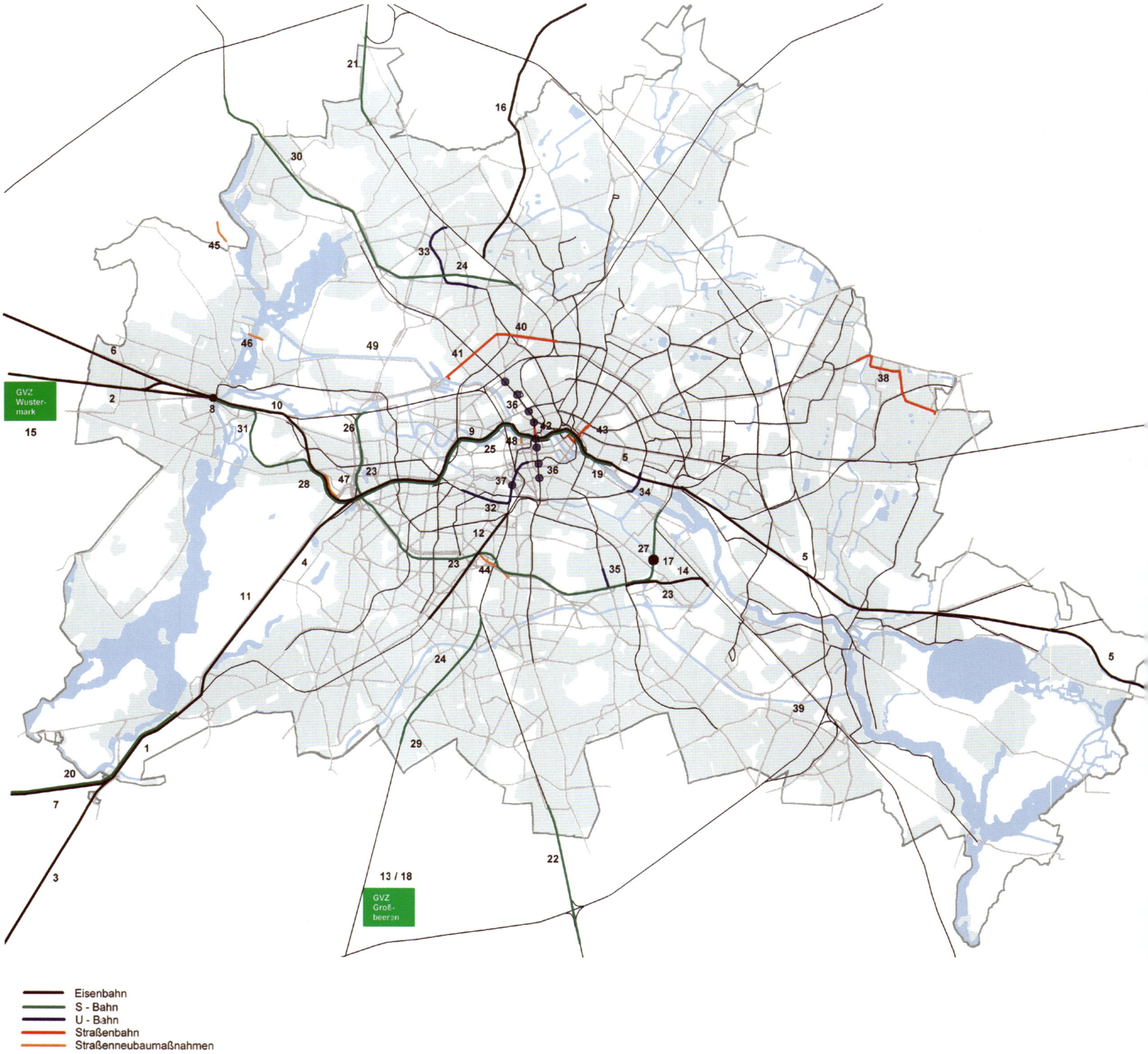

Schiene (Fern- und Regionalverkehr)

***01* | 22. Januar 1990:** Aufnahme des Regionalverkehrs Potsdam – Wannsee nach Abschluss der Umbaumaßnahmen am Grenzbahnhof Griebnitzsee
***02* | 13. August 1990:** Wiederaufnahme des Regionalverkehrs auf der Lehrter Bahn (Rathenow – Wustermark – Staaken – Spandau)
***03* | 23. Mai 1993:** Aufnahme des Regional- und Fernverkehrs auf der Wetzlarer Bahn im Abschnitt Wannsee – Drewitz – Michendorf
***04* | 3. Juli 1993:** Aufnahme des elektrischen Betriebes auf dem Abschnitt Berlin-Zoo – Wannsee – Drewitz – Michendorf, Anbindung des Bahnhofs Zoo an das ICE-Netz
***05* | 29. Mai 1994:** Eröffnung der ersten RegionalExpresslinie von Frankfurt (Oder) nach Berlin (RE 1 Ost)
***06* | 28. Mai 1995:** Lückenschluss zwischen Falkensee und Spandau (Hamburger Bahn), Inbetriebnahme für den Regional- und den IC-Verkehr
***07* | 17. Dezember 1995:** Abschluss des Ausbaus und der Elektrifizierung des Abschnitts Wannsee (Abzweig Kohlhasenbrück) – Potsdam – Biederitz bei Magdeburg (Verkehrsprojekt Nr. 5, Länge 112 km) und Aufnahme des ICE-Verkehrs über Potsdam
***08* | 4. Mai 1997:** Teilinbetriebnahme des neuen Fernbahnhofs Spandau
***10* | 1. Juni 1997:** Abschluss der Elektrifizierung und des zweigleisigen Ausbaus des Abschnitts Charlottenburg – Spandau – Falkensee – Nauen der Hamburger Bahn (Abschluss des Verkehrsprojektes Nr. 4)
***09* | 24. Mai 1998:** Inbetriebnahme der Stadtbahn (Zoo – Ostbahnhof)
***11* | 27. September 1998:** Inbetriebnahme der Hochgeschwindigkeitsverbindung Hannover – Berlin

Eisenbahngüterverkehr

***12* | 19. Juli 1994:** Inbetriebnahme der „Logistikgleise" zwischen dem Güterbahnhof Steglitz und dem Logistikzentrum am ehemaligen Potsdamer Güterbahnhof
***13* | 25. Juli 1995:** Baubeginn des Güterverkehrszentrums Großbeeren
***14* | 21. August 1995:** Wiederinbetriebnahme der Bahnstrecke Neukölln – Köllnische Heide – Baumschulenweg (Südring, eingleisig) für den Güterverkehr und für Leerüberführungsfahrten von Reisezügen.
***15* | 17. Oktober 1995:** Baubeginn des Güterverkehrszentrums Wustermark
***16* | 3. Februar 1997:** Wiederinbetriebnahme der Strecke Wilhelmsruh – Schildow – (Basdorf) der Niederbarnimer Eisenbahn für den Eisenbahngüterverkehr und für Werksüberführungsfahrten von S-Bahn-Fahrzeugen
***17* | 17 Juni 1997:** „Startschuss" für das Güterverkehrssub-zentrum Neukölln/Treptow
***18* | 18 September 1998:** Betriebsaufnahme im GVZ Großbeeren

S-Bahn

***19* | 2. Juli 1990:** Wiederaufnahme des durchgehenden S-Bahn-Verkehrs auf der Stadtbahn nach dem Umbau des S-Bahnhofs Friedrichstraße
***20* | 1. April 1992:** Wiedereröffnung der S-Bahn-Strecke Wannsee – Potsdam (eingleisig)
***21* | 31. Mai 1992:** Wiedereröffnung der S-Bahn-Verbindung Frohnau – Hohen Neuendorf (eingleisig)
***22* | 31. August 1992:** Wiedereröffnung der S-Bahn-Verbindung Lichtenrade – Blankenfelde (eingleisig)
***23* | 17. Dezember 1993:** Wiedereröffnung der Strecke Baumschulenweg – Südring – Westend (18 km)
***24* | 28. Mai 1995:** Wiedereröffnung der Strecke Priester-weg – Lichterfelde Ost (Südende – Lichterfelde Ost eingleisig) und Schönholz – Tegel (eingleisig) der S 25, (Gesamtlänge beider Strecken: 11 km)
***25* | 21. Oktober 1996:** Abschluß der Sanierung der S-Bahn-Gleise und der Bahnhöfe zwischen dem Bahnhof Zoologischer Garten und dem heutigen Ostbahnhof
***26* | 1. Mai 1997:** Wiederinbetriebnahme des Abschnittes Westend – Jungfernheide auf dem Nordring der S-Bahn
***27* | 20. Dezember 1997:** Lückenschluss Neukölln – Treptower Park (S-Bahn Südring)
***28* | 16. Januar 1998:** Verlängerung der S 5 von Bhf. Westkreuz – Bhf. Pichelsberg
***29* | 25. Juli 1998:** Inbetriebnahme Lichterfelde Ost – Lichterfelde Süd (S 25)
***30* | 15. Dezember 1998:** Inbetriebnahme Tegel – Hennigsdorf
***31* |** 30. Dezember 1998: Inbetriebnahme Pichelsberg – Spandau

U-Bahn

***32* | 13. November 1993:** Wiedereröffnung des Strecken-abschnittes Wittenbergplatz – Bülowstraße –Mohrenstraße, Lückenschluss der U 2 (Kosten 215 Millionen Mark)
***33* | 24. September 1994:** Eröffnung der Neubaustrecke der U 8 Paracelsusbad – Wittenau (3,6 km)
***34* | 14. Oktober 1995:** Wiederherstellung der U 1 Schlesisches Tor – Warschauer Straße (0,8 km, Kosten 170 Millionen Mark)
***35* | 13. Juli 1996:** Eröffnung der Streckenverlängerung Leinestraße – Hermannstraße der U 8 (0,320 km, Kosten: 126 Millionen Mark)
***36* | 20. September 1996:** Abschluss der Arbeiten zur Bahnsteigverlängerung auf der U 6 für den Einsatz von Sechs-Wagen-Zügen im Abschnitt Kochstraße – Reinickendorfer Straße (acht Bahnhöfe)
***37* | 2. Oktober 1998:** Eröffnung des U-Bahnhofs Mendels-sohn-Bartholdy-Park (U 2)

Straßenbahn

***38* | 30. April 1991:** Eröffnung der Neubaustrecke Betriebshof Marzahn – Riesaer Straße (4,5 km) in Hellersdorf
***39* | 1. Januar 1993:** Stilllegung der Straßenbahnstrecke S-Bahnhof Adlershof – Altglienicke
***40* | 14. Oktober 1995:** Eröffnung der Strecke Björnsonstraße – Osloer Str. – Louise-Schroeder -Platz im Wedding (Länge 2,7 km, Kosten 62,6 Millionen Mark)
***41* | 25. Oktober 1997:** Verlängerung Louise-Schroeder- Platz – Virchow Klinikum
***42* | 20. Dezember 1997:** Verlängerung der Straßenbahn Weidendammer Brücke bis zum Bahnhof Friedrichstraße
***43* | 18. Dezember 1998:** Inbetriebnahme Mollstraße/Otto-Braun-Straße – Alexanderplatz

Straßenneubau im übergeordneten Straßennetz

***44* | 25. August 1996:** Fertigstellung des Abschnittes AK Schöneberg – Anschlussstelle Alboinstr. (Bereich Sachsendamm) der Bundesautobahn A 100
***45* | 7. November 1997:** Eröffnung der Niederneuendorfer Straße
***46* | 1. Dezember 1997:** Eröffnung der Südbrücke Wasserstadt Oberhavel
***47* | Mai 1998:** Eröffnung der verlegten Jafféstraße
***48* | 31. Juli 1998:** Eröffnung der George-C.-Marshall-Brücke

Flugverkehr

***49* | 15. März 1999:** Fertigstellung des Umbaus der Haupthalle Flughafen Tegel

Arbeitsort Stadt

TEXT JÖRG NIENDORF

FOTO FRANK WELKE

Nach mehrjähriger Talfahrt der Wirtschaft, schmerzlichen Umstrukturierungsprozessen und stetig wachsenden Arbeitslosenzahlen hoffen nicht nur die Experten, dass Berlin die wirtschaftliche Schwächephase bald überwindet. Die neue Rolle als Parlaments- und Regierungssitz hat der Wirtschaft zweifellos einen Schub gegeben. Vor allem die Dienstleistungsbranche profitiert davon und entwickelt sich sehr dynamisch. Dennoch bleiben die Aufgaben der Arbeitsmarkt- und Strukturpolitik anspruchsvoll: Die weitere Deindustrialisierung soll gestoppt, gerade der Mittelstand muss unterstützt und ausgebaut werden. In wettbewerbs- und exportfähigen Klein- und Mittelbetrieben liegt denn auch die größte Hoffnung auf neue Arbeitsplätze in der Hauptstadt.

Einsatzort Lobby: Tausende Interessenvertreter haben sich in Regierungsnähe angesiedelt. Hier Matthias Geurtes vom Bundesverband Deutscher Banken im Verbandsfoyer am Hackeschen Markt.

Es war wirklich ganze Arbeit, die Industrialisierung und Gründerzeitboom im späten 19. Jahrhundert an der schönen Weide geleistet hatten. Aus einem Spree-Idyll mit Wiesen, Badeanstalten und Ausflugslokalen wurde binnen kurzer Zeit eines der größten Industriequartiere Europas. Die drei Kilometer lange Silhouette aus Stockwerksfabriken, Hallen, Kränen und Kais war imposant. Hier erlebte die in Berlin ohnehin sehr aktive Elektroindustrie einen Schub, als wäre der Turbolader bereits erfunden gewesen. Eine Reminiszenz an die Zeit zuvor blieb allein der Name: Oberschöneweide. So heißt die Gegend südöstlich der Innenstadt bis heute. Und bis heute lässt sich auf diesem schmalen Streifen Großstadt vieles erfahren über Aufstieg und Fall der mächtigen Produktionsmetropole Berlin, über die politischen und ökonomischen Umwälzungen samt ihren Folgen, über die Strukturpolitik der jüngsten Zeit und nicht zuletzt über die notwendige Ausdauer auf dem Weg zu neuen Beschäftigungsfeldern. Wahrscheinlich ist Oberschöneweide das eindruckvollste Einzelbeispiel überhaupt – und ein Mikrokosmos des wirtschaftlichen Umstrukturierungsprozesses, den Berlin seit zehn Jahren durchlebt.

BMW baut sein Motorradwerk in Spandau aus, junge Spezialisten sind gefragt – ein Lichtblick für die Industriestadt Berlin.

1989/90 boten das Industrieband am Spreeknie und das benachbarte Wohngebiet ein erschreckendes Bild von Raubbau, Verseuchung und Niedergang. Massiv war seither der Abbau der Industriearbeitsplätze, von 25 000 blieben weniger als 5000 übrig. Zuerst glaubte man noch, dass sich die Industrie an diesem Standort wieder erholen würde und dass es zu Neuansiedlungen kommen könnte. Heute ist dagegen allen Akteuren klar, dass es bei den bestehenden drei Produktionsbetrieben bleiben wird, und dass die übrigen, riesigen Gewerbeflächen so flexibel wie möglich genutzt werden müssen. Hauptsache ist, überhaupt Leben in die Hallen zu bekommen. Aus dieser Erkenntnis entstand eine illustre Mischung aus Gewerbe, Dienstleistungen, Freizeitnutzungen und Kultur in den einstigen Fabriken. Vorsichtiger Optimismus ist erlaubt, die riesigen öffentlichen Investitionen tragen Früchte und: politisch wurden sie bisher glücklicherweise nie in Frage gestellt. Mittel in Milliardenhöhe von EU, Bund und Land sind ins Gebiet geflossen, um Perspektiven zu schaffen. Zum Beispiel durch einen Neubau für das Technologie- und Gründerzentrum Spreeknie, in dem neue Firmen der Elektronikbranche heranwachsen. Industrieflächen und Wohnquartiere werden parallel saniert. Es gilt – wie an vielen anderen Orten der Stadt – der Grundsatz, dass Produktionsbranche und Umfeld nur als Einheit eine Chance haben. Denn Gewerbenutzungen vor Ort vermitteln positive Impulse für das Wohngebiet, ebenso zieht ein saniertes Wohngebiet Interessenten für Handel, Gewerbe und Dienstleistungen an.

Verwaiste Industrie

Egal in welchem der 23 Bezirke der Hauptstadt die Suche beginnt: Verödete Flächen, verwaiste Arbeitsorte und damit verbundene Transformationsprozesse ganzer Stadtteile finden sich schnell. Schließlich war die Stadt seit jeher von der Produktion geprägt und durch sie erst richtig groß geworden. In den Zwanzigerjahren des letzten Jahrhunderts war Berlin sogar an die vierte Stelle unter den Industriezentren der Welt gerückt – gleich hinter London, New York und Chicago. Selbst während der deutschen Teilung spielte die Industrie in beiden Stadthälften eine maßgebliche Rolle: Im Osten regierte der Plan,

im Westen die Subventionen. Nach 1990 trafen der Zusammenbruch beziehungsweise die Abwanderung von weiten Teilen dieser Produktionsstätten die Stadt ins Mark. 270 000 Arbeitsplätze gingen im Industriesektor zwischen 1990 und 1999 verloren.

Mittlerweile regt sich jedoch hinter vielen Backstein- und Klinkerfassaden, die die Blütezeit der Industrieepoche hinterließ, neues wirtschaftliches Leben. Natürlich bedeutet dieses zunächst einmal immense Kosten zur Flächensanierung, die meist die öffentlichen Haushalte übernehmen müssen. Danach richten sich neue Branchen ein, wenngleich je nach Lage in unterschiedlicher Geschwindigkeit. Der Trend weist eindeutig in Richtung der Dienstleistungsstadt. Vergleichszahlen anderer deutscher Großstädte zeigen, wohin die Reise geht: In Hamburg, Düsseldorf oder Frankfurt/Main sind 380 von 1000 Arbeitsplätzen bereits Jobs im privaten Dienstleistungssektor. In Berlin sind es zwar erst 200 von 1000, allerdings wächst das Beschäftigungsfeld um mehr als zwei Prozent jährlich an.

Gewerbehöfe zu Stadtteilen

Beispiele mit Signalwirkung waren etwa die Ansiedlung der Allianz und ihrer Bürostadt auf dem einstigen EAW-/AEG-Gelände in Treptow oder die Oberbaum-City, die am Bahnhof Warschauer Straße entsteht: Dort entwickelt sich aus dem ehemaligen Osram- und Narvagelände ein neuer Stadtteil, den vor allem Medienfirmen schon bezogen haben. Aus einem alten Reinickendorfer AEG-Werksgelände wiederum wurde das Büro- und Dienstleistungszentrum Anthropolis, und mit dem Aus- und Umbau der verlassenen Schultheiss-Brauerei am Kreuzberg wird gerade begonnen. In ganz Berlin herrscht ein Run auf alte Gewerbehöfe und ehemals mittelständische Fabriken in der Stadtmitte, die kontinuierlich zu Büros ausgebaut werden. Industriezentren von einst werden zu Stadtteilzentren mit örtlichem Handel, Gewerbe und Dienstleistungsbüros, oder sofern sie im Zentrum liegen, zu angesagten Bürokomplexen für die vielbeschworene Kommunikations- und Informationsgesellschaft. Die alles entscheidende Frage ist freilich, ob das reicht. Können positive Entwicklungen wie diese die massiven Einbrüche der klassischen Beschäftigungssparten ausreichend abmildern oder sie langfristig sogar kompensieren?

Kunst am Bau liefert eine Pankower Schmiedewerkstatt mit ihren filigranen Arbeiten. Gerade die massenhaften Sanierungen von Berliner Baudenkmalen erfordern hochspezialisierte Handwerker.

Die nüchternen Zahlen und Fakten verdeutlichen, wie schwer der Umbruch in einer 3,4-Millionen-Einwohner-Stadt tatsächlich ist. Seit 1989 sind alles in allem mehr als 370 000 Arbeitsplätze in Berlin verloren gegangen. Neben dem produzierenden Gewerbe sind vor allem Energiewirtschaft, Handel und Verkehr sowie öffentlicher Dienst betroffen. Gerade im öffentlichen Sektor gab es in Ost- wie auch Westberlin in den vergangenen Jahrzehnten überproportional viele Beschäftigte. Die anhaltende Umstrukturierung, die sich angesichts leerer Haushaltskassen eher noch verstärken wird, stellt eine große Herausforderung an die Arbeitsmarktpolitik dar. Noch immer stehen über 7000 Stellen im öffentlichen Dienst der Stadt zur Disposition. Und in der Diskussion sind erneute Privatisierungen von staatlichen Betrieben beziehungsweise Ausgliederungen von Unternehmensteilen, wodurch immer neue Arbeitsplätze auf dem Prüfstand stehen.

18

Hoch waren nach 1989 die Erwartungen, Großbetriebe mit ihrem Hauptsitz an die Spree zu holen, die als Magneten wirken sollten. Dies gelang zunächst mit der DaimlerChrysler-Tochter debis, der Europazentrale von Sony, der Verkehrstechniksparte von Siemens und mit der Deutschen Bahn AG. Mittlerweile hat der Zug nach Berlin an Fahrt gewonnen. Laufend werden zumindest neue Repräsentanzen deutscher und internationaler Firmen in der Stadt eröffnet.

Öffentliche und private Investitionen bewegen sich weiterhin in gigantischen Höhen. Bauboom und Modernisierung der städtischen Infrastruktur summieren sich zu mehrstelligen Milliardenbeträgen, die längst jede Vorstellungskraft übersteigen. Faktisch entstehen dabei handfeste Standortvorteile, zum Beispiel für die Medien- und Kommunikationsbranche. So hat Berlin das weltweit größte Glasfasernetz mit 150 000 Kilometern Kabel und das modernste und mit 2,2 Millionen Teilnehmern größte digitale Kommunikationsnetz in Deutschland. Und auch im zahlenmäßig stark abgeschwächten, aber noch immer vorhandenen Produktionsgewerbe konnten diverse Standorte in Berlin gehalten werden. DaimlerChrysler baut Smart- und Mercedes-Motoren in Berlin, und BMW erweitert seine in Spandau ansässige Motorradfertigung für über 100 Millionen Mark. Es gibt 197 Firmen der Elektroindustrie mit insgesamt 33 000 Beschäftigten, darüber hinaus chemische Industrie sowie Produktionsbetriebe von Ernährungs- und Genussmitteln. In Weißensee investiert etwa die Bäckereikette Kamps 20 Millionen Mark in ihren Standort. Das sind Lichtblicke, auch wenn sie nicht die Renaissance der Industriestadt bedeuten.

Wissensagentur Schule. Immer komplexer wird die Welt, und damit auch die Aufgabe für Lehrer, ihren Schülern den Zugang in die Informationsgesellschaft zu ebnen – wie hier in der Georg-Christoph-Lichtenberg-Oberschule und Gymnasium in Lichtenberg.

Während das Segment Produktion immer noch zwischen Plus und Minus changiert, fasst die Berliner Wirtschaft insgesamt wieder Tritt im Jahr 2000. Das jedenfalls prognostiziert die Senatsverwaltung für Wirtschaft und Technologie. Zumindest stieg das Bruttoinlandsprodukt in Berlin 1999 nach ersten Schätzungen um bis zu 0,5 Prozent an. Im Jahresdurchschnitt nahm 1999 die Arbeitslosenzahl ab – das erste Mal seit sechs Jahren. Allerdings liegt die Quote mit 16 Prozent noch weit über dem Bundesdurchschnitt von 10,5 Prozent. Die Zahl der Erwerbstätigen ging auf rund 1,4 Millionen zurück, über 260 000 Menschen sind als arbeitslos registriert. Ein besonderes Problem bildet der relativ hohe Anteil von Langzeitarbeitslosen.

Hoffnungsträger Wissen

Beobachter fordern eine zukunftsorientiertere Arbeitsmarkt- und Strukturpolitik, die das Gesamtaufkommen der Arbeit gerechter als bisher verteilt – und neue Modelle für die Zukunft der Arbeit fordert. Das Leitbild der soeben erstellten *Berlin Studie* lautet deshalb auch „Berlin – eine Stadt des Wissens, der Chancen und des Lernens". Hoffnungsträger für neue Arbeitsplätze sind vor allem kleine und mittlere Betriebe in modernen Technologiebranchen oder unternehmensnahen und fernabsatzorientierten Dienstleistungen. Als Instrumente rangieren ganz vornan eine Qualifizierungs- und eine Vermittlungsoffensive sowie flexiblere Arbeitsorganisationen bis hin zu Freistellungszeiten. Vor allem die Jugendarbeitslosigkeit, die überdurchschnittlich hoch ist in Berlin, soll so verringert werden. Erste Erfolge zeigen sich. Aufgrund der neuesten Zahlen zur Wirtschafts- und Arbeitsmarktentwicklung von 1999 gehen Fachleute davon aus, dass im Jahr 2000 hinsichtlich der Beschäftigung die Talsohle erreicht werden wird. Nach wirtschaftlicher Erholung und dem Ende des strukturell bedingten Personalabbaus könnte im Jahr 2001 die Zahl der Arbeitsplätze per saldo wieder ansteigen.

Impulse für Handel und Dienstleistungen

Die höchste Dynamik, das belegen die Zahlen des Wirtschaftsberichts 1999, bietet der private Dienstleistungsbereich. Hier sind seit 1990 rund 150 000 Arbeitsplätze entstanden. Außerdem wirkt hier der Umzug von Parlament und Regierung nach Berlin in besonderem Maße nach. Wirtschaftsunternehmen, die nach Berlin übersiedeln, Verbände, Medien, Stiftungen und Botschaften brauchen Dienstleister, ob dieses nun Firmen für Gebäudemanagement oder Werbeagenturen sind, Kommunikationsprofis oder Kurierdienste. Experten erwarten durch die Hauptstadtfunktion bis zu 42 000 neue Arbeitsplätze. Nicht von ungefähr hat zum Beispiel die Peter Dussmann AG, ein Branchenriese im neuen Bereich des Facility Management, ihren Hauptsitz von München nach Berlin verlegt. Schon heute hat das weltweit operierende Unternehmen Dussmann 5000 Beschäftigte in der Hauptstadt. Ein interessantes Phänomen ist auch, dass vormals klassische Berliner Industriebetriebe wie Schindler oder DeTeWe sich zu Dienstleistungsunternehmen wandeln und immer höhere Umsatzanteile auf neuen Feldern erwirtschaften.

Schrauben für alles: Seit über hundert Jahren gibt es Eisen- und Haushaltswaren bei C. Adolph am Savignyplatz. Der Laden ist ein penibel sortiertes Magazin, ebenso ein berühmtes und viel gerühmtes Fossil des Berliner Fachhandels.

Auf mittlere Sicht hofft deshalb auch der Einzelhandel auf positive Effekte. Noch verläuft die Einzelhandelskonjunktur gedämpft, auch die in mittlerweile fast allen Bezirken entstandenen Shopping Center konnten bislang nicht über die Probleme des Gewerbes hinwegtäuschen: Die Kaufkraft ist schwach, bedingt durch die hohe Arbeitslosigkeit. Zudem ziehen Einkaufszentren im Umland weitere Kaufkraft aus Berlin ab. Jetzt darf die Branche auf die Auswirkungen einer besseren Konjunktur sowie auf eine neu zugezogene, kaufkräftige Kundschaft hoffen. Ein positiver Trend wäre es, wenn nach dem massiven Konzentrationsprozess im Handel und dem Erscheinen unzähliger Center mit ihren Filialisten die Wiederbelebung kleinerer Fachgeschäfte in den traditionellen Einkaufsstraßen der Bezirke in Gang käme. Noch herrscht hier viel Leerstand, Traditionsbetriebe mussten in den vergangenen Jahren schließen. Springt die Konjunktur an, dürften jedoch neue Geschäftsideen wieder eine Chance haben. Ein zweiter Motor für die Entwicklung des Einzelhandels sind die stetig wachsenden Besucherzahlen. 1999 verbuchte Berlin ein Rekordhoch an Tagestouristen und Wochenendbesuchern. Es gibt viele und gewiss nicht aussichtslose Marketingversuche, die Hauptstadt als Shopping-Reiseziel zu etablieren. Das Hotelgewerbe expandiert weiter, baut neue Häuser und verzeichnet in den bestehenden kräftige Umsatzsteigerungen. Rund 50 000 Menschen arbeiten in der Tourismusbranche der Hauptstadt. Erheblichen Einfluss auf diese positive Entwicklung hat das rege Messe- und Kongresswesen. Bis zu einer Milliarde Mark fließt allein dadurch jährlich in die Region. Die Anzeichen mehren sich also, dass der Strukturwandel zur Dienstleistungsmetropole gelingt, obgleich der Weg dahin ein langfristiger Prozess sein dürfte.

Bürohäuser auf Vorrat

Die Vermietungszahlen von Büroflächen in der Stadt steigen mittlerweile wieder. Seit Beginn der Neunzigerjahre schossen neue Bürohäuser wie Pilze aus dem Boden, in der Innenstadt und an vielen Verkehrsknotenpunkten nahe dem inneren S-Bahn-Ring. Vor allem die massiven Steuerbegünstigungen, die Investoren in den östlichen Bezirken für derartige Projekte geltend machen konnten, lösten den Boom im Vorratsbau aus. Manche Investoren scheuten nicht einmal die Peripherie, markantes Beispiel ist die *Pyramide* in Marzahn. Leerstände in exorbitanten Quadratmeterzahlen waren die Folge. Jetzt werden diese Überkapazitäten langsam aber stetig abgebaut – sinkende Mieten und eine massive Ansiedlungsförderung haben dafür die Voraussetzungen geschaffen. So sind innerhalb weniger Jahre 60 Call-Center mit insgesamt 7000

Express-Schild
Büro

Beschäftigten entstanden. Merkmal dieser Branche ist der hohe Anteil von Teilzeitkräften und freien Mitarbeitern, die flexibel und in Spitzenzeiten abrufbar sind. Diese Anforderung lässt sich auf viele Sparten des rapide wachsenden Dienstleistungssektors übertragen – ein Schema, das darauf hinweist, dass der Strukturwandel der Arbeit viel tiefer geht, als es eine reine Verschiebung zwischen den Branchen je sein könnte. Die Arbeitsplätze von heute, erst recht die von morgen zwingen dazu, grundlegende Vorstellungen der Arbeitswelt zu hinterfragen. Der klassische Arbeitstag von neun bis fünf löst sich in individuelle Arbeitsphasen auf, die Sicherheit einer Lebensstellung ist heute kaum mehr zu finden. Das alles stellt hohe Anforderungen an die Flexibilität und Eigeninitiative der Arbeitenden – und erfordert ein fundamental neues Verständnis von Arbeit.

Berliner Mischung

Unübersehbar bleibt, dass manche der neuen Büropaläste immer noch recht isoliert vom umliegenden Stadtraum sind. Eine Steuerung ist notwendig, damit die Bürokomplexe mit Wohnquartieren, Gewerbe und Handel im Umfeld zusammenwachsen. Die traditionelle Berliner Mischung von Wohnen und Arbeiten soll schließlich aufrechterhalten werden. Das Nebeneinander von Lebens- und Arbeitsorten findet heute jedoch unter veränderten Vorzeichen statt und bedingt neue Wohn- und Arbeitsformen. So werden Fabriketagen für das moderne Loft-Living entdeckt und ausgebaut, die großen Flächen dienen als Wohnraum und Arbeitsstätte zugleich. Gerade Freiberufler, von denen es etwa in den Medien- und Kommunikationsberufen sehr viele gibt, lockt diese Verbindung. Ebenso siedeln sich kleine Betriebe und Läden in Gewerbehöfen an, in denen auch Wohnraum entsteht. In innerstädtischen Bezirken gibt es dafür die meisten Beispiele. Die Selbstständigenquote, früher sehr niedrig in Berlin, nähert sich heute dem Bundesdurchschnitt.

Genauso gibt es mittlerweile Versuche, in vollständig neu entwickelte Wohnquartiere die Berliner Mischung einzupflanzen. So entstehen in Neu-Karow oder an der Rummelsburger Bucht nicht nur reine Wohnstätten, sondern auch neue Arbeitsstandorte, werden Handwerksbetriebe gezielt neben Dienstleistungsfirmen angesiedelt. In den östlichen Neubaubezirken, wo Handwerksstrukturen zuvor gar nicht vorhanden waren, hat die landeseigene Gewerbesiedlungs-Gesellschaft (GSG) Gewerbehöfe initiiert. In den innerstädtischen Altbauvierteln wiederum kümmern sich Quartiersmanager darum, dass Beschäftigungspotenziale im Kiez entstehen. Das Quartiersmanagement ist ein relativ junges Instrument der sozialen Stadterneuerung, um in Problemvierteln neben der reinen baulichen Sanierungstätigkeit soziale Probleme abzubauen, lokale Kräfte zu bündeln und Abwanderungstendenzen entgegenzuwirken.

Rock und Klassik auf der Brache: Wo früher die Elektroindustrie zu Hause war, sorgt der Verein Kulturwerk Oberschöneweide für neues Leben. Die Reinbeckhallen sind jetzt eine feste Adresse in der Kulturszene Berlins.

Große Pendlerströme

Natürlich stößt das Ideal von wohnortnahem Gewerbe bisweilen an seine Grenzen, vor allem im Produktionssektor. So ließen sich viele mittelständische Betriebe, die sich aus heutiger Sicht nicht mehr mit dem Wohnumfeld vertrugen oder deren Expansionswille an die Grenzen der angestammten Standorte stieß, nicht in den städtischen Lagen halten. Ausweichflächen wurden zwar auch innerhalb Berlins geschaffen, jedoch war und ist dies ein schwieriges Unterfangen. Die Gewerbegebiete im Umland konnten schlicht schneller aufgebaut werden. Viele Betriebe haben sich in

EAT NO FISH
8. APRIL, 22 UHR
REINBECKHALLEN
FILM-LIVE-KONZERT
Herrn Arnes Schatz
elektronauten
19.2.2000 / 20 Uhr
REINBECKHALLEN

Brandenburg angesiedelt, die Stadt muss mit den Folgen leben – wie etwa den Steuerausfällen und immer weiter ansteigendem Individual- und gewerblichen Verkehr zwischen Berlin und seinem Umland. Zur Verdeutlichung: Der Pendlerstrom von Berliner Arbeitnehmern, die im Umland beschäftigt sind, liegt mittlerweile schon bei mehr als 50 000 pro Tag (in der Gegenrichtung, der gewissermaßen klassischen Richtung der Berufspendler in die Stadt hinein, sind es 120 000 am Tag).

Ideenkapital

Unberührt von diesen Verschiebungen zwischen Stadt und Umland bleibt einzig die Reputation Berlins als Wissenschafts- und Innovationsmetropole – ein Ruf, den die Großstadt wirklich allein und unangefochten für sich verbuchen kann. Berlin ist Kompetenzzentrum in den Sparten Verkehrstechnik, Biotechnologie und Molekularmedizin, Informationstechnologien, Umwelt- und Energietechnik. Drei Universitäten mit insgesamt 23 000 Wissenschaftlern und 115 000 Studenten bilden den Kern, um den sich im Laufe der Zeit ein jeweils eigenes Netz von weiteren Wissensagenturen gruppiert hat: Dutzende Sonderforschungsbereiche der Deutschen Forschungsgemeinschaft, Graduierten-Kollegs und Forschungsgruppen, fünf Max-Planck-Institute und drei Fraunhofer-Institute, Großforschungseinrichtungen, das Wissenschaftskolleg und Forschungsinstitute der Leibniz-Wissenschaftsgemeinschaft, außerdem Akademien sowie Fach- und Kunsthochschulen.

Der Wissenschafts- und Wirtschaftsstandort Adlershof (Wista) zählt bereits mehr als 200 High-Tech-Firmen. Das Firmengründer-Gespann Hartmann entwickelte neuartige Bauteile für Erdgasleitungen, ihr Unternehmen Gesip ist Teil eines geförderten Joint-Venture-Programmes mit osteuropäischen Partnern.

Ein schier unendliches Ideenkapital findet sich in der Wissenschaftslandschaft für innovative Produkte und Dienstleistungen. So ist auch die hohe Dichte von Innovations- und Gründerzentren in der Stadt zu erklären, die jungen Firmen eine Starthilfe geben. Das ist zweifellos der effektivste Weg, aus der größtenteils öffentlich finanzierten Wissenschaft Kapital zu schlagen, hochqualifizierte Arbeitsplätze zu schaffen und in der Stadt zu halten. 800 Unternehmen mit 10 000 Mitarbeitern sind in Berlin bislang aus Gründerzentren entstanden. Nach amerikanischem Vorbild wurden seit Anfang der 1990er Jahre zwei große Technologieparks aufgebaut: Zum einen der Wissenschafts- und Wirtschaftsstandort Adlershof (Wista). Er besteht aus der *MediaCity* und einem Gründerzentrum für die High-Tech-Branche der Informationstechnologien, die sich rund um bundeseigene Großforschungsprojekte angesiedelt hat. 20 Institute und rund 200 Firmen gibt es hier bereits. Der Unternehmergeist der Wissenschaftler wird massiv gefördert, Ziel ist die Verbindung von Forschung und kommerzieller Nutzung an einem Ort. Der zweite Technologiepark ist der Biomedizinische Forschungscampus in Berlin-Buch, hier gründen sich hochspezialisierte Firmen im Umfeld des Max-Delbrück-Centrums für Molekulare Medizin und zweier Forschungskliniken der Charité. Beide Technologieparks, Adlershof und Buch, sind wichtige strukturpolitische Maßnahmen für die jeweiligen Stadtrandlagen. Neben hochqualifzierten Jobs entsteht hier wie dort im Gefolge auch ein höherer Bedarf an Dienstleistungen.

Brutkästen für Unternehmensgründer

Das Gründerklima in Berlin ist gut, darin sind sich Fachleute einig. Viele halten es sogar für das beste in Deutschland. An den Universitäten werden mittlerweile viele Lehrveranstaltungen zum Thema Unternehmensgründung angeboten, die Förderungen der Investitionsbank Berlin-Brandenburg gelten als vorbildlich. Viele Venture Capital Unternehmen haben ihren Sitz in Berlin und beobachten höchst aufmerksam alle innovativen Energien in der Stadt. Informationstechnologie, Telekommunikation und Neue Medien sind ohne Zweifel die Boombranchen. So erwirtschaften heute 1800 Softwarefirmen mit 16 000 Mitarbeitern einen Jahresumsatz von nahezu drei Milliarden Mark. Insgesamt zählt die hiesige Medien- und EDV-Branche 8000 Betriebe mit einem Umsatz von 20 Milliarden Mark. In den kommenden Jahren könnten in diesem Segment 30 000 weitere Stellen entstehen, so eine Prognose der Wirtschaftsverwaltung des Senats. Internet-Unternehmen und Firmen, die auf den elektronischen Handel setzen, sind in Berlin bereits massenhaft entstanden. Kreative Ansätze und Lösungen finden die Unterstüzung der Finanzwelt, durch Risiko-Kapitalisten, die sich im Gegenzug Firmenanteile sichern. Und neuerdings helfen sogenannte Inkubatoren jenen Gründerteams, die eine Erfolg versprechende Idee im Internet verwirklichen wollen. So entstand in Berlin Deutschlands erster und größter Inkubator, die Econa AG, Tochter einer Werbeagentur. Dieser Brutkasten bringt seine Kernkompetenzen genau an den Stellen in ein Start up-Unternehmen ein, die für einen schnellen und erfolgreichen Markteintritt besonders wichtig sind: Marketing, PR und Recruiting.

Starthilfe für Start-ups: Der Inkubator Econa päppelt junge Internetfirmen auf, damit sie den Sprung auf den Markt schaffen

Allein durch ihre geografische Lage hat die deutsche Hauptstadt gute Chancen, zum Ost-West-Zentrum Nummer eins in Europa zu werden. Staaten aus Mittel- und Osteuropa orientieren sich, wenn sie ihren Blick nach Westen wenden, oft zunächst nach Berlin. Hier eröffnen sie Büros, stellen auf der Messe aus, knüpfen Kontakte, über die hiesige Börse wickeln sie einen Großteil ihrer Wertpapiergeschäfte ab. Zu erwarten ist, dass Berlins Bedeutung auf diesem Gebiet mit der Wirtschaftskraft der Staaten östlich der Oder wächst. Schon heute hängen in Berlin etwa 18 000 Arbeitsplätze vom Export nach Osteuropa ab, wichtigster Handelspartner ist Polen. Einzigartig ist das Ost-West-Zentrum auf dem Wista-Gelände Adlershof, eine Gründerinitiative für osteuropäische Unternehmer, die hier mit deutschen Spezialisten zusammenarbeiten – zukunftsträchtige Joint Ventures auf Wissenschaftler-Ebene, die erst einmal nur relativ wenige Jobs bringen, aber langfristig durch ihre Verzahnung mit den Nachbarstaaten, die später einmal zur EU gehören sollen, große Schubwirkung haben dürften. ■

Working in the City

Berlin used to be one of the largest industrial cities in the world for a long time. But since 1990 the city has seen both a rapid industrial decline and an immense job-loss mainly in manufactural occupations. Before, when Berlin was divided, the economies in either East and West were based on industrial production. Besides, the civil service provided a considerable amount of jobs, too. As a consequence of the process of economic restructuring after German reunification in 1990, unemployment rates increased swiftly. Berlin lost about 370 000 jobs in total until 1999. Compared with the rest of the country, the unemployment figures in the capital are still above-average and its economy has been recessing for years. But there seems to be reason for some optimism: following recent studies, Berlin is said to overcome its economic crisis this year. The 1999 gross income has caught up and the job market is at least partly recovering. There was a clear up-ward trend in the growing service sector. About 150 000 people have already found jobs in the mushrooming private service companies. This positive tendency continues, not at least because of the capital gain, which means the constructive effects of the relocation of German government. Many of those office buildings, built in the 1990ies and then stood empty for almost a decade, are going to be rented out now. The new tenants there very often belong to the establishing IT and telecommunication sector. They find an excellent infrastructure in Berlin. Since 1990, several billion DM were invested not only in breathtaking architecture or transport systems, but also in Berlin's underground, that hosts one of the most modern telecommunication systems worldwide.

Moderne Module: Die Solon AG für Solartechnik fertigt Anlagen für umweltfreundliche Energienutzung – eine Erfolgsgeschichte in einem Kreuzberger Gewerbehof an der Spree.

Another Berlin Bonus is the city's information capital: three renowned universities and a large number of world famous research institutions unfold considerable economic dynamics. Berlin has 21 so-called „Innovations- und Gründerzentren", venture centres, one might say, where entrepreneurs, ideas, innovations and technological as well as business expertise become economic enterprises. A huge information plant has been created in Berlin-Adlershof, where more than 20 scientific and research institutions and about 200 information and media companies find excellent conditions, while the avantgarde of genetic engineering and bio-technologies has settled in Berlin-Buch. Those structures of rather small-scale economic units in technology as well as in service industry are those creating new jobs for the future. Particularly the new media business is booming. A young, creative urban scene is generating ideas, while venture capital is already waiting for them: a very promising cooperation to master a start-up successfully.

The German capital is also known as centre of excellence in environmental, transport and information technology as well as in physics. Last but not least, Berlin has a good chance to succeed as partner of the emerging market economies in the former communist countries of Central- and East Europe.

Bruttoinlandsprodukt Berlin

Veränderungen in Prozent

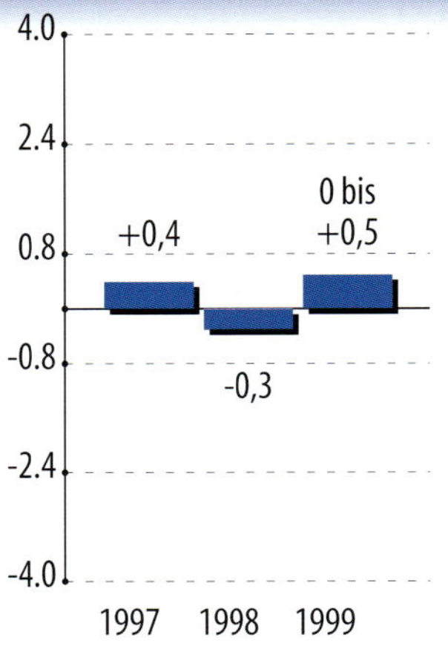

Quelle: Senatsverwaltung für Wirtschaft und Technologie

Die Berliner Wirtschaft erholt sich. 1999 verzeichnen die Statistiker wieder einen leichten Anstieg des Bruttoinlandsproduktes.

Wirtschaftsregion in Zahlen

	Berlin	Brandenburg
Fläche	891 km²	29.476 km²
Einwohner	3,4 Millionen	2,57 Millionen
Einwohner pro km²	3.820	87
Wanderungssaldo 1998	-2,13%	+1,02%
Ausländeranteil 1998	12,7%	2,33%
Bruttoinlandsprodukt 1998	126,7 Mio DM	55,55 Mio DM
Haushalt der Landesregierung 1998	44,802 Mrd DM	19,1 Mrd DM
Haushalt der Landesregierung 1999	42,218 Mrd DM	19,0 Mrd DM
Steueraufkommen 1998	30,209 Mrd DM	6,435 Mrd DM

Quelle: Landesämter für Statistik Berlin und Brandenburg

Die Zahl der Betriebe nimmt insgesamt zu, obwohl sich das Verhältnis von An- zu Abmeldungen von Branche zu Branche deutlich unterscheidet.

Gewerbeanmeldungen und Gewerbeabmeldungen

nach Branchen 1998

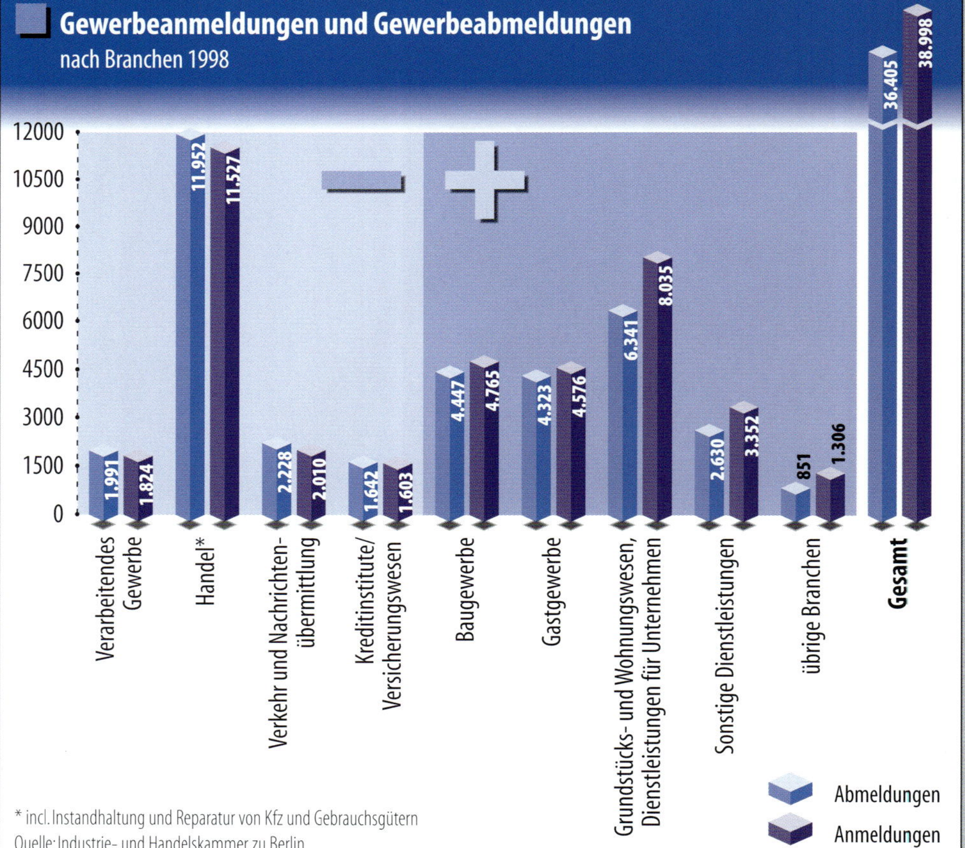

* incl. Instandhaltung und Reparatur von Kfz und Gebrauchsgütern
Quelle: Industrie- und Handelskammer zu Berlin

Konzerne und Großunternehmen mit Hauptsitz in Berlin

Unternehmen	Branche	Beschäftigte gesamt	in Berlin
Deutsche Bahn AG (incl. S-Bahn)	Verkehr	252.900	18.700
Siemens	Elektro/Elektronik/Verkehr	416.000	17.500
Bankgesellschaft	Berlin Finanzen	17.000	17.000
Bewag	Energie	9.600	8.771
Gegenbauer	Sicherheit/Reinigung	11.000	6.200
Schering AG	Pharma/Chemie	22.300	5.935
Dussmann	Dienstleistungen/Sicherheit/Reinigung	46.500	5.000
GASAG	Energie	2.550	2.500
Deutsche Waggonbau Union (Bombardier)	Fahrzeugbau	5.100	2.000
DeTeWe AG & Co	Kommunikation	2.700	1.800
ALBA Holding AG	Recycling	5.500	1.600
Herlitz PBS AG	Papier	4.500	1.600
IBM Deutschland Holding	Elektronik	23.200	1.330
Berlin-Chemie/Menarini	Chemie	1.500	1.200
Debis	Dienstleistungen	24.000	1.000
Mitropa AG	Gastronomie	7.000	985
Coca Cola AG	Getränke	11.000	950
Veag	Energie	6.400	700
Adtranz Holding	Bahnsysteme	23.000	300

Quelle: Senatsverwaltung für Wirtschaft und Betriebe, Berlin

Etliche Großbetriebe, die ihren Hauptsitz in Berlin haben, beschäftigen vor Ort nur einen geringen Prozentsatz ihres Gesamtpersonals.

Der Dienstleistungssektor gewinnt rapide an Bedeutung. Durch die Rückgänge der Industriearbeitsplätze – von 1990 bis 1995 gingen mehr als die Hälfte dieser Stellen verloren – sind die Gesamtzahlen dennoch rückläufig.

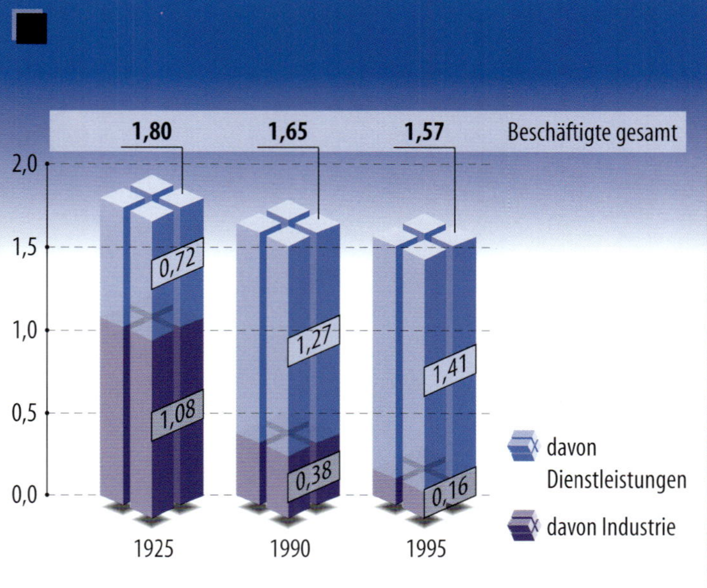

Quelle: Stadtforum Juni 1996

Nach Jahren des Strukturwandels sank 1999 erstmals wieder die Arbeitslosenquote.

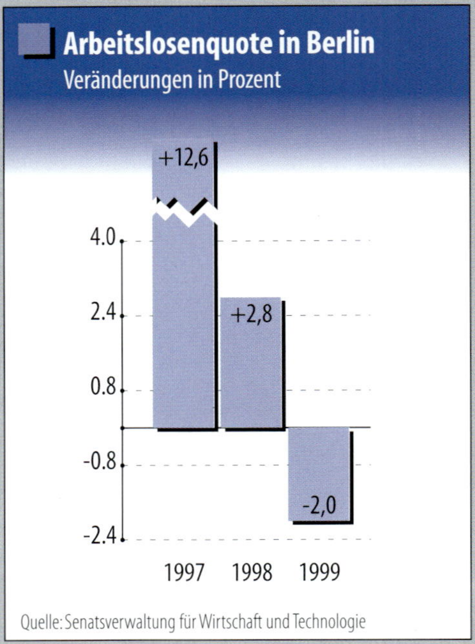

Die Arbeitslosenquoten differieren von Bezirk zu Bezirk. In Kreuzberg liegt sie um mehr als das Dreifache höher als in Zehlendorf.

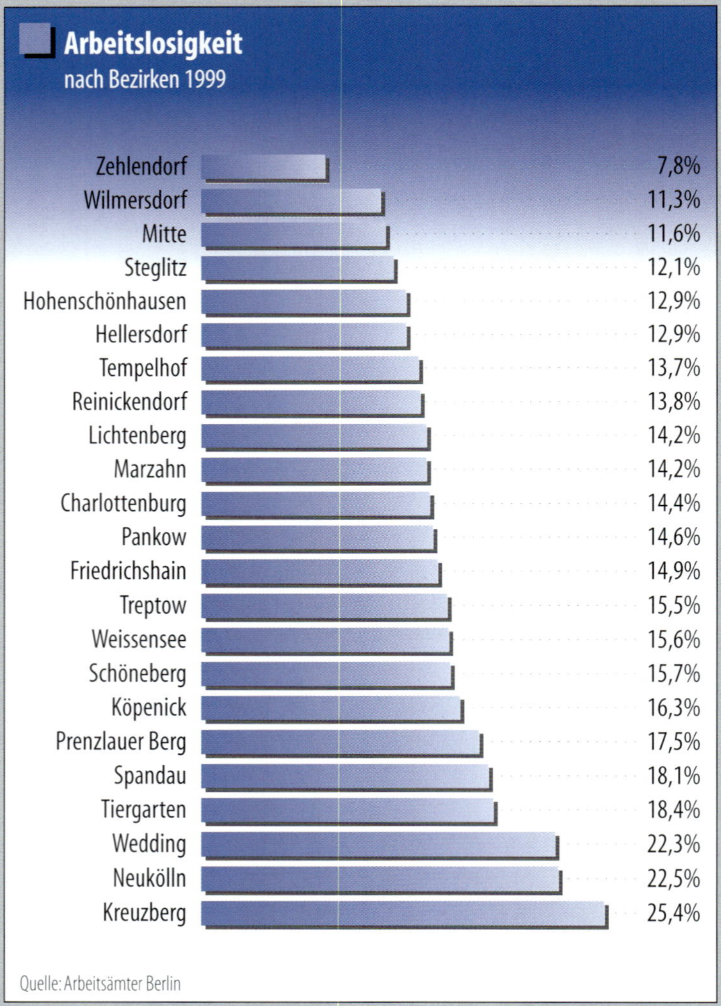

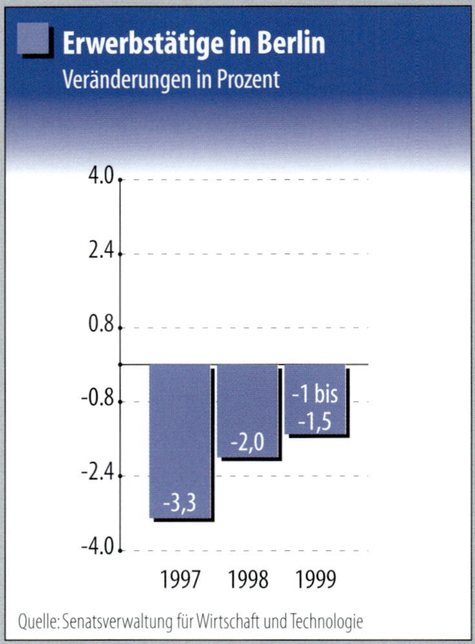

Der Rückgang der Erwerbstätigenzahlen hat sich zum Jahrtausendende hin deutlich verlangsamt.

Wohnen und arbeiten im Berliner Stadtzentrum?

Bei uns sind Sie mittendrin - seit 10 Jahren.

WBM

Wohnungsbaugesellschaft Berlin-Mitte mbH
Sitz: Dircksenstraße 38, 10178 Berlin
Tel. 2471-30 www.wbm.de

WBF
Wohnungsbaugesellschaft Friedrichshain mbH
Ein Unternehmen der WBM-Gruppe

Wohnungsbaugesellschaft Friedrichshain mbH
Sitz: Warschauer Straße 39/40,10243 Berlin
Tel. 2935-3000 www.wbf.de

Pulsierender Stadtkörper

TEXT CORNELIA DÖRRIES
FOTO FLORIAN BOLK

Ein riesiger Organismus mit weit verzweigten, oberirdischen und unterirdischen Nervenbahnen, Versorgungssträngen und Verdauungstrakten sorgt dafür, dass das Stadtleben rund um die Uhr aufrecht erhalten wird. Die Stadtbewohner verlassen sich ganz selbstverständlich auf das Funktionieren der meist verborgenen Physiologie und werden sich dessen erst bei Störungen bewusst. Braunes Wasser, Stromausfall, Gasgeruch und überquellende Müllbehälter sind spürbare Symptome von Insuffizienzen innerhalb der städtischen Anatomie. Nach einer Verjüngungskur ist der Stadtkörper in guter Verfassung. Seit 1991 wurden in lebenserhaltende und verjüngende Maßnahmen achtzig Milliarden Mark investiert.

Ernst -Reuter -Platz

Die Anatomie der Stadt

Das Innere der Stadt bleibt für gewöhnlich unter ihrer bebauten und asphaltierten Epidermis verborgen. Doch die offenen Wunden der riesigen Baustellen gewährten über lange Zeit einen ausgiebigen Blick auf die städtische Anatomie Berlins: das Geäder der Rohrleitungen für Wärme, Gas und Wasser, die Synapsen der Strom- und Glasfaserkabel, Schächte, Tunnel und Kanäle. Die Errichtung von Fundamenten geht immer mit einer Vivisektion einher, die sichtbar macht, dass Städtebau sich nicht auf die Häuser, Straßen und Plätze beschränkt. Ein ganzes Drittel der gebauten Stadt befindet sich unter der Erde – ein hochkomplexes Gefäßsystem, das den Stadtkörper bis in seine letzten Verästelungen mit Wasser und Energie versorgt und die Endprodukte des urbanen Metabolismus abtransportiert. Die ganze Stadt ist auf das Funktionieren dieser weitgehend im Unsichtbaren liegenden Strukturen angewiesen. Die Entwicklung der Wasser- und Energieversorgung sowie der Abfallbeseitigung verlief parallel zum Wachstum der Stadt. Sie zeichnet eine Evolution nach, die zur Herausbildung der lebenswichtigen Funktionen des modernen, differenzierten Großstadtorganismus führte. Der Entwicklungsschub der Industrialisierung ließ die moderne Großstadt Berlin erwachsen werden. Ihr Phänotyp ist auch von der im 19. Jahrhundert baulich manifestierten Stadttechnik geprägt, die sich zwar zu einem großen Teil unter der Erde befindet, aber zum Raster für alle nachfolgenden Stadtplanungen wurde.

Heizkraftwerk Mitte

Die Berliner Stadttechnik in ihrer heutigen Gestalt ist weniger als 200 Jahre alt. Im Verlauf einer im europäischen Vergleich verspäteten Industrialisierung fand sich die ostelbische Residenzstadt mit einer sprunghaft gestiegenen Einwohnerzahl, immer mehr Handwerks- und Gewerbebetrieben in den alten Straßen und neuen Fabriken direkt vor ihren Toren wieder. Eine flächendeckende Infrastruktur existierte nicht, abgesehen vielleicht von der althergebrachten Beseitigung der Abfälle über die vor den Häusern verlaufenden, offenen Rinnsteine. Die Wasserversorgung der Bevölkerung erfolgte über einzelne, im Stadtgebiet verteilte Brunnen, gekocht und geheizt wurde mit Holz und Kohle, und spärliches Licht gaben Kerzen, Petroleum und Öllampen. Erst als die Stadt um 1850 auf mehr als eine halbe Million Einwohner angewachsen war und die Fabriken und Schlote der Industrie das Stadtbild veränderten, setzte eine fast sprunghafte Entwicklung der Stadttechnik ein. Hatte sich Berlin bei der Ver- und Entsorgung seiner Einwohner vordem mehr schlecht als recht auf seinen althergebrachten Kreislauf verlassen, konnte es die neuen, durch Zuwanderung und Industrieproduktion entstandenen Anforderungen an sein Organsystem nicht mehr erfüllen. Das alte Berlin war ein geriatrischer Fall, der drohte, vor Überanstrengung zu kollabieren. Die allmähliche Implantation eines modernen Stoffwechsel-Systems, das die kontinuierliche Versorgung mit Wasser und Energie gewährleistete und die Schlacken des urbanen Lebensprozesses abtransportierte, war nicht bloß eine rettende Notoperation, sondern schuf die notwendige Grundlage für eine Zukunft als moderne Stadt. Berlin hatte sich mit der Durchsetzung moderner Produktions- und Konsumtionsprinzipien und differenzierter urbaner Lebens- und Gesellschaftsformen nicht nur mental neu konstituiert. Auch die physische Beschaffenheit wurde dem anbrechenden Zeitalter der Moderne angepasst.

Damals wurden die grundlegenden Strukturen der Stadttechnik geschaffen, auf denen noch heute die umfassende Versorgung Berlins ruht. Sie haben wie sonst nur weniges in der Stadt Kriege, Zerstörungen, Teilungen, politische Umbrüche und stadtplanerische Allmachtsphantasien überstanden. Für das verlässliche Funktionieren des städtischen Stoffwechsels bedarf dieses Organsystem freilich der Pflege. Diesem Grundsatz entsprechend übernahm der Staat schon vor mehr als 100 Jahren die privatwirtschaftlich betriebenen Gas-, Wasser- und Elektrizitätsanstalten von den einzelnen Unternehmern, als diese die zusätzlich notwendigen Investitionen und Erweiterungen nicht leisten konnten. Heute, angesichts einer veränderten Rolle des Staates, sinkenden Steuereinnahmen und dem

Wettbewerb auf einem globalisierten Energie- und Rohstoffmarkt, wird die Stadttechnik wiederum in einzelne unternehmerische Hände gegeben. Der Staat zieht sich auf die Festlegung der rechtlichen Rahmenbedingungen zum Schutz der Ressourcen und die Überwachung ihrer Einhaltung zurück. Ob es sich für alle Seiten – Wirtschaft, Stadt und Umwelt – auszahlt, wird sich noch zeigen müssen.

Initialzündung aus England

Wie die menschliche Siedlungsgeschichte allgemein ist auch die Historie Berlins eng mit dem Wasser verbunden. Die Stadt selbst, günstig in einem wasserreichen Gebiet gelegen, bediente sich über Jahrhunderte aus dem natürlichen Vorrat, doch investierte kaum Mühe in die Entwicklung möglicher technischer Lösungen für die Speicherung und Leitung des Wassers in einem gesamtstädtischen Versorgungssystem. Diese Art der Wassernutzung stieß jedoch an ihre Grenzen, als Berlin durch den explosiven Bevölkerungsanstieg im 19. Jahrhundert weder die Bereitstellung von genügend Wasser für seine Bewohner und die entstehende Industrie noch die Erfüllung gesundheitlicher Mindestanforderungen bei der Abwasserbeseitigung garantieren konnte. Die Situation in den Straßen, mit den aufgrund der schieren Menge dauerverstopften Rinnsteinen, die nicht nur von den natürlichen Hinterlassenschaften der wachsenden Bevölkerung, sondern auch vom Müll aus den Werkstätten und Läden überquollen, wurde unerträglich. Die verantwortlichen Stadtväter sahen ein, dass nur ein neues System, mit dem fließendes Wasser durch die Stadt geleitet würde, Abhilfe schaffen konnte. Und so geht die Entstehung der öffentlichen Frischwasserversorgung nicht auf das Bedürfnis zurück, über ein Leitungssystem permanenten Zugang zu Trinkwasser zu bekommen, sondern auf den Umstand, dass die mit Unrat verstopften, offenen Rinnsteine mit fließendem Wasser gespült werden mussten.

Gasometer Schöneberg

Der Kreislauf der Wassernutzung veranschaulicht wohl am eindrücklichsten, wie rasch und oft übergangslos sich Frisch- zu Abwasser verwandelt und welche ingenieurtechnischen Meisterleistungen notwendig waren, um das reine vom verbrauchten Nass zu trennen. Die Entstehung der Frischwasserversorgung Berlins ging der Entwicklung einer flächendeckenden Abwasserkanalisation um gute fünfzehn Jahre voraus und begann 1852. Preußische Beamte, auf der Suche nach einer längst überfälligen Lösung, hatten die technologischen Innovationen im Bereich Wasserversorgung im technisch weit fortgeschrittenen Großbritannien besichtigt und sich für eine Übernahme des englischen Wasserwerk-Modells entschieden. Die Stadt räumte 1852 den britischen Unternehmern und Ingenieuren Charles Fox und Thomas Russell Crampton das Monopol über den Aufbau und Betrieb der Berliner Wasserversorgung ein. Vor dem Stralauer Tor, in der Nähe der Oberbaumbrücke, nahm 1856 das erste Wasserwerk der Berlin Waterworks Company seine Arbeit auf. Die unterirdisch verlegten Haupt- und Verteilungsleitungen versorgten die zentralen und nördlichen Teile der Stadt nun mit gereinigtem und filtriertem Oberflächenwasser. 1874 wurde die Wasserversorgung in die Verantwortlichkeit der Stadt gegeben. Der Ingenieur Ludwig Alexander Veitmeyer hatte schon vorher ein Konzept für eine dauerhafte Trinkwasserversorgung Berlins ausgearbeitet. Er untersuchte nicht nur den tageszeitlich variierenden Wasserverbrauch, sondern auch die großstädtische Lebensweise und deren Konsequenzen für die Wasserversorgung.

Veitmeyer prüfte die Wasserqualität der Berliner Seen und plädierte für den Bau von Wasserwerken an Müggelsee und Tegeler See. Er teilte Berlin in Hoch- und Tiefstadt, die über getrennte Rohrnetze mit unterschiedlichen Druckstufen, Pumpstationen, Wassertürmen und Hochbehältern versorgt wurden. Veitmeyers grundlegende Studie ist auch heute noch die gültige Kartierung der Berliner Wasserversorgung. Um die Jahrhundertwende waren so gut wie alle Berliner Haushalte an die städtische Trinkwasserversorgung angeschlossen. Doch die zunehmende Belastung der Seen und Fließgewässer aufgrund der prosperierenden Industrie und des verbrauchsintensiven Lebensstils einer rasant gewachsenen Bevölkerung ließ eine Trinkwasseraufbereitung aus Oberflächenwasser nicht mehr länger zu. Noch vor 1900 trafen die Wasserwerke Vorbereitungen zur Grundwasseraufbereitung. Dabei konnte man sich auf die günstige hydrogeologische Ausgangssituation Berlins und seine grundwasserreiche Lage im Warschau-Berliner Urstromtal stützen. Die Vorteile waren klar: Das gewonnene Grundwasser war keimfrei, von konstant niedriger Temperatur und bedurfte für die Nutzung als Trinkwasser keiner chemischen Klärung. Berlin konnte seinen gesamten Wasserbedarf aus den eigenen natürlichen Vorräten bester Qualität decken. Daran hat sich bis heute nichts geändert.

Um 1920 gab es im Berliner Stadtgebiet 16 Wassertürme und insgesamt 19 Wasserwerke. Nach der Bildung von Groß-Berlin wurden 1924 die einzelnen Versorgungsanlagen der bis dahin selbstständigen Gemeinden mit wenigen Ausnahmen zu der Berliner Städtischen Wasserwerke AG zusammengeschlossen. Nach dem Ende des Zweiten Weltkriegs, der Gründung der beiden deutschen Staaten und der Teilung Berlins erfolgte schon 1949 die Spaltung der Wasserbetriebe. Bis zur Wende 1989 entwickelte sich in beiden Stadthälften eine eigenständige Wasserversorgung; das die gesamte Stadt unterwandernde Geflecht der Rohre und Kanäle wurde in zwei unabhängige Kreisläufe geteilt. Erst nach dem Mauerfall wurden diese zu den Berliner Wasserbetrieben (BWB) vereinigt und 1994 vom städtischen Eigenbetrieb zu einer Anstalt des öffentlichen Rechts, die 1999 teilprivatisiert wurde. Das 7 700 Kilometer lange Leitungsnetz versorgt derzeit die Haushalte von 3,4 Millionen Berlinern und 300 000 Brandenburgern sowie Industrie und Gewerbe mit etwa 650 000 Kubikmetern Wasser pro Tag. Der tägliche Verbrauch lag 1998 bei etwa 127 Litern pro Kopf. Die Kapazität der Anlagen ließe die Bereitstellung von 1,5 Millionen Kubikmetern zu. In die Modernisierung und Instandhaltung werden die BWB von 1990 bis zum Ende des Jahres 2000 mehr als zehn Milliarden DM investiert haben. Die Reparaturen am Leitungsnetz vor allem im Ostteil der Stadt ließen den Anteil von Rohrschäden an den Trinkwasserverlusten von 15 Prozent auf etwa drei Prozent sinken. Neben den ungeheuren Aufwendungen für die Erhaltung der Leistungsfähigkeit und der Wasserqualität mussten sich die BWB auch einem gewandelten wirtschaftlichen Umfeld stellen. Die Notwendigkeit eines nachhaltigen Umgangs mit Wasser bedeutet für die BWB ein doppeltes Problem. Einem auch in Zukunft großen Investitionsbedarf stehen sinkende Einnahmen im Wassergeschäft gegenüber. Zudem ist die Industrie als Großkunde weggefallen, und die Haushalte verbrauchen weniger Wasser. Die altgedienten Wasserwerke unternehmen jedoch einiges, um das Potenzial der bestehenden Infrastruktur intelligent auszuschöpfen. So hat die BWB-Tochter Berlikomm das Wasserleitungsnetz für die Verlegung von Lichtwellenleitern für Telekommunikationszwecke erschlossen. Ohne dass auch nur ein einziger Kabelschacht ausgehoben werden musste, ist ein leistungsfähiges Kommunikationsnetz entstanden, das potenziell jeden Haushalt mit Wasseranschluss integriert. Die große Aufgabe bleibt jedoch, Konzepte für die Sicherung des begrenzten Vorrats an sauberem Grundwasser zu entwickeln und den Wasserkreislauf so nebenwirkungsarm und schonend wie möglich zu unterstützen.

Gasbehälter in Charlottenburg, Gaußstraße

Dunkle Flüsse: Die Berliner Kanalisation

Parallel zur Entwicklung der Trink- und Brauchwasserversorgung vollzog sich der Ausbau der Kanalisation. Die mit der zentralen Wasserversorgung angestrebte Spülung der offenen Rinnsteine mündete zwangsläufig in einen umfangreichen Handlungsbedarf zur Bewältigung der entstehenden, ungeheuren Abwassermenge. Die epidemiologischen Zustände trotzten jeder Beschreibung. 1861 wurde eine städtische Deputation zur Beratung über Reorganisation des Latrinenwesens bzw. die Kanalisation Berlins eingesetzt, und 1873 wurde mit den Bauarbeiten an der Kanalisation nach den Plänen des Baurats James Hobrecht begonnen. Dieser hatte das gesamte Stadtgebiet in zwölf unabhängige Radialsysteme geteilt, deren Grenzen von Wasserläufen und Geländehöhen gebildet wurden. Der Verlauf der Radialsysteme sollte das natürliche Gefälle vom Stadtzentrum zur Peripherie hin nutzen. Hinter dem großzügigen Plan stand die Einsicht, dass die andauernde Belastung der städtischen Flüsse und Kanäle durch Abwasser zu einer Verschlechterung der Lebensbedingungen führen würde. So betrachtet, kann Hobrechts Konzept als eine Pioniertat stadttechnischer Nachhaltigkeit gelten, denn er berücksichtigte den Kreislauf von Frischwasserversorgung, Kanalisation und Abwasserreinigung, der auch die biologischen Klärungsprozesse der Natur einbezog.

Gasspeicher in Charlottenburg, Glockenturmstraße

Entlang des natürlichen Gefälles flossen die Abwässer aus den Haushalten und Produktionsstätten durch ein Rohrsystem in ein Pumpwerk, das an einem tiefen Punkt des jeweiligen Radialsystems errichtet wurde und die Abwässer über Druckrohre auf Rieselfelder leitete, wo diese dann versickerten. Die Bodenbeschaffenheit garantierte eine kostenlose Filterung, die das verschmutzte Wasser während einer langwierigen Bodenpassage vollkommen geklärt in das Grundwasser entließ. Der Hobrecht-Plan war nicht nur die Lösung des Abwasserproblems Berlins, sondern gab gleichzeitig das planerische Raster der gründerzeitlichen Stadterweiterungen vor, die es zu Beginn der Bauarbeiten an der Kanalisation noch nicht gab. Die technischen Anlagen der Abwasserentsorgung umfassen heute ein 8 600 Kilometer langes Kanalnetz, Dükeranlagen und Sonderbauwerke wie Regenüberläufe und Regenbecken, die im Falle von starken Regengüssen die Kanalisation entlasten; entweder indem überlaufendes Wasser zwischengespeichert oder in ein naheliegendes Gewässer geleitet wird. Hobrechts Masterplan prägte Berlin nachhaltig. Noch bis in die Siebzigerjahre des 20. Jahrhunderts wurde Berliner Abwasser nach seinem Prinzip entsorgt. Doch die Rieselfelder mit einer Gesamtfläche von 11 000 Hektar wurden durch die immer stärkere Schadstoffbelastung der Abwässer zur Bedrohung der Umwelt. Der Bau von Klärwerken war angesichts der erschöpften und vergifteten Natur dringlich; für Westberlin kam aufgrund der Abhängigkeit vom DDR-Territorium noch die politische Notwendigkeit einer autonomen Abwasserentsorgung dazu. Mit Beginn der Sechzigerjahre wurden von den Wasserbetrieben in Ost und West Klärwerke gebaut und alle Rieselfelder nach und nach geschlossen. Die großflächigen Areale wurden nach 1970 zu Großwohnsiedlungen: im Westen Berlins wurde das Märkische Viertel errichtet, im Osten entstanden die Plattenbau-Quartiere Marzahn und Hellersdorf. Doch nach wie vor sind etwa 60 000 Haushalte an der östlichen Berliner Peripherie ohne Anschluss an die Kanalisation. Die BWB scheuen die hohen Investitionskosten; und da kein Rechtsanspruch auf einen Kanalisationsanschluss besteht, werden in Köpenick, Marzahn und Hellersdorf die Oberflächengewässer weiter belastet.

Heute werden etwa 588 000 Kubikmeter Abwasser pro Tag in sechs Klärwerken gereinigt. Das Funktionsprinzip eines Klärwerks bündelt und katalysiert physikalische und biologische Klärverfahren: über 143 im Stadtgebiet verteilte Pumpen gelangt das Abwasser in die Klärwerke, wo es zunächst mechanisch vorgereinigt und danach in biologischen Verfahren von organischen und anorganischen Bestandteilen befreit wird, bis es dann gereinigt in die Oberflächengewässer der Kanäle und Flüsse gelangt. Die abgebauten Schlämme werden teilweise kompostiert und zur Gewinnung von Biogasen für die Energieversorgung der Klärwerke genutzt. Doch auch wenn die heutigen Klärwerke nur mit hohen Sicherheits- und Umweltauflagen für alle Betriebsteile betrieben werden, von der Abwasserzuleitung über die Rechenanlage bis hin zu den riesigen Klärbecken, Schlamm-Zentrifugen und den Biogas-Kesseln; ökologische Belastungen lassen sich nicht vermeiden. Vor allem die Mischkanalisation der Innenbezirke Berlins führt den Klärwerken ein erhebliches Maß an Schadstoffen zu. In der Mischkanalisation werden im Unterschied zur Trennkanalisation sowohl die Haushaltsabwässer als auch die Niederschläge ungetrennt abgeleitet. Problematisch ist dabei vor allem das extrem belastete Regenwasser, das die Verschmutzung der Straßen, also Abfall, Exkremente und Reifenabrieb, in die Kanäle leitet. Eigentlich wäre eine spezielle Klärung dieses

extrem belasteten Niederschlagswassers erforderlich. Doch die Kosten für den Umbau der Misch- zu einer Trennkanalisation wären astronomisch. Abhilfe ließe sich auch kostengünstiger schaffen. Die ökologisch bedenkliche Zuleitung großer Mengen belasteter Niederschläge, etwa 50 Millionen Kubikmeter jährlich, rührt aus dem hohen Versiegelungsgrad der Stadtfläche, die dem Regenwasser keine Versickerungsmöglichkeit bietet. Um diesem Problem beizukommen, wird bei Neubauten eine dezentralisierte Regenwasserbehandlung gefordert. Entsiegelung, Begrünung, Grauwasserspeicherung und Verdunstungsförderung sollen in konzertierter Aktion die Vor-Ort-Entsorgung von Regenwasser gewährleisten.

Die grünen Risse im Großstadtasphalt sorgen dafür, dass Regenwasser über natürliche Filter- und Klärprozesse gereinigt ins Grundwasser gelangt, die Kanalisation erheblich entlastet wird und über die Nutzung des gesammelten Niederschlags für Toilettenspülung oder Bewässerung von Grünflächen eine beträchtliche Menge Trinkwasser gespart werden kann. Dass solche Konzepte nicht an das Landleben gebunden sind, sondern auch in der Metropole funktionieren, zeigt der Potsdamer Platz. Die Schließung dieser kleinen, verbrauchernahen und nachvollziehbaren Kreisläufe des Wassers macht auch den Zusammenhang zwischen Frisch- und Abwasser deutlich, der durch die großen unterirdischen Dimensionen der Wasserzirkulation aus dem Blick geraten ist. Hydrologen träumen gar von einer abflusslosen Innenstadt. Mit extensiver und intensiver Dachbegrünung können bis zu 75 Prozent der Niederschläge gespeichert werden, die sonst über die Kanalisation schadstoffangereichert in die Oberflächengewässer gelangen würden. Die so gewonnene Verdunstungskälte verbessert das Klima. Das anfallende Regenwasser kann auf den Grundstücken als Brauchwasser für Garten und WC genutzt werden oder in so genannten Mulden-Rigolen-Systemen versickern, die vor allem in den neuen Wohngebieten Neu-Karow, Alt-Glienicke und Rummelsburger Bucht angelegt wurden. So vorbildlich diese Art der Entwässerung jedoch ist; sie hat durchaus Tücken. Nach intensiven Niederschlägen werden die Mulden aufgrund des lehmigen Untergrunds nicht selten zu Schlammpfühlen.

Die großflächige Zuführung von Niederschlägen in das Grundwasser ist nur ein Teil der noch auszuschöpfenden Möglichkeiten, die Trinkwasserreserven Berlins zu sichern. Zwar stieg der Grundwasserspiegel aufgrund des Niedergangs der Industrie in Berlin und dem Umland in den vergangenen Jahren an, doch die Flutung der stillgelegten Lausitzer Tagebaugruben wird in absehbarer Zeit zu einer Reduzierung des Grundwasserreservoirs führen. Ein differenzierter Umgang mit Wasser ist notwendig. Denn bis auf Wasser, das zum Essen und Trinken verwendet wird, müsste Wasser für Toilettenspülung, Wäsche und Blumengießen nicht unbedingt teure Trinkwasserqualität besitzen. Hier gibt es über die dezentrale Nutzung von Regen- und Grauwasser beträchtliche Sparpotenziale. Eine zukunftsträchtige Strategie muss denn auch beide Teile des Wasserkreislaufs berücksichtigen: den verantwortungsvollen Umgang mit Trinkwasser und die vielfältige ressourcenschonende Entsorgung des Abwassers. Denn eines ist ohne das andere sinnlos.

Kanalarbeiten am Kaiserdamm

Funken und Flammen

Der Stadtkörper braucht zur Aufrechterhaltung seiner vitalen Funktionen Wohnen, Arbeiten und Verkehr viel Kraft. Für diese städtischen Lebensprozesse wird Energie erzeugt und in Wärme, Licht und Elektrizität umgewandelt. Vor 200 Jahren etwa war an eine zentrale Energieversorgung noch nicht zu denken. Energie, die zum Kochen, Heizen, Arbeiten und für die Beleuchtung erforderlich war, produzierten die Haushalte und Gewerbebetriebe damals ihrem Bedarf entsprechend selbst. Kohle, Gas und Öl, die Brennstoffe, mit denen seinerzeit die Kochmaschinen, Kachelöfen und Lampen betrieben wurden, bilden auch heute noch die Grundlage der Energieversorgung der Stadt. Ihre Entwicklung ist eng mit dem Wandel der Wirtschaftsstrukturen verknüpft. War die Industrialisierung des 19. und 20. Jahrhunderts auf den Ausbau großer, zentralisierter Strukturen der Energieversorgung und die intensive Ausbeutung von Primärstoffen angewiesen, vollzieht sich am Beginn des 21. Jahrhunderts mit der Durchsetzung einer Kommunikations- und Dienstleistungsökonomie auch ein Wandel der Energieversorgung unter den Vorzeichen von Nachhaltigkeit und Dezentralisierung.

Angefangen hat alles mit Gas. Seit dem 18. Jahrhundert wurde es schon als Beleuchtungsmittel benutzt. England war bei der Schaffung einer zentralen Gasversorgung dem Kontinent weit voraus, was geschäftstüchtige Ingenieure 1824 zur Gründung der Imperial Continental Gas Association veranlasste. In Berlin errichtete das englische Unternehmen 1825/26 die erste Gaserleuchtungsanstalt in der Gitschiner Straße. Die preußische Hauptstadt ließ es sich etwas kosten, ihren Boulevard Unter den Linden nur ein Jahr später von Gaslaternen illuminieren zu lassen. Doch das in der Gitschiner Straße erzeugte Gas war nicht billig, so dass nur Hauptstraßen, Theaterhäuser und öffentliche Gebäude beleuchtet werden konnten. Außer der Stadt gehörten renommierte Hotels und wohlhabende Bürger zu den Kunden. Doch die Nachfrage stieg: bis 1873 wurden in der Stadt weitere vier Gaswerke gebaut. Es waren riesige Areale mit Lagerhallen, Gasbehältern und Eisenbahnanschluss für die Kohleanlieferung. Die mächtigen Gasometer wurden zu Stadtkronen der aufstrebenden Industriemetropole. Gewonnen wurde das so genannte Stadtgas aus Kohle.

Die gründerzeitlichen Erfinder fanden recht bald heraus, dass Gas neben der Beleuchtung auch für andere Zwecke nutzbar ist. Der gasbetriebene Kochherd zog schon 1861 in die Küche des Lindenhotels ein, und um 1880 wurde die Berliner Hausfrau von Gasherd-Produzenten mit Kochkursen umworben. Ab 1878 gab es Gasheizungen. Brachte es die Gasproduktion um 1850 auf eine Jahreskapazität von etwa fünf Millionen Kubikmetern, die in einem Leitungsnetz mit einer Länge von 159 Kilometern transportiert wurden, hatte die rasante Verbreitung der Gasnutzung im Jahr 1920, als die inzwischen 16 Gaswerke zur Städtischen Gaswerke AG vereinigt wurden, zu einer Jahresproduktion von 800 Millionen Kubikmeter und dem Ausbau eines 4 148 Kilometer langen Leitungsnetzes geführt. Ein Einbruch dieser jahrzehntelangen Konjunktur kam erst mit der Durchsetzung der Elektrizität, sparsamer Gasgeräte und aufgrund der Weltwirtschaftskrise. 1937 wurden die Gaswerke zum Eigenbetrieb der Stadt Berlin. Die landesweite Verbreitung von Gas ermöglichte indes auch die Entstehung eines nationalen Verbundnetzes, dem sich auch Berlin anschloss. Der Gasverbrauch stieg wieder an, nicht zuletzt aufgrund der Rüstungsproduktion. 1942 verfügten 93 Prozent der Haushalte über einen Gasanschluss. Doch die Berliner Gasversorgung kam während des Zweiten Weltkriegs völlig zum Erliegen. Der Wiederaufbau dauerte bis 1948.

Die Spaltung der Stadt führte auch zur Teilung der gesamtstädtischen Gasversorgung. Die Leitungsverbindungen zwischen Ost und West wurden nach und nach gekappt. Der Ostteil der Stadt wurde über zwei Gaswerke und ab 1960 über zusätzliche Fernleitungen mit Gas aus den Braunkohlerevieren der DDR beliefert. Im Westteil wurden die Gaswerke Charlottenburg, Tegel, Mariendorf und Neukölln von der stadteigenen GASAG weiter ausgebaut. Die Inselstadt war bei der Gasversorgung vollkommen auf die knappen Eigenkapazitäten angewiesen, da der Bau von Fernleitungen zwangsläufig ein prekäres Politikum bedeutet hätte. Aufgrund dieser Situation mussten die Bewohner des Westteils auf andere Energieträger zurückgreifen, ein Umstand, der sich noch heute in den relativ wenigen Gasanschlüssen widerspiegelt. Zudem schien die umweltschädliche Stadtgas-Produktion ohnehin ein Auslaufmodell zu sein. Erst 1979, mit der Anbindung an das Erdgasnetz der Ostblock-Staaten und der allmählichen Umstellung von Stadt- auf Erdgas, eröffneten sich vorteilhafte Perspektiven für Gas als Energieträger – in Ostberlin. Erdgas hatte nicht nur einen höheren Heizwert, auch die umweltschädigende Produktion über die Verbrennung von Braunkohle konnte allmählich eingestellt werden. Der Westen konnte zwar nur in geringem Umfang ab 1985 über eine gesonderte Leitung sibirisches Erdgas beziehen, doch als hier die Umstellung von Stadt- auf Erdgas richtig in Angriff genommen wurde, war die Mauer schon gefallen. 1996 wurde der Umstellungsprozess in der wiedervereinigten Stadt abgeschlossen. Gleichzeitig musste ein großer Teil des Leitungsnetzes im Ostteil saniert werden. Wie sehr die Stadt unter den brüchigen, sklerotischen Gasleitungen litt, war an den vielen kranken und sterbenden Straßenbäumen zu sehen. Heute verzeichnet die GASAG große Umsatzsteigerungen, doch der Gasverbrauch Berlins liegt immer noch unter dem westeuropäischen Durchschnitt. So verfügen nur 37 Prozent der Haushalte im Westteil und 68 Prozent der Haushalte im Ostteil über einen Gasanschluss. Doch die Erdgasnutzung hat Zukunft – aus wirtschaftlichen wie ökologischen Gründen. Zum einen handelt es sich bei Erdgas um ein Naturprodukt, das anders als Stadtgas nicht über die umweltbelastende Verarbeitung von Kohle und Öl gewonnen werden muss. Zum anderen weist es einen 2,3-fach höheren Heizwert als Stadtgas auf und erzeugt bei seiner Verbrennung nur halb soviel Kohlendioxid wie Braunkohle. Ein europaweites Gasverbundnetz garantiert die zuverlässige Versorgung aus Vorkommen in Sibirien und der Nordsee. Berechnungen haben ergeben, dass die entdeckten Ressourcen bei gleichbleibender Fördermenge weitere 170 Jahre reichen würden.

Klärwerk Ruhleben

Allmählich stellen immer mehr Unternehmen, Wohnungsbaugesellschaften und Privathaushalte in Berlin – noch immer die Stadt mit den meisten Kohleheizungen in Deutschland – ihre Wärme- und Energieversorgung auf Erdgas um. Beispielhaft sind hier die etwa siebzig Blockheizkraftwerke, die als Anlagen mit Kraft-Wärme-Kopplung unabhängig von den Zentralnetzen der großen Strom- und Wärmeproduzenten funktionieren und sämtliche Energiearten – Strom, Prozesswärme, Heizwärme oder Kälte – hauptsächlich aus Erdgas gewinnen. Auch die Berliner Umwelt profitiert von der zunehmenden Erdgasnutzung: Die Kohlendioxid-Emissionen konnten seit 1996 um 160 000 Tonnen pro Jahr reduziert werden, Schwefeldioxid und Staub, notorische Nebenwirkungen der Verbrennung von festen Brennstoffen, fallen bei Erdgas so gut wie gar nicht an. Diese Parameter kommen dem Ziel des Berliner Senats entgegen, den Kohlendioxid-Ausstoß in der Zeit von 1990 bis 2010 um ein Viertel zu reduzieren.

Stadt am Strom

Die städtische Elektroenergieversorgung ähnelt nicht von ungefähr einem feinverästelten Nervensystem. An der neuronalen Struktur der Elektrizität, mit ihren Kraftwerken, 152 synapsengleichen Umspannwerken und den Nervenbahnen der Leitungen, hängt die ganze Stadt bis in die feinsten Verästelungen der Stecker, Glühdrähte und blinkenden Cursors: Transportsysteme, Licht, Signale, Information. Die öffentliche Stromversorgung Berlins begann 1885 mit der Errichtung des ersten Kraftwerks der Aktiengesellschaft Städtische Elektricitäts-Werke von Oskar Miller und Emil Rathenau. Das Kraftwerk in der Markgrafenstraße im Bezirk Mitte erbrachte eine Leistung von 540 Kilowatt (kW). Das energiezehrende Wachstum Berlins zur verkehrsreichen Industriemetropole war bereits in vollem Gange, so dass in den folgenden Jahren weitere Kraftwerke in der ganzen Stadt entstanden, die auf Grundlage der Kohleverbrennung nicht nur Strom produzierten, sondern auch Wärme. Straßen- und U-Bahnen wurden seit der Jahrhundertwende elektrisch betrieben. Mit der Errichtung der Kraftwerke ging auch die Ausweitung des Leitungsnetzes in das Berliner Umland einher. Dass elektrischer Strom ohne nennenswerte Verluste in Leitungen über große Strecken transportiert werden kann, führte dazu, dass die Kraftwerksbetreiber Braunkohlelager in der Bitterfelder Gegend erwarben, dort Strom produzierten und nach Berlin leiteten. Doch die rasante Entwicklung der Millionenstadt in den Zwanzigerjahren erforderte weitere Kraftwerke. Deren Leistung lag schon längst im Megawatt-Bereich und ermöglichte eine vollständige Elektrifizierung der S-Bahn. 1923 wurde die Berliner Städtische Elektrizitätswerke AG (BEWAG) gegründet, die sich bis zum Zweiten Weltkrieg zum größten deutschen Stromlieferanten entwickelte. Nach Kriegsende waren große Teile des Netzes und der Umspannwerke zerstört, die Turbinen und Generatoren jedoch weitgehend unbeschädigt. Durch die Teilung Berlins wurde der Westteil der Stadt von der Stromversorgung abgeschnitten, da die Kraftwerke alle in der DDR lagen. Die Isolation erforderte von der BEWAG erhebliche Investitionen, um eine eigenständige Stromversorgung des Berliner Westens zu sichern. Im Ostteil wurde die Stromversorgung von den Kraftwerken Klingenberg, Rummelsburg, Mitte und Lichtenberg sowie über Fernstromlieferungen geleistet. Neben der Stromversorgung gehörte auch die Lieferung von Fernwärme zu den Aufgaben der Energieversorger östlich und westlich der Mauer.

Kanalarbeiter unter der Hohenstauffenstraße

Mit der Wiedervereinigung wurden die Energiebetriebe der beiden Stadtteile nach und nach zusammengeführt. Mit ihrer Leistung gehört die heutige BEWAG zu den zehn größten deutschen Energieversorgern. Ihre 13 Kraftwerke verbrennen Kohle, Gas sowie Öl und liefern nach dem Prinzip der Kraft-Wärme-Kopplung elektrische und thermische Energie. Eines der modernsten Kraftwerke der Welt wurde mit dem runderneuerten Heizkraftwerk Mitte 1997 in Betrieb genommen. Der Schadstoff-Ausstoß wurde auf ein Mindestmaß reduziert, die Energieausnutzung liegt bei etwa 90 Prozent. Doch die kostspieligen Investitionen für Aufrüstungen und Innovationen fallen in eine Zeit des ökonomischen Umbruchs. Die BEWAG muss als ehemaliger Staatsbetrieb nicht nur selbstständig wirtschaften, sondern sich auch in einem internationalen Marktwettbewerb behaupten. Das Dilemma liegt auf der Hand: Einerseits muss aus umweltpolitischen Gründen Energie gespart werden, was andererseits der ökonomischen Logik eines Stromlieferanten zuwiderläuft. Die Zukunft gehört denn auch dem Energiedienstleister. Umweltschutzgesetze, Energiesparprogramme, politisch verbindliche Richtlinien zur Erschließung regenerativer Energiequellen und eine umfassende Förderung dezentraler, kleinräumiger Energiekreisläufe – das sind die Rahmenbedingungen für die zukünftige Entwicklung der Energieversorgung Berlins. Sparen als Geschäft? Die Berliner Energiepartnerschaften zeigen, dass dies möglich ist. Öffentliche Gebäude wurden dabei zu Pools zusammengeschlossen, für die gemeinsam mit Energiedienstleistern ein Sparkonzept erarbeitet wurde, von dem letztlich alle profitieren. Der sinkende Verbrauch kommt nicht nur der Umwelt zugute, auch die öffentliche Hand spart erhebliche Kosten. Großlieferanten auf dem Strommarkt stehen einer wachsenden Zahl von kleineren Eigenversorgern gegenüber, die niemand als bastelnde Öko-Freaks belächeln würde. Neben Blockheizkraftwerken, die der Flughafen Tempelhof, die Benjamin-Franklin-Universitätsklinik oder die Schering AG betreiben, nimmt auch die Energiegewinnung aus anderen Quellen zu.

Deponie in Mahlsdorf

Während sich die Errichtung von raumgreifenden Windkraftanlagen im dicht bebauten Stadtraum von selbst verbietet, richten sich die Anstrengungen auf die Solarenergiegewinnung. Zugegeben, Sonnentage in Berlin scheinen rar, doch die Technologie funktioniert nicht minder effektiv auch bei Wolken. Von einer umfassenden Durchsetzung kann aber längst nicht die Rede sein. 1998 gab es in Berlin gut 2 200 Sonnenkollektoren zur Wärmegewinnung und gerade mal 300 Photovoltaik-Anlagen zur Stromerzeugung. Nur gut ein Prozent des städtischen Energiebedarfs wird bislang durch Solarkraft gedeckt. Dass sich dieser Bereich so verhalten entwickelt, hat verschiedene Gründe. Die Förderungsbürokratie war bis vor kurzem unübersichtlich, die gefallenen Strompreise und die nach wie vor hohen Kosten für Kauf und Installation von Kollektor- und Photovoltaik-Anlagen lassen vor allem die Privathaushalte zurückschrecken. Noch kann man die wenigen Betreiber getrost als Pioniere bezeichnen, die auf den langfristigen Effekt setzen. Der Berliner Senat fördert die privaten Solarstrom-Anlagen derzeit mit einem 50-prozentigen Zuschuss, so dass sich für einen Vier-Personen-Haushalt die Investition in die Sonnenenergie nach zehn Jahren amortisiert hätte. Die Emissionsbilanz der Stromproduktion würde langfristig umso besser ausfallen, je mehr Einzelanbieter regenerative Energiequellen anzapfen und gleichzeitig stromsparende Technologien für Neubauten und Sanierungsobjekte einsetzen. Die allmähliche Durchsetzung dieser kleinteiligen Versorgungsstruktur wird auch zur Schließung eines Teils der mächtigen Kraftwerke führen. Der große, dezentral gespeiste Stromkreislauf im Berlin der Zukunft wird sich damit auf subtilere Strukturen verlagern, die eine differenzierte Gewinnung und Nutzung von Energie optimieren.

Letzte Wege: die Stadt und ihr Abfall

Die Abfallwirtschaft ist jener Teil des urbanen Stoffwechsels, der die Stadt vor einer fatalen Obstipation bewahrt. Die organisierte Müllabfuhr ist eine stadtgesundheitliche Präventionsstrategie, hervorgegangen aus der so genannten Städteassanierung im 19. Jahrhundert, als die Hygiene nicht nur ein etabliertes Forschungsgebiet der Medizin wurde, sondern auch die Arbeit der Stadtplaner und Kommunalpolitiker beeinflusste. Die Urbanisierung hatte in Berlin zu einer Millionenbevölkerung geführt, die aufgrund ihrer veränderten Lebens- und Konsumgewohnheiten unverdauliche Rückstände produzierte: Müll. Die vormodernen Stoffkreisläufe der Subsistenz, bei denen die Essensreste von den Haustieren verwertet wurden, Herstellung und Erwerb nahezu aller Gebrauchsgegenstände ohne Verpackung vonstatten ging und anfallende Abfälle im heimischen Herd verbrannt werden konnten, diese quasi abfallfreie Wirtschaft wurde abgelöst von modernen müllverursachenden Verbrauchergewohnheiten. Die täglichen 0,5 Kilogramm Abfall, die damals pro Kopf anfielen, wurden in Müllgruben zwischengelagert, die seit 1894 von privaten Müllabfuhrunternehmen regelmäßig geleert wurden. Weitsichtige Planer sahen mit dem unaufhörlichen Wachstum von Bevölkerung und Müllaufkommen ernste Probleme heraufziehen und plädierten schon damals für das, was wir heute Recycling nennen. Das Duale System, vor nicht allzu langer Zeit als Entsorgungsinnovation auf der Höhe der Zeit gefeiert, wurde eigentlich 1903 in Charlottenburg eingeführt, wo schon damals Speisereste, Sperrmüll und Feuerungsrückstände getrennt erfasst und aufbereitet wurden. Doch der Löwenanteil des Berliner Mülls wurde weiterhin ins Umland verfrachtet. Daran änderte sich bis in die Mitte des 20. Jahrhunderts auch nichts. Zwar hatte sich das Müllaufkommen aufgrund des Bevölkerungsanstiegs verdoppelt, doch die Pro-Kopf-Menge lag immer noch bei 0,5 Kilogramm pro Tag. Nach dem Ende des Zweiten Weltkriegs und der Teilung Berlins entstanden auch zwei Abfallbetriebe. In den Nachkriegsjahrzehnten änderte sich auch die Zusammensetzung des Mülls. Immer mehr Verpackungen, Kunst- und Metallstoffe – früher teures Material – wurden zu Abfall.

Straßenfeger in Charlottenburg, Danckelmannstraße

Die für den Westteil verantwortlichen Berliner Stadtreinigungsbetriebe (BSR) mussten sich für die Entsorgung der durch westlichen Konsum- und Wegwerf-Wohlstandes gewachsenen Müllmenge auf das ummauerte Terrain beschränken, bis 1967 der Bau der Müllverbrennungsanlage Ruhleben Abhilfe schaffen konnte. Im Osten Berlins hingegen zwang die Mangelwirtschaft zu einem flächendeckenden Wertstoffrecycling. Zwar wuchs auch hier das Abfallaufkommen, doch der jährlichen Pro-Kopf-Müllmenge von 270 Kilogramm in Ostberlin standen 450 Kilogramm im Westen der Stadt gegenüber. Das Surplus an Endprodukten des westlichen Konsums wurde nach Abschluss des sogenannten Langfristabkommens (1974 bis 1994) gegen hohe Devisenzahlungen auf DDR-Deponien entsorgt. Dem Ablauf dieses Vertrages kam der Fall der Mauer zuvor. Die gesamtstädtische Abfallentsorgung wurde 1992 der aus dem Zusammenschluss der Ost- und Westbetriebe hervorgegangenen BSR anvertraut. Die Fusion fiel mit der Einführung des Dualen Systems Deutschland zusammen, das eine flächendeckende Erfassung und Wiederverwertung von Verpackungsmaterial leisten sollte. Denn dass die Müllhalden der Wohlstands-Gesellschaft voller Wertstoffe steckten, die kein unbrauchbarer Abfall waren, sondern via Recycling den Einsatz kostspielig zu gewinnender Rohstoffe sparen würden, war inzwischen gesetzlich fixierter common sense.

In Berlin werden heute etwa 1,25 Millionen Tonnen Abfall pro Jahr produziert. Auf jeden Einwohner entfallen dabei 330 Kilogramm Hausmüll und 34 Kilogramm Straßenkehricht, der von den Firmen BSR, ALBA und DASS gesammelt, transportiert und sortiert wird. Die DASS wurde als Firmentochter von BSR und ALBA eigens zum Zweck der Wertstoff-Gewinnung aus Verpackungsabfällen gegründet. Vor den Toren Berlins, in Mahlsdorf, betreibt die DASS die größte Sortieranlage Deutschlands, in der täglich mehr als 70 Lastwagen mit dem Inhalt der gelben Wertstoffcontainer aus der ganzen Stadt ankommen. 200 Tonnen Verpackungsmaterial, die gemeinsam mit den 400 Tonnen Altpapier und 20 Tonnen Glas die – wiederverwendbaren – Hinterlassenschaften eines Tages sind. Sortiert und gepresst werden sie in die Betriebe der Recyclingindustrie transportiert und von dort wieder dem Kreislauf aus Werden und Vergehen zugeführt. Manches im städtischen Raum war im früheren Leben ein Grüner Punkt-Artikel: Parkbänke, Müllcontainer, Kunst. Betrug die 1992 gewonnene Wertstoffmenge noch 120 000 Tonnen, lag sie 1998 schon bei 436 000 Tonnen. Doch nicht alles, was die Stadt an Unverdaulichem ausscheidet, lässt sich auf so überschaubare Art und Weise behandeln. Auf 39 BSR-Recyclinghöfen im ganzen Stadtgebiet werden jene Reste entgegengenommen, die nicht in die Mülltonnen passen oder deren Entsorgung dem Besitzer Probleme bereitet. Auch ein Großteil der Gewerbeabfälle passiert diese Zwischenstation auf dem Weg zu Recyclingbetrieb, Verbrennungsanlage oder Sondermülldeponie. Die Menge des tatsächlich unverwertbaren Mülls tritt ihren letzten Weg entweder auf eine der noch betriebenen vier Deponien in Brandenburg oder in die Müllverbrennungsanlage nach Ruhleben an. Dieses Aufkommen soll nach den Vorgaben des Abfallentsorgungsplans des Berliner Senats von 1996 weiter reduziert werden. Der Plan sieht bis 2005 die Stabilisierung einer nachhaltigen Abfallwirtschaft vor, die auf Müllverringerung durch die Stärkung von Mehrwegverpackungen sowohl für Haushalt wie auch für Krankenhäuser und Gewerbe setzt, die dezentrale Eigenkompostierung von entsprechenden Abfällen vorsieht und mit einer Abfallberatung das Bewusstsein der Stadtbewohner sensibilisieren will. Den Müllverbrennungsanlagen wird der Müll ausgehen.

Das Geschäft mit Resten ist lukrativ – das belegen die etwa 80 Milliarden DM jährlicher Umsatz der Abfallwirtschaft ziemlich eindrucksvoll. Doch an einigen Stellen stockt der Stoffkreislauf immer noch. Die gesetzlichen Regelungen zum Umgang mit Technikschrott lassen auf sich warten, und die schnellen Generationswechsel der Haushalts-, Unterhaltungs- und Informationstechnik führen zu jährlich fast zwei Millionen Tonnen Abfall, deren Verbleib nicht geregelt ist. Das Recycling ist aufwändig und teuer und verbraucht durch lange Transportwege viel Energie. Von Perfektion ist man hier noch weit entfernt. Erfolgreich jedoch verfährt man in Berlin mit dem Bioabfall. Er macht immerhin ein Drittel der Haushaltsabfälle aus und lässt sich zu wertvollem Kompost verarbeiten. Die neue Bioaufbereitungsanlage in Pankow gehört zu den modernsten Kompostierungsanlagen Deutschlands, die ihr Endprodukt im Umland absetzen kann: an die Landwirte, Gärtnereien und Baumärkte, die mit ihren Agrarerzeugnissen auch Berlin beliefern – ein fast archaischer Kreislauf. Aus dem betagten Berlin ist in den vergangenen Jahren die modernste Stadt Europas geworden. Sicher hängt dies mit einem Nachholbedarf Berlins zusammen, der sich aus der jahrzehntelangen Teilung ergab. Andere Metropolen werden dem Berliner Beispiel folgen müssen. Denn ein intakter Stadtkörper erfordert ein kontinuierliches Training. Die hohe Leistungsfähigkeit des Berliner Stadtkörpers wird sich aber nur erhalten lassen, wenn er nicht über die Maßen beansprucht wird und Verschleiß-Erscheinungen rechtzeitig behandelt werden. ■

Literatur

Arnold, Dietmar: Dunkle Welten. Bunker, Tunnel und Gewölbe unter Berlin. Berlin 1997

Bärthel, Hilmar: Wasser für Berlin. Berlin 1993

Berliner Wasser Betriebe (Hg.): Wasserwerk Friedrichshagen. Berlin 1993

Bewag AG (Hg.): Elektropolis Berlin. Historische Bauten der Stromverteilung. Berlin 1999

Bundesarchitektenkammer (Hg.): Energiegerechtes Bauen und Modernisieren. Basel/Berlin/Boston 1996

Curter, Maria: Berliner Gold. Geschichte der Müllbeseitigung in Berlin. Berlin 1996

Deutsches Technikmuseum (Hg.): Feuer und Flamme für Berlin. 170 Jahre Gas in Berlin. Berlin

Europäische Akademie für städtische Umwelt (Hg.): Stadtökologische Exkursionen in Berlin: Energie. Berlin 1993

Europäische Akademie für städtische Umwelt (Hg.): Stadtökologische Exkursionen in Berlin: Wasser. Berlin 1994

Hullmann, Heinz: Photovoltaik in Gebäuden. Handbuch für Architekten und Ingenieure. Stuttgart 2000

Meuser, Philipp: Unsichtbarer Städtebau. In: Architektenkammer u. a. (Hg.): Berlin. Offene Stadt. Berlin 1999

Moewes, Günther: Weder Hütten noch Paläste. Architektur und Ökologie in der Arbeitsgesellschaft. Basel/Berlin/Boston 1995

Senatsverwaltung für Stadtentwicklung, Umweltschutz und Technologie und Industrie und Handelskammer zu Berlin (Hg.): Stadtentwicklungsplan Ver- und Entsorgung. Berlin 1998

Woll, Stefan: Berliner Wassertürme. Berlin 1986

Pulsating Urban Organism

The city is a huge organism based on a complex system of nerves, fibres, veins and intestines. People living in big cities take the functioning of this sophisticated urban metabolism for granted. They get aware of those mostly hidden structures only in case of sudden breakdowns: when the tap water gets cloudy and smells strange, when there is an electricity collapse, a leaking gas pipe or rubbish piling in the streets. The vitality of the modern city and the well-being of its inhabitants both rely on operating public utilities.

New Berlin works. Not only in the sense of a trendy slogan stressed by politicians and the media, but literally, indeed. There is nothing spectacular to it, but impressively enough, more than 80 billion DM have been invested in the modernization of Berlin's public utilities since reunification of East and West in 1990. Not only the wounds of more than forty years of separation naturally had become visible scars, but also the technological infrastructure had suffered from permanent exploitation over decades without adequate maintenance. In fact, on either side of the wall. Thanks to the gigantic amount of money invested in the recovery of Berlin's battered body, the city has now become the most modern metropolis in Europe.

The basic structures of Berlin's public utilies are not even 200 years old. When industrialisation in 19th century triggered an enormous population growth in the fairly small Prussian residence between the rivers of Elbe and Oder, the lack of a sufficient urban infrastructure became a severe problem. The then water supply was based on wells in the streets, and the sewage was dumped into open gutters and cesspools. The growing city neither had any kind of a central energy supply grid. The old, medieval city was not able to cope with the continuing influx of people as well as with the consequences of off-starting modern industrial production. Berlin was about to collapse.

The slowly developing structures of public utility services paralleled the adolescence of Berlin becoming a modern city. Water and energy supply were in the hands of those entrepreneurs which had taken the risk to establish a modern urban infrastructure. Despite the success of their businesses, however, several private companies had soon reached their limits as the city's population and industrial productivity simply had overgrown the exhausted financial and logistic means and capacities of the pioneers rapidly. They could not longer guarantee a reliable supply grid for growing Berlin. Eventually, public utilities in general were nationalized. That was more than 100 years ago. But times have changed. Today, due to the financial crisis of the state as well as in the wake of a highly competitive international market, the former state monopoly of public utilities is replaced by private companies, while the state confines itself to define and control laws and regulations.

The modernization of Berlin's public utilities is also an outstanding lesson in sustainable urban development, as the existing structures were not only to preserve but have been recovered as a precious resource for innovation, high-tech and future projects. Who doubt, that a 150 year old water pipeline system in the age of information technology can be much more than a technical monument, just may have a look on past and present of Berlin's water supply to get it right. Also Berlin's gas and power industries as well as the refuse disposal companies have arrived in the 21st century. The communal public utilities have turned into modern service companies supplying more than heating, light and water. They explore new sources of energy, also by developing environmental-friendly, decentralized technologies and new recycling methods. One could say, that both the urban metabolism and energy circuits of Berlin have entered a new stage of evolution – up-to-date with sustainable development, ready for the future.

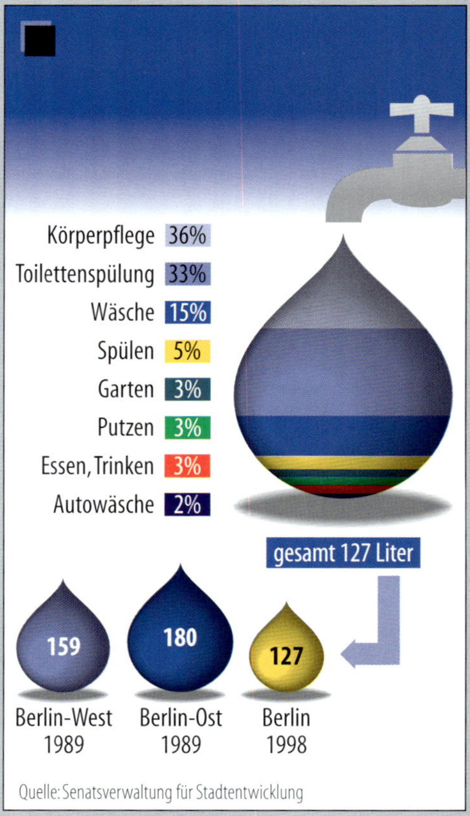

Im Jahr 1998 produzierte jeder Berliner 549 Kilogramm Siedlungsabfall. Rund ein Drittel davon konnte durch Verwertungsverfahren in den Stoffkreislauf rückgeführt werden.

Der Berliner Wasserverbrauch ging in den vergangenen zehn jahren drastisch zurück. Der Löwenanteil am privaten Wasserverbrauch entfällt auf die Toilettenspülung.

Selbst ein Niedrigenergiehaus kann viel Energie kosten – wenn es an der Peripherie liegt und auch die dadurch entstehenden Fahrtkosten bilanziert werden.

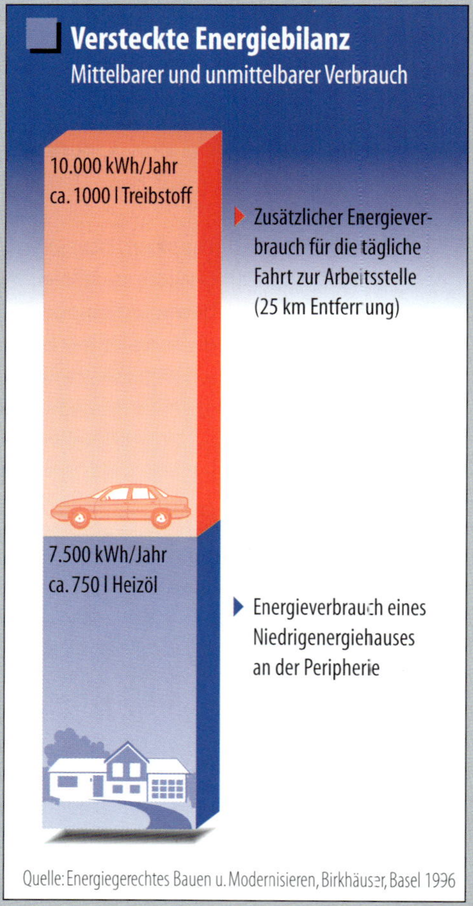

Berlin holt auf: Die Anteile von umweltfreundlichen Gas- und Fernwärmeheizungen nähern sich dem Bundesdurchschnitt. Die Kohle hat als Heizmittel stark an Bedeutung verloren.

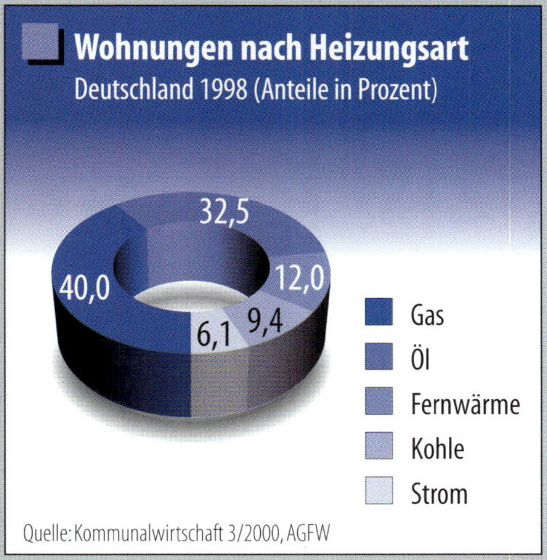

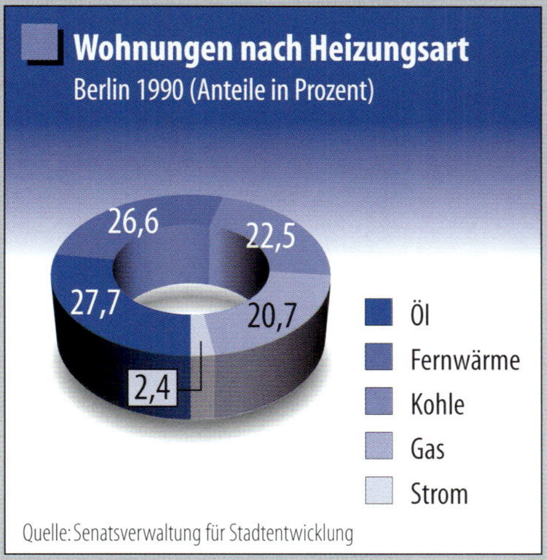

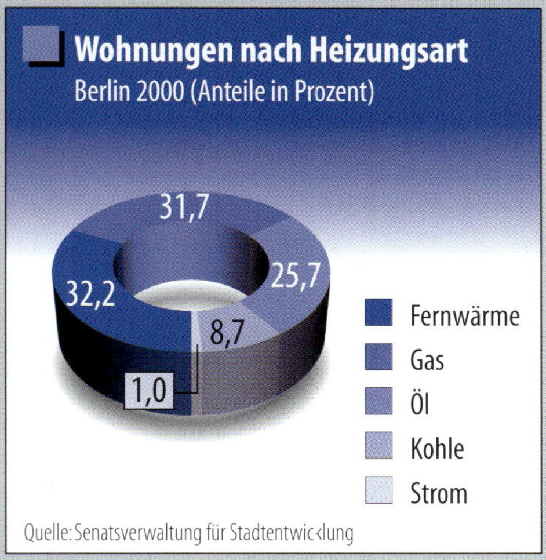

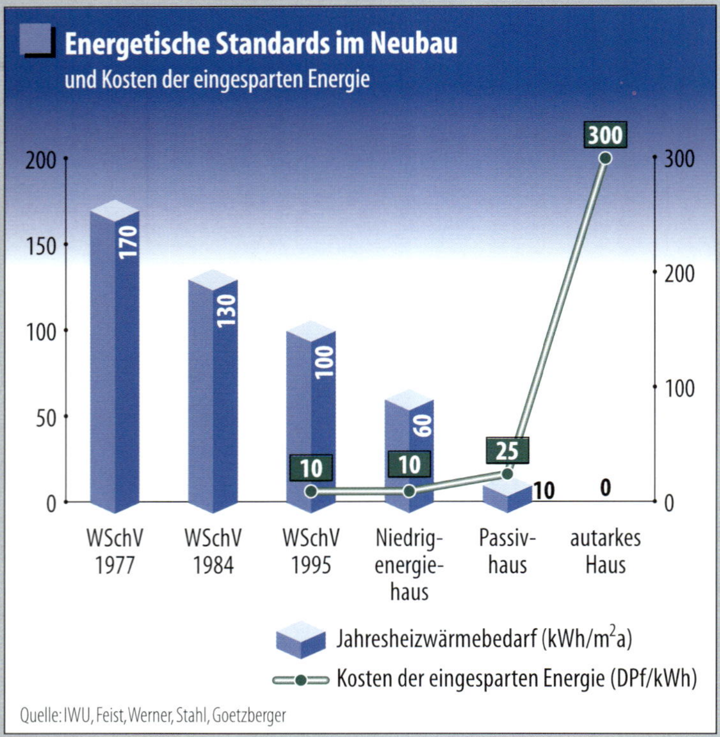

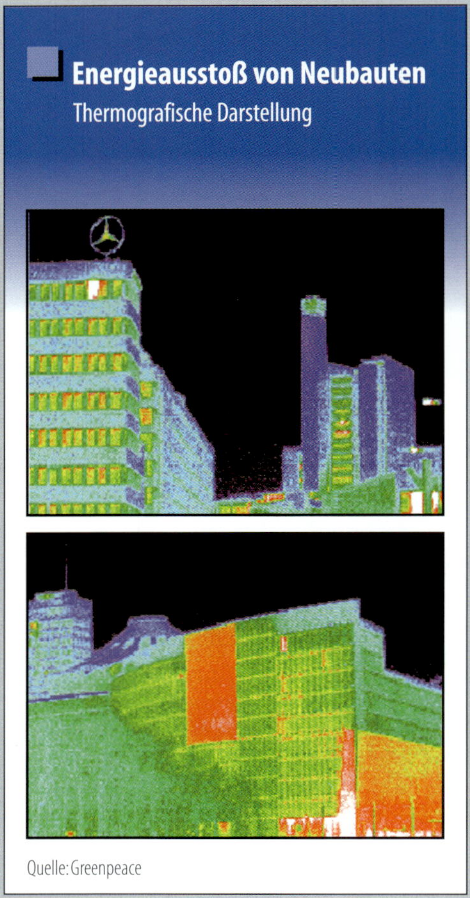

Die Kosten für Energiesparmaßnahmen steigen überproportional an, sobald ein Gebäude auf den Standard eines autarken Hauses gestellt wird. Solange eine kWh mit knapp 0,20 DM abgerechnet wird, erscheinen 3,00 DM pro eingesparter KWh im Verhältnis hoch. Die Kosten amortisieren sich dann frühestens nach 15 Jahren.

Thermografien zeigen den Wärmeausstoß: Debis-Haus (oben rechts) und Sony-Center (unten). Blaue Wärmewerte zeigen Fassadenteile mit geringer, rote solche mit hohen Wärmewerten.

Mit größerer Dichte der Baumassen sinkt im Wohnungsbau der Wärmeverbrauch pro Quadratmeter. Der Niedrigenergiestandard im Bürobau hat einen vergleichsweise geringeren Heizenergiebedarf pro Quadratmeter.

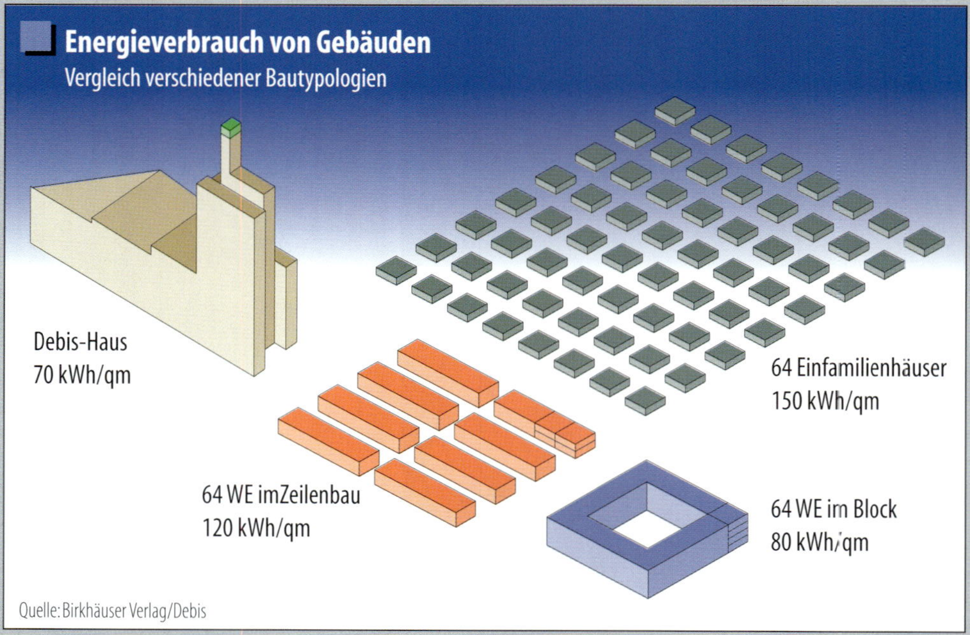

Bewag

Kein Strom von der Stange, sondern Licht von der Bewag.

Die Metropole Berlin braucht mehr als Standardlösungen. Also haben wir als Energiedienstleister der Hauptstadt ein Konzept nach Maß entwickelt: Wir erzeugen Strom und Wärme nach dem umweltverträglichen Prinzip der Kraft-Wärme-Kopplung. Und durch unser innovatives Produktsystem können Sie nicht nur den so hergestellten Qualitätsstrom BerlinKlassik, sondern auch den zu 100% aus erneuerbaren Energien gewonnenen Umweltstrom ÖkoPur beziehen. Mit bekannter Zuverlässigkeit – und selbstverständlich zu günstigen Preisen.
Starke Leistung. Bewag.

Informationen unter: **0 18 01/2 67-2 67** **www.bewag.de**
(zum Ortstarif)

Windrichtung
CHARLOTTENBURG
TIERGARTEN
FRIEDRICHSHAIN
KREUZBERG
LICHTENBERG
Luftverschmutzung
...und verbindet sich mit Sauerstoff und Regenwasser zu Schwefelsäure.
Schwefeldioxid entweicht
Die Säure greift Gebäude an
Pflanzen sterben ab.
SPANDAU
HOHENSCHÖNHAUSEN
MARZAHN
Kohle und Öl verbrennt zu Schwefeldioxid.
den Boden ein.
Übersäuerung zerstört das biologische Gleichgewicht im Boden.
BERLIN

Duft der Großstadt

TEXT EVA MARIA FROSCHAUER

FOTO MARTINA LEEVEN

Industrie und Hausbrand hüllten die Stadt Mitte des 19. Jahrhunderts in einen gesundheitsgefährdenden Dunst. Doch lauthals und nahezu hymnisch wurde die „Berliner Luft" von Paul Lincke besungen. Der Großstadtqualm ließ aber bis vor wenigen Jahren eher die Nase rümpfen als die Ohren klingeln. Denn erst mit dem großen Stadtumbau begann 1990 auch die Sanierung der Luft. Diese wäre eine brillante Erfolgsgeschichte, gäbe es nicht ernste Anzeichen vom Heranwachsen eines neuen Schmutzfinken: Der zunehmende Autoverkehr konterkariert die Erfolge in der Luftreinhaltung. Und nicht genug der Last, denn auch sein Getöse liegt den Berlinern in den Ohren.

Der Glaube an den Fortschritt und die Technisierung der Umwelt dürften wohl dafür verantwortlich sein, dass der menschliche Organismus zu Beginn des 20. Jahrhunderts immer wieder als „Industriepalast" dargestellt wurde. Diese aus heutiger Sicht vielleicht befremdlich wirkende Analogie war für Schüler in den Zwanzigerjahren nichts Außergewöhnliches. Auf einer Bildtafel für den Schulunterrricht, die die Funktionsweise des Menschen in der Tat als nicht stillstehende Maschine zeigte, wurden im anatomischen Schnitt Körperkreisläufe durch Förderbänder und menschliche Organe durch Dampf-, Strom- und Wasseranlagen ersetzt. Wie geölt funktionierte dieser „neue Mensch", im Darm schuftete die Arbeiterschaft, die Steuerzentrale lag unter der Schädeldecke. Nur eins wurde verschwiegen: Jede noch so gut funktionierende Produktionsstätte hinterlässt Abgase, Rückstände, Wärme und Geräusch, doch von all dem war auf diesem Schaubild nichts dargestellt.

Nur ein kurzer Gedankensprung führt vom „Menschen als Industriebauteil" zum „Industriebetrieb Stadt" zur „Stadt als Organismus" und damit zum Wunschbild einer funktionierenden Metropole ohne jegliche lästigen Rückstände aus Produktion und Transport. Ein ebensolches anatomisches Schnittbild für Berlin geriete in der Folge zum stadtmedizinischen Abenteuer. Jeder Schnitt in den Finger wäre ein Wasserrohrbruch, eine mit Magengrimmen verbundene Verstopfung ein Verkehrsstau und ein schlechter Stoffwechsel gliche einem veralteten Heizkraftwerk. Doch hier endet für den Laiendiagnostiker auch schon das Verständnis von der gesunden oder kränkelnden Stadt, denn zahlreiche ihrer Leiden sind chronisch.

Das „unfertige Berlin" ist seit Karl Schefflers Wort vom ewigen Werden und niemals Seienden dieser Stadt sprichwörtlich, das Kränkelnde ist es bisher weniger. Besonders die vergangenen zehn Jahre markieren eine gigantische Heilungsgeschichte der Berliner Luft. Es könnte für die Zeit nach der Einigung eine Erfolgsgeschichte geschrieben werden, wäre da nicht ein Fakt, der die Genesung zu gefährden droht: Eine Verkehrslawine und ihre Nebenwirkungen werden das erkämpfte Luftloch schneller als es unslieb ist wieder verstopfen. Betrachtet man etwa den Verkehrsinfarkt und die aus ihm resultierende Luftverpestung, so weiß der Stadtmediziner, dass nur ein Verzicht auf totale Automobilität dauerhafte Besserung brächte.

Erfolgsgeschichte „Berliner Luft"

Je nach Luftdruck und Außentemperatur, je nach Klarheit der Atmosphäre setzen sich die weißen Kondensatwolken aus den Schloten des Heizkraftwerks Mitte scharf umgrenzt vom Himmel über Berlin ab. Der Ausstoß des runderneuerten Kraftwerks ist nahezu rein – somit steht es für die Erfolge moderner Umwelttechnik seit 1990. Es war 1997 nach dem Umbau des alten Werks aus dem Energiekombinat zu einem Kombikraftwerk mit Gas- und Dampfturbinentechnik wieder in Betrieb genommen worden - damals das modernste der Welt, das seine Emissionen pro erzeugter Wärme- oder Stromeinheit bei Staub und Schwefeldioxid (SO_2) um 99 Prozent, bei Stickoxid (NO_x) um 48 Prozent reduzieren konnte. Die Sanierung der Berliner Großkraftwerke und die modernen Filter allenthalben haben so ihren Beitrag zur Verminderung der Schwefeldioxidkonzentration geleistet. Allein 1998 lagen die Belastungen dieses aus Feuerungsanlagen und teils aus Kraftfahrzeugen emittierten Schadstoffs im Durchschnitt der Berliner Messstationen bei rund acht µg/cbm, dem winzigen achtmillionsten Teil eines Gramms pro Kubikmeter. Das bedeutet, dass die Belastung heute ungefähr noch fünf Prozent derjenigen aus den späten Siebzigerjahren beträgt. Diese gesamtstädtische Verbesserung der Berliner Atemluft liegt in wirksamen Filtertechniken begründet. Zur Reinigung der einst krankheitserregenden Stadtluft trug aber vor allem das Wegbrechen der belastenden Industriebetriebe im Ostteil, die Umstellung der Kohleöfen auf Gas- oder Fernheizungen und der Ersatz „emissionsintensiver Zwei-Takt-Pkws" (Golf satt Trabi) bei. Gleichwohl gilt anzumerken: Die positiven Veränderungen im Bereich der klassischen „Kachelofen-Schadstoffe" werden langsam aber sicher durch die zunehmenden Ausdünstungen der Dieselfahrzeuge kompensiert.

Das einstmals Besondere der „Berliner Luft", der Odeur einer quirligen Großstadt, wurde vielfach mit „Champagnercharakter" beschrieben. Tatsächlich war die Luft an der Spree Mitte des 19. Jahrhunderts durch Industrie und hunderttausende mit Braunkohle beheizte Kachelöfen stark getrübt. Dem Qualm und Gestank in den Industriequartieren konnte man damals nur auf Sauerstoffkuren oder einer Reise in die Mark entkommen. Wohlhabende Fabrikbesitzer entflohen den eigenen Rauchschwaden dauerhaft in die privilegierten Wohnlagen im Westen der Stadt, dort wo die Luft von den vorherrschenden Winden sauber gepustet wurde. Anwohnerbeschwerden in den Industrievierteln führten zu ersten Maßnahmen der Luftreinhaltung, primitive Luftfilter wurden in die Schlote eingebaut. Ungeachtet der tatsächlichen Verschmutzung und des kaum ausgeprägten Umweltsinns stellte sich in Berlin ein Luftmythos ein, der die Großstadtluft verklärte und seinen populärsten Ausdruck in Paul Linckes flottem Operettenmarsch fand. „Das ist die Berliner Luft, Luft, Luft ..." wurde zur konkurrenzlosen Hymne auf den Hauch der Stadt. Und das obwohl um 1929, zur Entstehungszeit des Schlagers, nachweislich die Luftqualität eine der schlechtesten im 20. Jahrhundert war.

Lärm

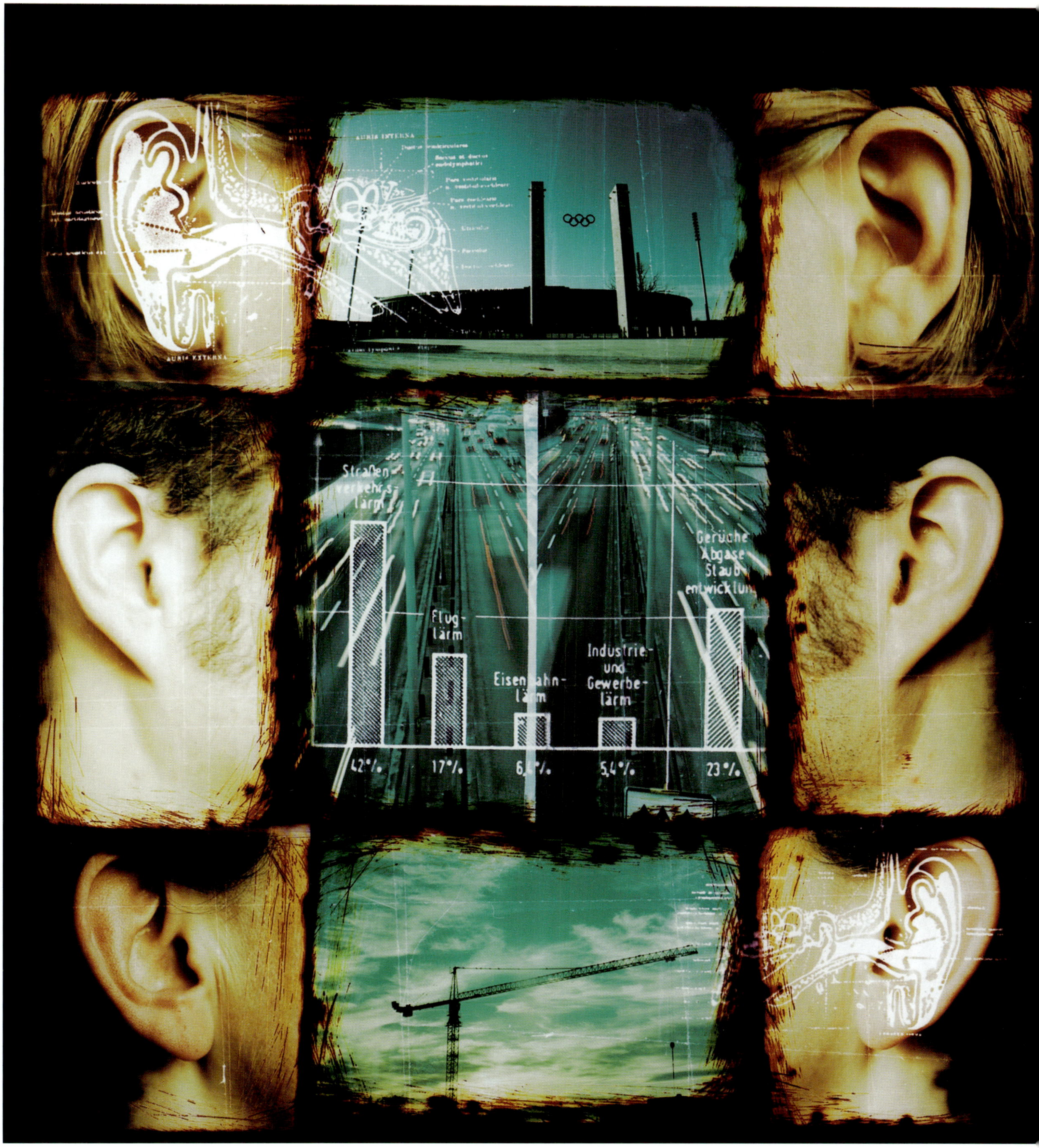
AURIS INTERNA
Straßen
Flug-
lärm
Industrie-
und
Gewerbe-
lärm
Gerüche
Abgase
42%
17%
5,4%
23%

Revisions- und Meßöffnung
Belüftungs-öffnung
Strömungssicheru
Brennwertg
rat mit offen
Verbrennun
kammer
Verbren-nungsluft

Um die Luftmythen für eine Schadstoffdiskussion zu versachlichen, errechnete die Senatsverwaltung für Stadtentwicklung und Umweltschutz 1981 rückwirkend den Energieverbrauch und die SO_2-Emissionen seit 1900. Von progressiver Verschlechterung oder Verbesserung im Laufe eines Jahrhunderts kann dabei nicht die Rede sein. Eine der jüngeren, belasteteren Perioden gab es um 1970. Das war dann auch das Jahr, in dem, ausgehend von SO_2 die Messungen der Schadstoffkonzentrationen für den Westteil begannen. Seit 1975 erfasst dort das Berliner Luftgüte-Messnetz BLUME den Luftzustand. In Ost-Berlin wurden Schwebstaub und andere Schadstoffe von der Bezirks-Hygiene-Inspektion zwar gemessen, Daten aber nicht veröffentlicht. Seit 1992/93 ist das Netz stadtweit verknüpft und vereinheitlicht. Mit dem Schwinden der Belastungen verringerte sich auch die Anzahl der notwendigen Messpunkte von ehedem 45 auf gegenwärtig 21. Allerdings werden heute zusätzlich Kohlenmonoxid (CO), Staub, Stickoxide (NO_x), Ozon, Ruß und Benzol gemessen. Den veränderten Schadstoff-Tätern musste sich auch das Fangnetz anpassen. Vor allem der Autoverkehr hat eine differenzierte Messung erforderlich gemacht.

Fahrende Kachelöfen abbauen

Berlin-Steglitz, Schildhornstraße, 13.00 Uhr. Werktag an einer hochfrequentierten, sich auf zwei Ebenen verschneidenden Straße. Auf die Frage, wie Berlin wohl rieche, macht ein wartender Vater seinem Ärger Luft. „Es stinkt hier so fürchterlich, der Verkehr, die Baustelle." Nun, mittlerweile wohne er ja draußen am Stadtrand, nachdem er Jahre lang den Gestank einer Hauptverkehrsstraße ertragen musste. Dann holt er noch zu einer Generalschelte auf die Verwahrlosung der Stadt aus und zieht dabei kräftig an seiner Zigarette. Den Weg von seinem Refugium ins Zentrum lege er natürlich mit dem Pkw und selten mit Bus oder Bahn zurück. Dass er selbst Mitschuld trägt an der beklagten schlechten Luft dieser Straßenecke, scheint ihm gar nicht in den Sinn zu kommen, ebenso wenig, dass im Komfortverzicht ein Ansatz zur Lösung stecken könnte.

Heizung

Der Wegzug aus einer Verkehrsschlucht ist längst nicht jedem möglich. Die Schildhornstraße etwa, eingespannt zwischen zwei Autobahnteilstücken, ist ein Wohngebiet. Sie ist aber auch ein Mosaikstein im BLUME-Messnetz und dort seit 1997 in einem neueren Messprogramm zur Ermittlung der Immissionsbelastung erfasst. Mit einem Ruß- und Benzol-Immissionssammler (RUBIS) und einem Stickoxidpassivsammler ausgestattet, zählt sie zu den belastetsten Messpunkten, den Giftküchen Berlins schlechthin. Im Jahresmittel werden dort die Grenzwerte für Ruß und Benzol nach der 23. Verordnung zum Bundes-Immissionsschutzgesetz (23. BImSchV, 1996) deutlich überschritten. Und fast alle anderen Straßenmessstellen übertreten zudem den Grenzwert für Stickstoffdioxid nach einer EU-Richtlinie. Insgesamt wären aber für Berlin nach europäischen Anforderungen bis ins Jahr 2005 die Staubbelastungen in Straßennähe um rund 30 bis 40 Prozent zu reduzieren. Wie das allerdings mit der anrollenden Verkehrslawine im Rücken – 1,2 Millionen Kraftfahrzeuge in Berlin, Tendenz steigend – zu bewältigen ist, bleibt die Frage. Anders als bei der Umstrukturierung der Berliner Energieversorgung, die von einer politischen Linie und der Möglichkeit der Einflussnahme in den verschiedenen Aufsichtsräten getragen war, zeigt sich die Diskussion um den Straßenverkehr weitaus disparater. Hier schwingt sich jeder gern zum Experten auf. Der Luftverschmutzung durch Kfz-Verkehr ist, zumal Filtertechniken weitestgehend ausgereizt sind, nur mit verändertem Verhalten beizukommen. Dagegen aber wehrt sich die große Gemeinde der Autofahrer mit dem Verweis auf die Freiheit des Individuums.

Das krebserregende Dieselruß ist der problematischste Luftschadstoff. Er wird von dieselgetriebenen Automobilen verursacht, hauptsächlich aber von Lastwagen, die wie fahrende Kachelöfen jährlich rund 500 Tonnen elementaren Kohlenstoff aus Auspuff und Reifenabrieb absondern. Ein simples und besorgniserregendes Rechenbeispiel liefert die Schildhornstraße. Hier strömen am Tag 50.000 Kraftfahrzeuge entlang. Jedes Gefährt mit vier Rädernhinterlässt rund 1,5 Kilogramm Reifenabrieb pro Meter und Jahr, immerhin knapp eine Tonne allein in diesem Straßenzug. Die Staubpartikel sind haarklein und werden unbemerkt eingeatmet. Insgesamt lagern sich übers Jahr 1300 Tonnen solchen Stoffs in der Stadt ab. Das sind pro Einwohner immerhin 300 Gramm, die Menge eines Staubsaugerbeutels.

Im Vergleich zu anderen Metropolen ist Berlin allerdings noch ein Autofahrerparadies. Das Straßennetz kann hier, dem Wachstumsmarkt MIV (Motorisierter Individualverkehr) entgegenkommend, durchaus noch Kapazitäten aufnehmen. Und sind die Straßen dann dicht, zeigt sich der Automobilist äußerst duldsam und flexibel in seinem fahrenden Schutzraum. Drinnen merkt er ja kaum, wie sehr er seine Außenluft verpestet – die Klimaanlage macht's möglich. Dabei sind Benutzer des ÖPNVs im Sinne des Kraftfahrermottos „Freie Fahrt für freie Bürger" eigentlich nicht benachteiligt, sie haben immerhin die Wahl zwischen mehreren Verkehrsmitteln. Berlin hätte im übrigen noch gute Voraussetzungen, zumindest annähernd an das politische Wunschziel eines Verhältnisses von 80 Prozent öffentlichem zu 20 Prozent privatem Verkehr heranzukommen. Rund die Hälfte aller Berliner Haushalte besitzt nämlich noch kein Auto.

Gerüche zwischen Kakao und Heimat

Unmittelbar neben dem Heizkraftwerk Charlottenburg: „Wie riecht Berlin?" Für eine Mutter mit Kleinkind, aus dessen Windel es eindeutig duftet, riecht es hier eigentlich nicht verbrannt. Auch in den Wintern verschwinde zunehmend der Berliner Ofengeruch. Kaum jemand würde sich noch an den früheren Wintersmog erinnern, dafür raube ihrer Kleinen der Sommersmog, das Ozon, zunehmend die Atemluft. Und tatsächlich, vom Wintersmog hat sich Berlin fast verabschiedet, auch das ist eine Erfolgsgeschichte der Berliner Luft: Im Herbst 1995 konnte eine entsprechende Schutzverordnung aufgehoben werden. Denn die wesentlichen Auslöser für winterlichen Smogalarm, Kraftwerke und Kachelöfen, waren durch Filtertechniken und die Umstellung des Hausbrands viel atem- und umweltfreundlicher geworden. „Und ansonsten, wie riecht Berlin noch?" „Nun gut, nach Autoabgasen und manchmal nach Kakao", so die Mutter. Aber der Frühling, der dufte hier wirklich gut, nach Heimat eben. Welchen Anteil wohl ihr Parfum am Frühlingsduft hat? Die subjektive Wahrnehmung des Berliner Luftgemischs ist über die verbürgten Messwerte hinaus offensichtlich recht dehnbar.

Schwefeldioxid, Stickoxide und Kohlenmonoxid füllen die Luft, durch den Menschen verursacht. Dagegen stammen Ozon und Schwebstaub zu einem großen Teil aus natürlichen Anteilen. Geht man etwa den Ursachen des Luftzusatzes Staub nach, stößt man zu allererst auf die „märkische Streusandbüchse, wie die Sandböden in und um Berlin genannt werden. Aufgrund des Temperaturunterschieds von Innenstadt zu Peripherie wird der Staub aus dem Sandkasten des offenen Umlands regelrecht angesaugt. Wie Messergebnisse zeigen, treten zusätzlich zu dieser Grundbelastung in östlichen City-Randbereichen höhere Konzentrationen auf. Das mag einerseits an der Hauptwindrichtung liegen; andererseits trägt die verstärkte Abriss- und Bautätigkeit im Ostteil zu einer höheren Staubbelastung bei – ein Preis der Erneuerung sozusagen, der mit den großen baulichen Umbrüchen einhergeht. Eine wesentliche Quelle des Schwebstaubs insgesamt ist wiederum der Kfz-Verkehr. Die natürliche Streusandbüchse unterstützt ihn kräftig bei der Luftverschmutzung.

Ganz anders verhält es sich beim sommerlichen Schreckgespenst Ozon: Es ist lufttechnisch ein Paradoxon. Ozon nimmt nämlich in Gebieten mit geringer Luftverschmutzung viel höhere Konzentrationen an als in stark belasteten. Denn dort reagiert das Reizgas mit anderen Schadstoffen, seine Werte sinken. Die Ozonbildung wird verstärkt, wenn die Sonne scheint, die Luft mit Kohlenwasserstoffen und Stickstoffoxiden der Kfz-Motoren verunreinigt ist und eine komplexe Kette an chemischen Reaktionen abläuft. Die mittleren Ozon-Konzentrationen an Sommertagen mit Temperaturen über 25 Grad Celsius stagnieren zwar seit 1990, gleichwohl werden die Richtwerte für Sommersmog noch häufig genug überschritten. Man ahnt es, Hauptverursacher ist der Kraftfahrzeugverkehr. Dauerhafte und spürbare Entlastung ist auch hier nur durch Reduktion möglich.

Städtisches Treibhaus

Berlin-Alexanderplatz. Trotz zugiger Ecken ist die Stadt hier wärmer als an anderen, vor allem grünen Plätzen. Der Klima-Michel, ein von Stadtklimatologen erfundenes theoretisches Konstrukt zur Beschreibung des thermischen Umgebungsmilieus, wandert zügigen Schritts und mit einem leichten Straßenanzug bekleidet über den Platz. Welche Einflüsse aus der Umgebung dabei auf ihn einwirken, wie er auf die Hitzestauung reagiert, wird so zur messbaren und vergleichbaren Größe. Die Stadt wird also nach dem Empfinden des „Klima-Michel" in ihre Klimazonen eingeteilt.

Für Berlin begünstigen die natürlichen Gegebenheiten des freien Umlands nicht nur den Antransport von Staub und Sand; die hohen Windgeschwindigkeiten des norddeutschen Tieflands fördern auch den reinigenden Luftaustausch. Doch leidet die Stadt, wie alle großen Agglomerationen, am chronischen Fieber einer überhitzten Innenstadt. Was einerseits laue, toskanische Sommernächte verursacht, beschert sensiblen Menschen andererseits Schlaf- und Kreislaufstörungen. Die angewandte Stadtklimatologie beobachtet zunehmend die Veränderungen des Wärmehaushalts eines Ballungsraums durch Bebauung von Freiräumen und Lückenschließungen. Sie gibt umgekehrt der Stadtplanung Maßgaben mit auf den Weg, wie auf Temperaturzonen zu reagieren wäre, Planungshinweise die über diejenigen der Klimafunktionskarte im Umweltatlas Berlin weit hinaus gehen können. Was das konkret bedeutet, zeigt das folgende Beispiel:

Signale

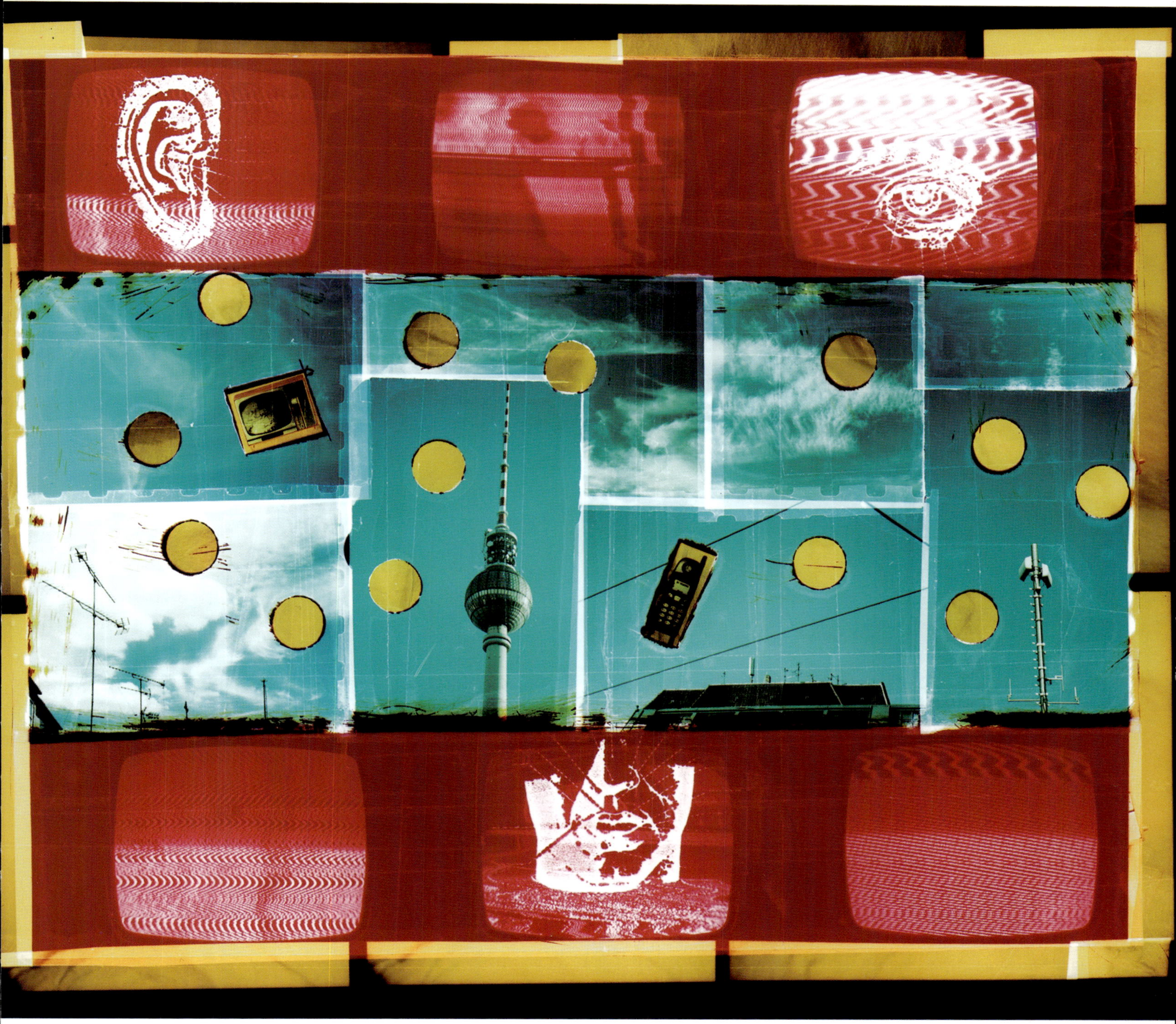

Im Juni 1999 wurde der lange umstrittene Bebauungsplan für den Alexanderplatz beschlossen. Ab dem Jahr 2001 sollen dort zehn 150 Meter hohe Turmhäuser in den Himmel wachsen. Die Klimafunktionskarte beschreibt den zentralen Belastungsbereich Alexanderplatz heute als einen Bereich, dessen Kleinklima sehr sensibel auf Nutzungsänderung durch Bebauungen reagiert. Welche konkreten Veränderungen dieser bauliche Kraftakt für das Platzklima mit sich bringen wird, untersucht ein Gutachten zu Stadtklimatologie und Lufthygiene. Ein Schwerpunkt des Gutachtens gilt der Verschattung durch den Hochhauskranz. Jedoch wirkten sich gerade diese Schattenwürfe positiv auf die Abkühlung der Wärmeinsel aus.

Das dürfte dem Klima-Michel gefallen. Denn das überhitzte Straßenpflaster würde sich im mächtigen Schatten der Hochhäuser angenehm abkühlen. Die Planungshinweise, die aus dem Klima-Gutachten ergehen und auch die zugigsten Ecken der Neubebauung mit einschließen, schlagen daher lediglich Nutzungsanpassungen vor. Ein stadtklimatisch unverantwortliches Projekt ist die Bebauung daher nicht, vorhandene Probleme verschieben sich lediglich. Alex und Michel werden sich deshalb wohl gut miteinander verstehen.

Am Beispiel der ehemaligen Großbaustelle Potsdamer Platz lässt sich ersehen, wie Bebauungsstrukturen auf das Stadtklima Einfluss nehmen können. In die letzte Frischluftschneise vom Gleisdreieck zum südlichen Tiergartenrand schiebt sich dort nun ein Sperrriegel, der den Luftaustausch einschränkt. Als einzelne Setzung wird sie kaum auf der Klimafunktionskarte sichtbar werden. Aber die Summe neuer Projekte und die zunehmende Verdichtung bringen Veränderungen. Indessen wäre es wenig sinnvoll, aus diesem Grund einen Baustopp im Zentrum zu verfügen. Denn gerade Nachverdichtung, Innenentwicklung und Bestandsmodernisierung weisen allemal bessere Energiebilanzen als die Kohlendioxid-Schleuder freistehendes Einfamilienhaus auf, das im Durchschnitt 300 Prozent mehr Energie als eine Geschosswohnung verbraucht.

Das Treibhausgas Kohlendioxid wird in Berlin zu je einem Sechstel von der Industrie und vom Kfz-Verkehr, zu je einem Drittel von Haushalten und Gewerbe produziert. Der Pro-Kopf-Ausstoß der Stadt ist zwischen 1990 und 1997 bereits um rund 17 Prozent gesunken. Eine weitere Verminderung hängt neben den CO_2-reduzierenden Maßnahmen der Energieversorger auch von der Senkung des Verbrauchs selbst ab. Deshalb muss die Bestandssanierung des Stadtkörpers und seiner Gebäude mehr Gewicht bekommen.

Schon auf der Berliner Klima-Konferenz 1995 hat sich Deutschland verpflichtet, bis 2005 seinen CO_2-Ausstoß um ein Viertel gegenüber 1990 zu senken. Berlin als Teil eines Klima-Bündnisses europäischer Städte setzte sich ein ebensolches Ziel. Ein vieldiskutiertes Instrument, das so genannte Joint Implementation (JI), soll den Handel mit Emissionen und den Verkauf von Quoten an andere Länder erlauben. Unter JI wird die Durchführung von CO_2-reduzierenden Maßnahmen in Entwicklungsländern mit Hilfe von Industrieländern verstanden. Industrieländer können sich diese Hilfe auf ihre nationale Klimabilanz anrechnen lassen, und nur so werden sie meist auch ihre Verpflichtungen zur CO_2-Verringerung erfüllen können.

Klimatische Entlastungsbereiche

Noch aus einem anderen Grund, jenseits der verbesserten Energiebilanz der verdichteten Bauweise, ist maßvolle Innenentwicklung und Nachverdichtung von Bedeutung: wenn es um den Erhalt der Grünkeile und Freiflächen sowie die möglichst geringe Störung der reinigenden Kaltluftbewegungen geht. Die sternförmige Siedlungsstruktur Berlins fördert bis heute die gute Luftzufuhr zur Innenstadt. Diesen Zustand zu erhalten und Einschränkungen mit Ausgleichsflächen zu kompensieren, ist formuliertes Ziel einer Stadtentwicklung, die sich auf das Erneuern von Ressourcen beruft. Sollte etwa das offene Feld des Flughafens Tempelhof nach der möglichen Schließung zum Lustobjekt einer Bebauung werden, kann der stadtklimatische Kühlschrank schwerlich erhalten bleiben. Es ist ein Spagat, der in Tempelhof nach Ende des Flugbetriebes gelingen muss. Die Klimafunktion am offenen Wiesenmeer, einer riesigen Rasenfläche umgrenzt von einer achtreihigen Baumallee, soll trotz des fiskalischen Verwertungsdruckes erhalten bleiben.

Grün

GESCHÜTZTE GRÜNANLAGE
GESETZ VOM 24. 11. 1997
adidas
Volkspark
Hasenheide
Friedrichs-
hain

Den Zusammenhang zwischen Bau-, Frei- und Vegetationsflächen stellt die Klimafunktionskarte dar, die für die jeweiligen Zonen – Entlastungs- und Belastungsbereiche – Planungshinweise gibt. Demzufolge kennzeichnet die Karte die Berliner Wälder als Entlastungsbereiche der überhitzten Innenstadt, denn sie haben unmittelbaren Einfluss auf die angrenzenden Siedlungsräume und sind zugleich höchst empfindlich gegen Eingriffe. Doch diese grünen Lungen werden heute längst in ihren ehedem entscheidenden, natürlichen Standortbedingungen fast vollständig fremdgesteuert. Den hausgemachten Luftverunreinigungen fällt hierbei die Schlüsselrolle zu. Die Auswirkungen reichen von der Ausdünnung der Baumkronen bis zu unsichtbaren Schäden. Ein jährlicher Waldzustandsbericht zeigt die kausalen Zusammenhänge dieser Störungen. 1999 waren in Berlin 52,7 Prozent der Waldfläche leicht und 17,8 Prozent deutlich geschädigt. Im Vergleich zu 1998 bedeutet dies insgesamt eine Zustands-Verschlechterung. Im Bundesdurchschnitt allerdings liegt die deutliche Schädigung bei 22 Prozent mit der Tendenz zur Abnahme. Der Schadstoffpuffer Wald ist ständig überbeansprucht. Als Gedächtnis des Industriezeitalters speichert er den Eintrag äußerst langfristig. Der Rückgang der direkten Immissionsbelastung aus Schwefeldioxid lässt den Wald wohl aufatmen, jedoch strapazieren ihn nun Ozonbelastung und bodenversauernder Stickstoff.

Es war zu Anfang des 20. Jahrhunderts eine vorausschauende Entscheidung des Berliner Magistrats, die riesigen Waldflächen der drastisch wachsenden Stadt einzuverleiben und den Berlinern den Naherholungsraum zu sichern. West-Berlin zu Mauerzeiten förderte aufgrund der eindeutigen Deklaration des Waldes als Erholungsgebiet die „artgerechte" Mischwaldpflege. Auch im Ostteil hatte der Forstbetrieb den Sonderauftrag, einen „Erholungswald" zu schaffen. Aus diesen Gründen unterscheidet sich heute noch der Berliner Forst von Brandenburger Monokulturen. Der Berliner Wald leidet jedoch zunehmend unter Motorisierungsschub und Freizeitindustrie. Dabei treffen hier zwei sehr verschiedene Wachstumsgeschwindigkeiten aufeinander, wobei die eine, das Nachwachsen der Ressource, der anderen, der stetig wachsenden Nachfrage nach Wald, nicht Paroli bieten kann. Wer langfristig verlieren wird, scheint heute bereits klar. In außereuropäischen Metropolen versucht man dieser Entwicklung teilweise entgegen zu steuern, unter dem Stichwort Urban Forestry entstehen urbane Aufforstungsprogramme zur Korrektur von stadtstrukturellen Fehlentwicklungen.

Großstadtrauschen

Berlin-Friedrichshain, Frankfurter Allee. „Wie Berlin klingt? Megalaut!", so brüllen befragte Kids, ohne dabei die Kopfhörer ihres Walkmans abzunehmen, ins Mikrofon des Aufnahmegeräts. Die Zahlen für diesen Ort unterfüttern, auch ganz ohne Walkman, diese Wahrnehmung. So erreicht die Lärmbelastung an den Radialstraßen im Bezirk Friedrichshain einen Tagesbeurteilungspegel von über 70 bis 80 dB(A) – das entspräche einer Diskothekenbeschallung. Die Werte sind Hochrechnungen auf der Basis von Verkehrszählungen. Sie sind aus der Straßenverkehrslärmkarte oder aus der Digitalversion des Umweltatlasses für jedermann genau herauszulesen. Adressenscharf ist im Hauptstraßennetz bekannt, wer an welchem Ort welcher Stärke der Lärmbelastung ausgesetzt ist. Tagsüber sind es insgesamt rund 266.000 und nachts rund 276.000 Berlinerinnen und Berliner, die unter Straßen-, Schienen- und Flugverkehrslärm oberhalb der gesundheitsrelevanten Schwelle von 65 dB(A) tags, bzw. 55 dB(A) nachts leiden. Die Belastung lässt sich im Vergleich besser nachvollziehen. Am Tag haben die Geräusche die Lautstärke eines Gesprächs in unmittelbarer Nähe, nachts die eines säuselnden Radios. Dieses unüberhörbare Großstadtrauschen ist hauptsächlich vom Straßenverkehr verursacht. Über den geraubten Schlaf hinaus erhöht Verkehrslärm nachgewiesener maßen das Risiko zu Herz-Kreislauferkrankungen.

Lokal begrenzte Lärmquellen, wie jene aus Schienenverkehr oder Gewerbe, ließen und lassen sich leichter eindämmen. Vom Fluglärm betroffen ist eine weit geringere Anzahl der Berliner. Durch die Schließung der Flughäfen Tegel und Tempelhof bei Ausbau des Flughafens Berlin-Schönefeld zu Berlin Brandenburg International (BBI) wird sich in den momentan überflogenen sieben Bezirken – Reinickendorf, Wedding, Spandau, Pankow, Schöneberg, Tempelhof und Neukölln – der Lärmeintrag schlagartig verringern. Dort dürften beim Landeanflug der Großraumjets wohl keine Kaffeetassen mehr klappern. Dagegen werden in Treptow und Köpenick und einigen Brandenburger Gemeinden die Anwohner, allerdings eine wesentlich geringere Anzahl, die Zunahme des Fluglärms umso stärker spüren. Andere punktuelle Lärmquellen der Stadt, wie eine jubelnde Menge Fußballfans im Olympiastadion, die an bis zu 18 Tagen im Jahr bei sogenannten seltenen Ereignissen die Richtwerte überschreiten dürfen, sind Anwohnern der Sportstätten zuzumuten, wenn sie auch schwer zu ertragen sein mögen.

$CO + NaOH \rightarrow H-C(=O)O^- Na^+$
$H-C(=O)OH \rightarrow CO + H_2O$
Schwefeldioxyd-u. Stickoxyd-verursacher
SO_2
NO_x
Kraftwerke Fernheizwerke
Verkehr
Industrie
Haushalte Kleinverbraucher

Der gesetzliche Auftrag zur Lärmminderung, der nur in einem gesamtstädtischen Konzept sinnvoll umgesetzt werden kann, würde zum Beispiel die Verminderung der Kfz-Verkehrsströme und deren Verlegung aus sensiblen Bereichen beinhalten. Allein für rund 200.000 Anwohner des übergeordneten Straßennetzes müsste der Lärm grundsätzlich um bis zu 15 dB(A) vermindert werden. Eine Verringerung um 10 db(A) nimmt das menschliche Ohr bereits als eine Halbierung wahr. Straßenrückbau, ein Mittel zur Lärmreduktion und zitiertes Thema der Stadtentwicklung nach dem Planwerk Innenstadt, muss allerdings vorsichtig ausbalanciert sein, damit in den neuen urbanen Räumen nicht tatsächlich mehr Lärm produziert, sondern gleichzeitig Verkehr vermieden wird. Den restlichen Lärmeintrag in den Wohnungen der Stadt dann nicht nur in erträgliche, sondern auch noch beruhigende Töne zu verwandeln, wäre ein phantastische Vision für Verkehrsplaner und Lärmexperten. Musik für den Blick nach draußen nannte sich 1999 eine temporäre Installation in der Neuen Nationalgalerie. An der Glasscheibe waren Lautsprecher befestigt, aus denen vielstimmiges Gezwitscher tönte. Bei gleichzeitigem Blick in den Skulpturengarten wähnte sich der Besucher in einem exotischen Paradies. Das fremde, doch vertraute Geräusch war nichts anderes als digital verzerrter Verkehrslärm. Die poetische Idee wird sich allerdings so schnell nicht verwirklichen lassen, auch nicht mit äußerstem politischem Willen. Bislang liegt es wohl noch in jedes Einzelnen Mitverantwortung, sich für Technologien zu entscheiden, die für Luft, Klima und Lärm nicht nur das Erreichte sichern, sondern den Zustand darüber hinaus verbessern.

Ohnedies warten auf uns bald vielleicht schon neue Handlungsfelder. Wie sieht es etwa mit der Mobilfunkstation auf dem Dach des Nachbarhauses aus? Heute geben die Netzbetreiber wohl Entwarnung für die diffusen Ängste vor Elektrosmog, einer möglichen neuen, in der Luft liegenden Belastung. Dass hohes wirtschaftliches Interesse bei einem derartigen Wachstumsmarkt Tendenzen zum Abwiegeln entwickelt, gibt dem Endverbraucher nicht unbedingt mehr Sicherheitsgefühl. Was erwartet uns in einigen Jahrzehnten also, werden wir dann zwar kein Luftgüte-Messnetz mehr brauchen, aber dafür vielleicht eines für Elektrosmog? ■

Literatur

Binger, Lothar: Himmel, Rauch und Care-Pakete. Eine Geschichte der Luft. Berlin 1998.

Senatsverwaltung für Stadtentwicklung und Umweltschutz (Hg.): Emissionen in Berlin. Energieverbrauch und SO_2-Emission seit 1900. Berlin 1981.

Senatsverwaltung für Stadtentwicklung und Umweltschutz (Hg.): Das Luftgüte-Meßnetz (BLUME). Informationsreihe zur Luftreinhaltung. Berlin 1995

Senatsverwaltung für Stadtentwicklung und Umweltschutz (Hg.): Umweltatlas Berlin. Berlin 1995.

Senatsverwaltung für Stadtentwicklung, Umweltschutz und Technologie (Hg.): Heizen mit Klasse. Berliner Heizspiegel für zentralbeheizte Wohngebäude. Berlin 1999

Senatsverwaltung für Stadtentwicklung, Umweltschutz und Technologie (Hg.): Vom Flughafen zum Park der Luftbrücke. Konzept Nachnutzung Flughafen Tempelhof. Berlin 1999

Senatsverwaltung für Stadtentwicklung, Umweltschutz und Technologie (Hg.): Luftverunreinigungen in Berlin im Jahr 1996/1997/1998. Ergebnisse des Berliner Luftgüte-Meßnetzes (BLUME). Berlin 1996/1997/1998

Born, Franz: Berliner Luft. Eine Weltstadt und ihr Komponist Paul Lincke. Berlin 1966

Kaiser, Klaus: Elektrosmog. Stuttgart 1995

Stark, Susanne: Implementation der Lokalen Agenda 21 in Verwaltungshandeln am Beispiel Energie. Wuppertal 2000

Die Autorin dankt den folgenden Mitarbeitern der Berliner Senatsverwaltung für Stadtentwicklung für Hinweise und Anregungen: Hermann Blümel (Luftreinhaltung), Olaf Gröndahl (Lärmbekämpfung und Lärmvorsorge), Ulrich von Dewitz-Krebs und Jörn Welsch (Umweltpolitik).

The Scent of Big City

The very special character of the air in Berlin, also known as „Berliner Luft", was said to remind of champaign. In fact, in the 19th century the city's odeur was a breathtaking blend of industrial emissions and the smoke of coal burning in millions of tiled stoves. The 20th century saw the last period of severe air pollution around 1970, when West Berlin began to control the emission of harmful substances. A special air quality control system for West Berlin was developed in 1975, that has been operating for the reunified city since 1992/93.

The air quality has improved noticeably. Particularly the sulphur dioxide pollution has been clearly reduced – thanks to sophisticated filter systems in industry and power plants, but also because of the decline in industrial production, especially in the East part and, not least, the replacement of two-stroke-engine cars by modern catalytic converter cars. It could have been the great success story of environmental technologies helping to improve the living conditions in the city – if there wasn't the contrarywise dynamic of exploding figures in private and business traffic. The increasing rates of motorized mobility are going to offset the relieving effects. Inner city control stations always record exceeded emission of certain substances, even though Berlin ought to reduce the notorious dust pollution around 30–40 per cent by the year 2005 in order to meet European agreements.

But how to manage that? The permanently growing number of cars remains a serious problem. Today, 1,2 million cars are crowding in Berlin already, and that's not yet the limit. The high rates of dust emission in the city and its periphery have also natural reasons: the notorious sandy ground Berlin is built on. This geological disadvantage, however, is utterly amplified by car traffic as well as by the ongoing processes of demolition and building. The most problematic substance is the cancerous soot emitted by Diesel engines of cars and lorries in particular. While the so-called Winter Smog, a suffocating mixture of coal heating emissions and traffic pollution, could be reduced because of the due renovation of heat and power plants and home heating systems, the recurring problem of smog in summer could not be solved. The rates continue to be high, exceeding the limits too often. Again, the increasing volume of traffic is responsible.

Just like any other urban agglomeration is Berlin suffering from „chronic high temperature" in its centre. The inner city hothouse is a climatic problem on the local level, but also partly responsible for the global warming due to Carbon Dioxide emission. A special branch of climate research, that focuses on city climate, watches the temperature and climate of the inner city. These sensitive conditions change when open space and gaps are filled with buildings, when green is replaced by concrete. These changes are subject to city climatology, that also offers expertise for huge architectural projects like, for instance, Alexanderplatz. The experts know already, how the planned skyscrapers will influence the micro-climate in this area. The forests surrounding Berlin used to cool the „urban fever" quasi naturally. But they have suffered from airpollution and acid rain. The trees are seriously ill – visible and invisible. Malformed treetops are only the most obvious symptoms of ongoing attacks by traffic and leisure industry.

Finally, there is noise. For some it is the music of the city, for some it is a pain. 276000 Berliners suffer from noise 24 hours a day, caused by traffic on the streets, tracks and in the air. A city that never sleeps?

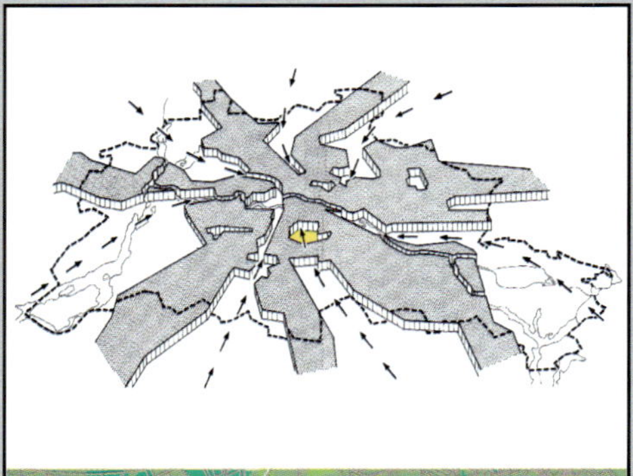

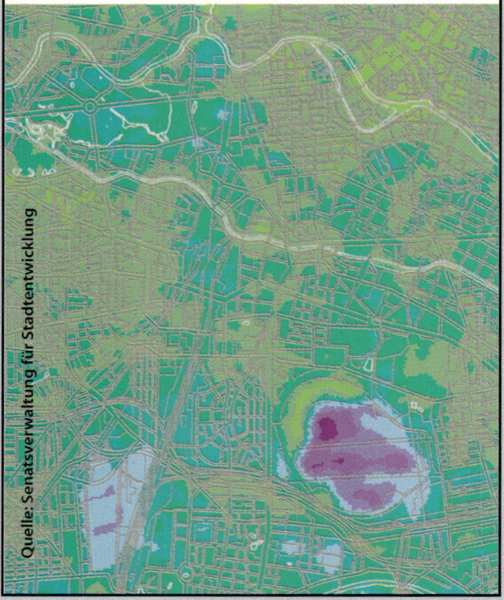

Quelle: Senatsverwaltung für Stadtentwicklung

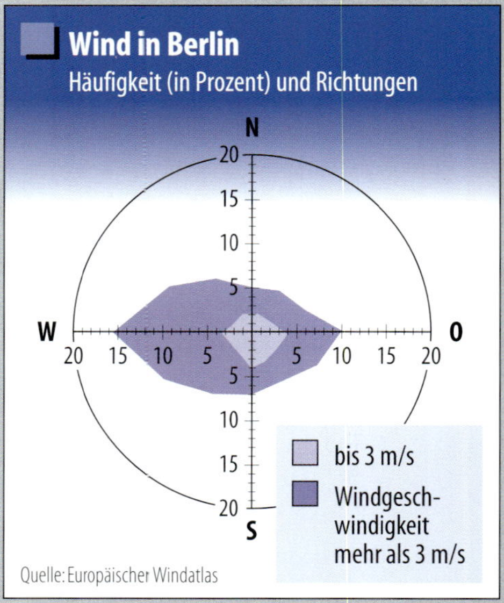

Quelle: Europäischer Windatlas

Windrosendiagramm:
Die Überlagerung großräumiger und lokaler Windereignisse ergibt ein räumlich komplexes und zeitlich variables Muster: die Windrose. Sie zeigt die prozentuale Häufigkeit der Windrichtung. Die Verteilung der Färbung zeigt die in Berlin herrschende Dominanz der Westwinde, die aufgrund des flachen Umlandes ungehindert über die Stadt hinwegwehen.

Stadtklimatologie:
Das Tempelhofer Flugfeld dient als Kühlschrank und Frischluftinsel im dichten Häusermeer. Die gelbe Färbung in der Isometrie zeigt das Flugfeld als Teil einer Frischluftschneise, die sich von Süden kommend bis in die Innenstadt erstreckt. Die blaue Färbung in der darunter liegenden Karte zeigt die nächtliche Temperaturabsenkung auf dem Flugfeld gegenüber dem bebauten Umfeld.

Quelle: GRI mbh, Berlin (Juli 1998)

Quelle: GRI mbh, Berlin (Juli 1998)

Soundplan:
Die Rasterlärmkarte der Gertraudenstraße im Bezirk Mitte zeigt eine flächendeckend hohe Belastung vor allem durch den Verkehr (tagsüber zwischen 6.00 und 22.00 Uhr) . Durch die geplante Straßenrandbebauung werden die Lärmemissionen jedoch so kanalisiert, dass eine stärkere Unterscheidung nach lauten und weniger lauten Bereichen möglich wird. Die Farben geben Auskunft über die Höhe der Lärmbelastung.

- mehr als 70 db (A)
- 60 bis 65 db (A)
- weniger als 55 db (A)

Berliner Luft:
Seit 1989 ist die Luft im Raum Berlin deutlich sauberer geworden. Dies hängt auch damit zusammen, dass nach der Wiedervereinigung viele Industriebetriebe im Ostteil der Stadt geschlossen wurden. Auch der Rückgang der Ofenheizungen in den Haushalten reduziert die Emissionen, die bei der Verfeuerung fossiler Brennstoffe entstehen.

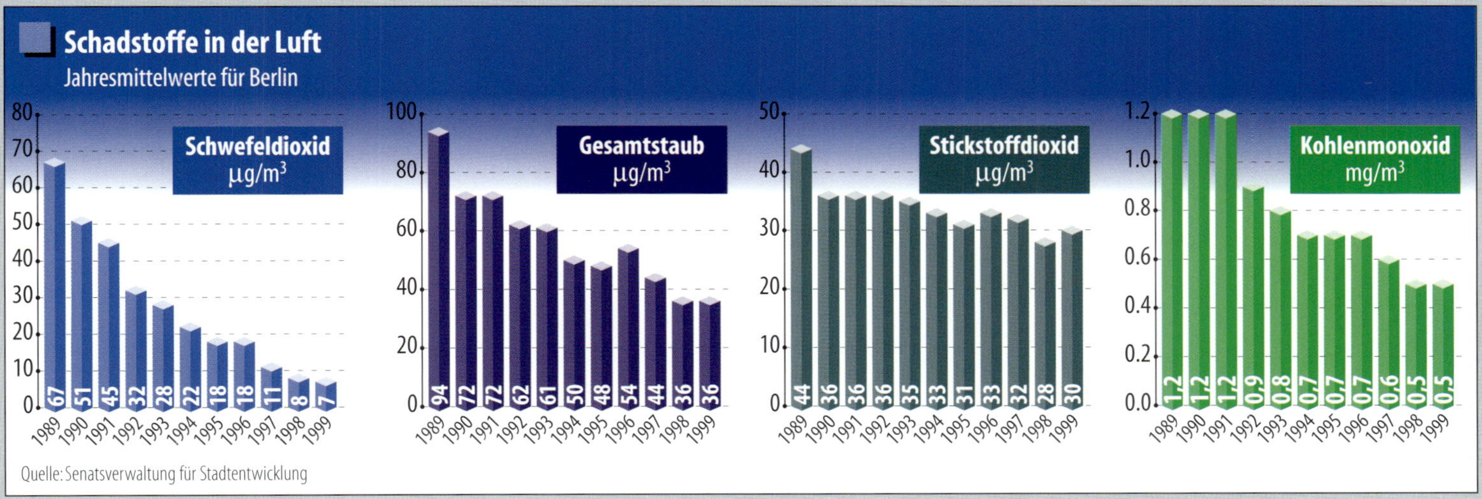

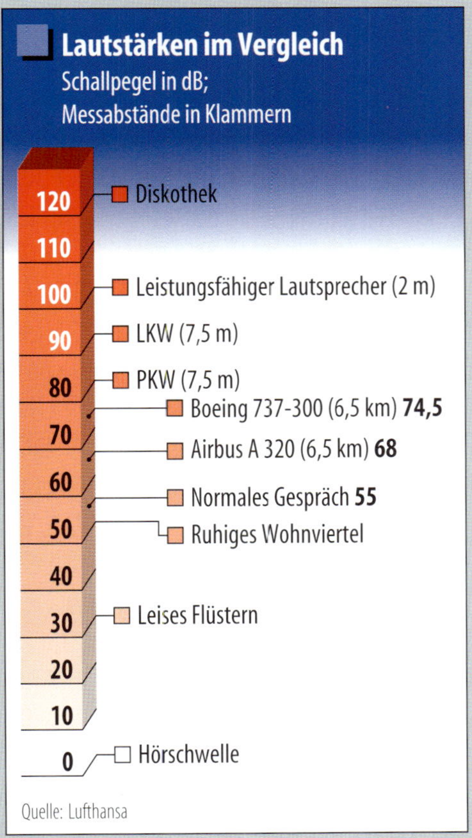

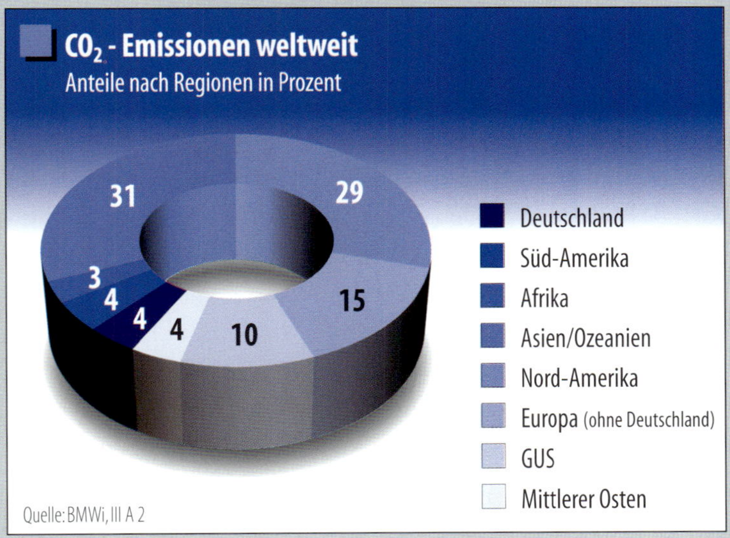

Globaler Klimahaushalt:
In Deutschland werden vier Prozent des weltweit emittierten Kohlendioxids ausgestoßen, obwohl Deutschland nur einen Anteil von 1,2 Prozent an der Weltbevölkerung hat. Der Berliner Senat hat sich vor diesem Hintergrund zum Ziel gesetzt, den CO_2-Ausstoß bis 2010 um 25 Prozent gegenüber 1990 zu senken.

ALVAR AALTO, HELSINKI • RAIMUND ABRAHAM, NEW YORK • KURT ACKERMANN, MÜNCHEN • BERND ALBERS, BERLIN • WILLI ALSOP, JAN STÖRMER LONDON/HAMBURG • HEINZ AUST, GÜNTER KUNERT, HORST BAUER, BERLIN • JACOB BEREND BAKEM HENDRIK VAN DEN BROEK, ROTTERDAM • LUCIANO BALDESSARI, MILANO • HINRICH UND INKEN BALLER, BERLIN • DIETRI BANGERT, BERLIN • EMILIO BATTISTI, MILANO • AUGUSTO ROMANO BURELLI, UDINE • PAUL BAUMGARTEN, BERLIN • GÜNT BEHNISCH, STUTTGART • GÖTZ BELLMANN, WALTER BÖHM, BERLIN • ALFRED BERGER, TIINA PARKKINEN, WIEN • HELGE BOFING WIESBADEN • HANS BOGATZKY, BERLIN • GOTTFRIED BÖHM, KÖLN • FRITZ BORNEMANN, BERLIN • MARIO BOTTA, LUGAN GÜNTER BOY, BERLIN • ANDREAS BRANDT, RUDOLF BÖTTCHER, BERLIN • STEPHAN BRAUNFELS, MÜNCHEN • KLAUS TH BRENNER, BERLIN • PI DE BRUIN, AMSTERDAM • GEORG BUMILLER, BERLIN • HANS BUSSO VON BUSSE, MÜNCHEN • PET BUSMANN, GODFRIED HABERER, KÖLN • SANTIAGO CALATRAVA, ZÜRICH • DAVID CHIPPERFIELD, LONDON • DOUGLAS CLELLAN LONDON • HENRY COBB, NEW YORK • JOE COENEN, MAASTRICHT • EDMUND COLLEIN, BERLIN • PETER COOK, LONDON • CORBUSIER, PARIS • HARALD DEILMANN, MÜNSTER • PIETRO DEROSSI, TURIN • HANNELORE DEUBZER, JÜRGEN KÖNIG, BERLI ROGER DIENER, BASEL • FRITZ DIETER, GÜNTER FRANKE, BERLIN • MAX DUDLER, BERLIN • HANNS DUSTMANN, BERLIN • WERN DUTSCHKE, BERLIN • WERNER DÜTTMANN, BERLIN • ERASMUS UND PHILIPP ELLER, DÜSSELDORF • EGON EIERMANN, KARLSRU • PETER EISENMAN, NEW YORK • HERMANN FEHLING, DANIEL GOGEL, BERLIN • KAY FISKER, KØBENHAVN • LORD NORMAN FOST LONDON • JOACHIM GANZ, BERLIN • FRANK OWEN GEHRY, SANTA MONICA • MEINHARD VON GERKAN, VOLKWIN MAR HAMBURG • CARMEN GESKE, THOMAS WENZEL, BERLIN • EHRHARD GIẞKE, BERLIN • CHRISTOPHE GIROT, PARIS • HEI GRAFFUNDER, BERLIN • GIORGIO GRASSI, MILANO • VITTORIO GREGOTTI, MILANO • NICHOLAS GRIMSHAW, LONDON • WALT GROPIUS, CAMBRIDGE, MASS • DIETMAR GRÖTZEBACH, GÜNTER PLESSOW, EHLERS, BERLIN • MARTIN GRUBER, HELMUT KLEIN KRANEBURG, FRANKFURT A. M. • ANTOINE GRUMBACH, PARIS • ALFRED GUNZENHAUSER, PAUL SCHWEBES, BERLIN • RO GUTBROD, STUTTGART • ZAHA HADID, LONDON • HARDT- WALTHERR HÄMER, BERLIN • EGON HARTMANN, BERLIN • GUST HASSENPFLUG, MÜNCHEN • JOHN HEJDUK, NEW YORK • HERMANN HENSELMANN, BERLIN • HELMUT HENTRICH, HUBE PETSCHNIGG, DÜSSELDORF • BERNHARD HERMKES, BERLIN • HERMANN HERTZBERGER, AMSTERDAM • LUDMILLA HERZENSTE BERLIN • HEINZ HILMER, CHRISTOPH SATTLER, MÜNCHEN • HANS HOLLEIN, WIEN • WILHELM HOLZBAUER, WIEN • HANS HO BERLIN • TAKESHI INOUE, TOKIO • ARATA ISOZAKI, TOKIO • ARNE JACOBSEN, KØBENHAVN • HELMUT JAHN, CHICAGO • PHI JOHNSON, NEW YORK • JOCHEM JOURDAN, BERNHARD MÜLLER, BERLIN • PAUL UND PETRA KAHLFELDT, BERLIN • JOSEF KAIS BERLIN • HANS KAMMERER, WALTER BELZ, KLAUS KUCHER, BERLIN • GÜNTER ZAMP KELP, BERLIN • DIETER KIENAST, GÜNTH VOGT, ZÜRICH • JOSEF PAUL KLEIHUES, BERLIN • JAN KLEIHUES, BERLIN • MICHAEL KNY, BERLIN • GEORG KOHLMAIER, BARNA V SARTORY, BERLIN • HANS KOLLHOFF, HELGA TIMMERMANN, BERLIN • REM KOOLHAAS, ELIA ZENGHELIS, ROTTERDAM • ROLA KORN, BERLIN • HANNELORE KOSSEL, BERLIN • ROB KRIER, CHRISTOPH KOHL, LUXEMBOURG/BERLIN • GÜNTER KUNERT, BERLI THOMAS KRÜGER, CHRISTIANE SCHUBERTH, BERTRAM VANDREIKE, BERLIN • GUSTAV LANGE, HAMBURG • CHRISTOPH LANGH BERLIN • ULRIKE LAUBER, WOLFRAM WÖHR, MÜNCHEN • LUDWIG LEO, BERLIN • HILDE LÉON, KONRAD WOHLHAGE, SIEGFRI WERNIK, BERLIN • KURT W. LEUCHT, DRESDEN • DANIEL LIBESKIND, MILANO/ BERLIN • AXEL LIEPE, HARTMUT STEIGELMANN, BERL • ROMUALD LOEGLER, KRAKAU • HANS LOIDL, BERLIN • RAYMOND LOPEZ, EUGÈNE BEAUDOUIN, PARIS • WASSILI LUCKHAR BERLIN • CHRISTOPH MÄCKLER, FRANKFURT A.M. • MATORELL, BOHIGAS, MACKAY, BARCELONA • HEINZ MEHLAN, ERWIN KUSS BERLIN • PETER MEYER, BERLIN • LUDWIG MIES VAN DER ROHE, CHICAGO • JOSÉ RAFAEL MONEO, MADRID • MOORE, RUB YUDELL, SANTA MONICA • HANS CHRISTIAN MÜLLER, BERLIN • THOMAS MÜLLER, IVAN REIMANN, BERLIN • CORNELIA MÜLLER, J WEHBERG, BERLIN • KLAUS MÜLLER-REHM, BERLIN • JOACHIM NÄTHER, PETER SCHWEIZER, BERLIN • GERNOT UND JOHAN NALBACH, BERLIN • PIERLUIGI NICOLIN, MILANO • OSCAR NIEMEYER, RIO DE JANEIRO • KUNZ NIERADE, BERLIN • WALTER AR NOEBEL, BERLIN • JEAN NOUVEL, PARIS • LAURIDS UND MANFRED ORTNER, WIEN/ BERLIN • FREI OTTO, MÜNCHEN • RÜDIGER U JÜRGEN PATZSCHKE, RAINER-MICHAEL KLOTZ, BERLIN • RICHARD PAULICK, BERLIN • IEOH MING PEI, NEW YORK • GUSTAV PEICH WIEN • HERBERT PFEIFFER, CHRISTOPH ELLERMANN, LÜDINGHAUSEN • RENZO PIANO, CHRISTOPH KOHLBECK PARIS/STUTTGART • HELGE PITZ, ULRICH WOLFF, BERLIN • REGINA POLY, BERLIN • CHRISTIAN DE PORTZAMPARC, PARIS • MANFR PRASSER, WALTER SCHWARZ, DIETER BANKERT, BERLIN • HANS JOACHIM PYSALL, PETER STAHRENBERG, BERLIN • JAN UND RO RAVE, BERLIN • HANS-GÜNTHER ROGALLA, BERLIN • LORD RICHARD ROGERS, LONDON • WALTER ROLFES, BERLIN • ALDO ROS MILANO • SERGIUS RUEGENBERG, BERLIN • SEP RUF, MÜNCHEN • MATTHIAS SAUERBRUCH, LOUISA HUTTON, BERLIN/LONDO JÜRGEN SAWADE, BERLIN • HANS SCHAROUN, BERLIN • SCHLAICH, BERGERMANN, STUTTGART • ECKART SCHMIDT, BERLIN SCHNEIDER, SCHUMACHER, FRANKFURT A.M. • PAUL SCHNEIDER-ESSLEBEN, DÜSSELDORF • ERICH SCHNEIDER-WESSELIN DÜSSELDORF • KARL-HEINZ SCHOMMER, BONN • AXEL SCHULTES, CHARLOTTE FRANK, BERLIN • JOACHIM SCHÜRMANN, KÖL MARTHA SCHWARZ, NEW YORK • PAUL SCHWEBES, HANS SCHOSZBERGER, BERLIN • PETER SCHWEGER, HAMBURG • PET SCHWEIZER, BERLIN • HANS SCHWIPPERT, DÜSSELDORF • ALVARO SIZA VIEIRA, PORTO • FRANZ-HEINRICH SOBOTKA, GUST MÜLLER, BERLIN • KARL SOURADNY, BERLIN • GERHARD SPANGENBERG, BERLIN • GÜNTER STAHN, BERLIN • OTTO STEID MÜNCHEN • JAMES STIRLING, MICHAEL WILFORD, LONDON • ANATOLI STRYSJEWSKI, MOSKAU • HUGH A. STUBBINS, CAMBRIDC MASS. • CARL-ERNST SWORA, BERLIN • ADAM SYLVESTER, BUDAPEST • MAX TAUT, BERLIN • HEINZ TESAR, WIEN • KARL THOMAN HILTRUT DUQUESNOY, BERLIN • BENEDICT TONON, BERLIN • OSWALD MATTHIAS UNGERS, KÖLN • PIERRE VAGO, PARIS • CHRISTO UND DONATA VALENTIEN, MÜNCHEN • THOMAS VAN DEN VALENTYN, KÖLN • GINO VALLE, UDINE • CLAUDE VASCONI, PARIS • PET WALKER, SAN FRANZISCO • ERNST WALLIS, BERLIN • GESINE WEINMILLER, BERLIN • BERNHARD WINKING, MARTIN FROH, HAMBU • EDGAR WISNIEWSKI, BERLIN • ERNST ZINSSER, HANSRUDOLF PLARRE, HANNOVER • PETER ZUMTHOR, HALDENSTE

Die Textur der Stadt

TEXT HANS STIMMANN

PLAN TOBIAS NÖFER

Der Stadtgrundriss ist das Gedächtnis der Stadt. Ihre Physiognomie ist wesentlicher Teil der Architektur der Stadt. Die unterschiedlich breiten Straßen, ihre Führung mit oder gegen die Topographie, die Form und Größe der Plätze und Parkanlagen, die Lage der Kirchen, Rathäuser, Bahnhöfe einschließlich der großen technischen Infrastrukturen und der Bürgerhäuser machen die Geschichte der Stadt lesbar. Um die Physiognomie sichtbar werden zu lassen, bedarf es allerdings einer vom üblichen Stadtplan abweichenden Darstellungsmethode, des Schwarzplanes. Er kennt nur zwei Unterscheidungen, trennt bebaute von unbebauten Flächen, markiert die bebauten schwarz und lässt die unbebauten weiß – unbeschadet ihrer sonstigen architektonischen und topographischen Unterschiede. In der radikalen Vereinfachung liegt der eigentliche Wert von Schwarzplänen. Denn wie einzelne Buchstaben Worte und Sätze bilden und Geschichten erzählen, entsteht aus einzelnen Gebäuden die Textur einer Stadt. Im Berlin der Nachkriegszeit ist die Textur besonders in der Innenstadt gleich mehrfach energisch überschrieben worden. Gesellschaftliche Veränderungen und neue politische Ziele begnügten sich nicht mit dem Redigieren des vorhandenen Textes, sondern forderten im Bruch mit der Geschichte etwas radikal anderes. Zum Zeitpunkt der Wende waren daher der einprägsame aus dem 13. Jahrhundert stammende Grundriss der Gründungskerne Berlin und Cölln sowie seine barocken Stadterweiterungen aus dem 17. Jahrhundert fast völlig ausgelöscht. Um den seit Ende des Krieges andauernden Prozess des Überschreibens, Auslöschens, Neuschreibens und die nach 1989 einsetzende kritische Rekonstruktion der historisch gewachsenen Stadt sichtbar zu machen, wird in den dargestellten Plänen die Physiognomie der Stadt in fünf Zeitabschnitten dokumentiert: 1940, 1953, 1989, 2000 und 2010. Anhand der erstmals für die gesamte Innenstadt Berlins erstellten Schwarzpläne lässt sich die Berliner Städtebau- und Architekturgeschichte und damit ein wichtiges Stück deutscher Städtebaugeschichte besser denn je lesen.

Berlin um 1940

Dargestellt ist der Gebäudebestand der Stadt vor den ersten Kriegszerstörungen. Der Stadtkörper ist als gewachsene Struktur noch weitgehend intakt. Allerdings sind hier bereits die Abriss- und Neubauarbeiten aus der nationalsozialistischen Stadtplanung sichtbar (Kulturforum, Spreebogen, Molkenmarkt). Grundlage der Recherche bildeten die Luftbilder der Befliegungen von 1939/40 und die Stadtpläne Berlins im Maßstab 1:4000 aus dieser Zeit. Schwarz dargestellt sind Gebäude, die bis heute erhalten geblieben sind; blau dargestellt sind Gebäude, die im Zeitraum 1940 bis 2000 abgerissen wurden.

Alle Pläne im Maßstab ca. 1:25000

Das Gedächtnis der Stadt

Der Stadtgrundriss dokumentiert in seiner aktuellen Fassung immer den jeweiligen baulichen Zustand, den die Stadt im Laufe ihrer Geschichte durchläuft: Gebäude werden überbaut oder abgerissen, Parzellen zusammengelegt, die Stadt wird erweitert. Im Schwarzplan werden nur die Grundflächen der Häuser sichtbar; die dritte Dimension bleibt ausgeklammert und wird allenfalls durch den in der Bauordnung zugelassenen Abstand von zwei Gebäuden zueinander interpretierbar. Die Architektur reduziert sich in dieser einheitlichen Darstellung auf typologische Grundaussagen. Die Textur einer Stadt spiegelt die Summe komplementärer Orte wider, die nebeneinander existieren, sich überlagern oder andere miteinander verketten. Jeder Ort hat seine eigene Charakteristik. So gesehen kann die Stadt als Collage gelesen werden, in der sich städtebauliche Haltungen, gesellschaftliche Ansprüche und der Umgang mit Geschichte baulich manifestiert haben.

Dabei ist es für das 20. Jahrhundert charakteristisch, dass sich besonders der Grundriss in den kriegszerstörten Städten Europas nach 1945 gravierend verändert hat. Deutlich wird dies im Vergleich mit Städten, die keine Bombenschäden erleiden mussten und so ihre Permanenz im Grundriss aufrecht erhalten konnten. Auch wenn neue Gebäude entstanden, einzelne Straßen verbreitert wurden, so haben die Innenstädte von Amsterdam, Budapest, Lissabon, Madrid, Mailand, Paris oder Wien ihre Physiognomie weitgehend erhalten. Das Vorhandene bildete das Fundament für das Neue, das akzeptiert wurde, weil es in eine Tradition gestellt wurde. Die Tradition heißt Geschichte, und das Weiterentwickeln der Tradition markierte bis zum Ende des 19. Jahrhunderts den Fortschritt. Die Parzelle war der bestimmende Parameter für die Form der Stadt, die sich nur langsam veränderte. Stadttextur lesen heißt, die Stadt als Text verstehen. Der Planer, Städtebauer und Architekt muss daher seine Stadt immer wieder neu redigieren, sie auf orthographische Fehler durchgehen, ihr an einigen Stellen neue Kapitel hinzufügen, an anderer Stelle etwas kürzen, den Text unter dem Gesichtspunkt der aktuellen gesellschaftlichen und politischen Leitbilder durchsehen, ohne ihn komplett neu zu schreiben.

Der Vergleich von Schwarzplänen unterschiedlicher Metropolen sagt viel über die Haltung ihrer Planer und Bewohner zur eigenen Geschichte und zu ihrem Fortschrittsbegriff aus.

Der Städtebauer ist der Herausgeber der Stadttextur. Er trägt Verantwortung gegenüber seinen Zeitgenossen, aber auch gegenüber der Geschichte und deren baulichen Zeugnissen. Die Städtebauer der Moderne haben ganz bewusst der überkommenen Textur der Stadt den Kampf angesagt. Allen voran Le Corbusier, Ludwig Hilberseimer und nach 1945 Hans Scharoun als Berliner Stadtbaurat. Wo seit Jahrhunderten die Gebäude zu Straße und Platz hin orientiert waren, die Fassade den Übergang markierte zwischen öffentlichem Stadtraum und privatem Grundstück, schuf die Moderne Objekte im fließenden Raum. Sie wurden erschlossen durch freischwingende Straßen, die – oft in mehreren Ebenen – der Logik der automobilen Geschwindigkeit gehorchten. In diesen neuen Strukturen hat die Stadt ihre Identität verloren. Die traditionelle Stadt mit ihren Korridorstraßen und geometrischen Platzräumen wurde aufgelöst zugunsten einer frei komponierten Ansammlung von Objekten, die allenfalls abstrakt aufeinander Bezug nehmen. Da sich diese unterschiedlichen städtebaulichen Leitbilder der Nachkriegsjahrzehnte in Ost und West nie vollständig durchgesetzt haben und ihre Muster rasch wechselten, besteht die reale Stadt aus einer Ansammlung von Fragmenten unterschiedlicher städtebaulicher und stadtpolitischer Begründungen.

Die Architektur der Stadt und Collage City

Die für die Berliner Debatte wichtigste Kritik am naiven Funktionalismus formulierte Aldo Rossi in seinem 1966 erschienenen Buch Die Architektur der Stadt. Skizze zu einer grundlegenden Theorie des Urbanen. Er begreift Stadt als Architektur, sieht sie als räumliche Struktur bei der das Ganze wichtiger ist als seine Teile und dass dieses Ganze aus allen städtebaulichen Phänomenen besteht, vom Straßensystem und der Stadttopographie bis zu den Dingen, die man erfährt, wenn man eine Straße auf und ab fährt". Dabei sind ihm die Gestalt der Grundstücke in einer Stadt, ihre Entstehung und Entwicklung" als Abbild der langen Geschichte des Grundeigentums in einer Stadt" besonders wichtig. Seine zentrale Denkkategorie ist schließlich die der„Permanenz" des Stadtgrundrisses und der Baudenkmäler im Sinne des Überdauerns der baulichen Form, die uns die Vergangenheit noch heute erfahrbar macht.

Rossis Kritik am naiven Funktionalismus erreichte zuerst die Universitäten, blieb aber zunächst ohne Einfluss auf die praktische Planungspolitik, die in den späten Sechziger- und frühen Siebzigerjahren den städtebaulichen Kahlschlag munter fortsetzte. So etwa wurde Ende der Sechzigerjahre nahezu ohne fachlichen Protest Alt-Cölln, der älteste Berliner Gründungskern, niedergelegt, um dort dem Dogma des Funktionalismus folgend 22-geschossige Wohnhochhäuser zu errichten. Die verspätete Rezeption von Rossis bahnbrechenden städtebautheoretischen Überlegungen, zur Permanenz des Stadtgrundrisses als Gedächtnis der Stadt, ist gleichermaßen tragisch wie typisch für Berlin – tragisch, weil Berlin in Rossis Arbeiten eine zentrale Rolle gespielt hat und typisch, weil für die Berliner Stadtplanung die Worte Permanenz und Stadtgrundriss bis in die späten Siebzigerjahre als negativ besetzte Kampfbegriffe ewig gestriger Nostalgiker galten. Erst im Programm für die Internationale Bauausstellung (IBA) kam die Überzeugung zum Ausdruck, dass Städtebau und Erinnerung zusammen gedacht werden müssen. Die historische Grundstruktur der Stadt müsse, wie es programmatisch in einem Beschluss des Senats von Westberlin hieß, zur Grundlage der Stadtentwicklung werden.

Seit Beginn der Moderne haben abwechselnde Leitbilder dafür gesorgt, dass die Grundregeln städtebaulichen Entwerfens systematisch missachtet wurden.
Ziel war nicht, Räume im traditionellen Sinne zu entwerfen, sondern Stadtlandschaften der Moderne.

Den Verlust der Stadttextur in der Moderne haben 1978 auf andere Art und Weise Colin Rowe und Fred Koetter in ihrem Standardwerk Collage City analysiert. Ihr Buch gilt als einer der wichtigsten Beiträge zur Architekturtheorie der Postmoderne. Ihre Darstellung verschiedener Städte in Form von Schwarzplänen dient ihnen als zentrale Argumentationshilfe. In der Gegenüberstellung von traditioneller Stadt und Stadt der Moderne werden die Unterschiede grafisch offengelegt. Der Plan der traditionellen Stadt ist nahezu schwarz und stellt eine Ansammlung von Räumen dar, der andere Plan ist nahezu weiß und zeigt Objekte im fließenden Raum. Dass die Baumassen die städtebaulichen Räume definieren, wie dies in alten Städten der Fall ist, ist in der Stadt der Moderne nicht möglich. Der Kontext, die selbstverständliche Lesart auf der Grundlage historischen Wissens, ist verloren gegangen. Rowe/Koetter benutzen in diesem Zusammenhang den Begriff der Bricolage, was man mit dem Begriff Bastelei übersetzen könnte. Übertragen hieße das: Seit Beginn der Moderne haben abwechselnde Leitbilder dafür gesorgt, dass die Grundregeln städtebaulichen Entwerfens – nämlich, urbane Räume zu schaffen – systematisch missachtet wurden. Das Ziel war nicht, Räume im traditionellen Sinne zu entwerfen, sondern Stadtlandschaften der Moderne.

Berlin um 1953

Zu Beginn der Fünfzigerjahre sind die Aufräumarbeiten der Kriegsschäden weitgehend abgeschlossen. Die beste Grundlage zur Dokumentation dieses Zustands bildet das Luftbild der Befliegung vom Juni 1953. Zusätzlich lagen die Pläne im Maßstab 1:4000 von 1950 und diverse einzelne Luftbilder sowie zeitgenössische Fotografien vor. Von den um 1940 vorhandenen Gebäuden wurden hierbei als zerstört gekennzeichnet, die entweder durch den Krieg vernichtet oder beschädigt und abgeräumt wurden.

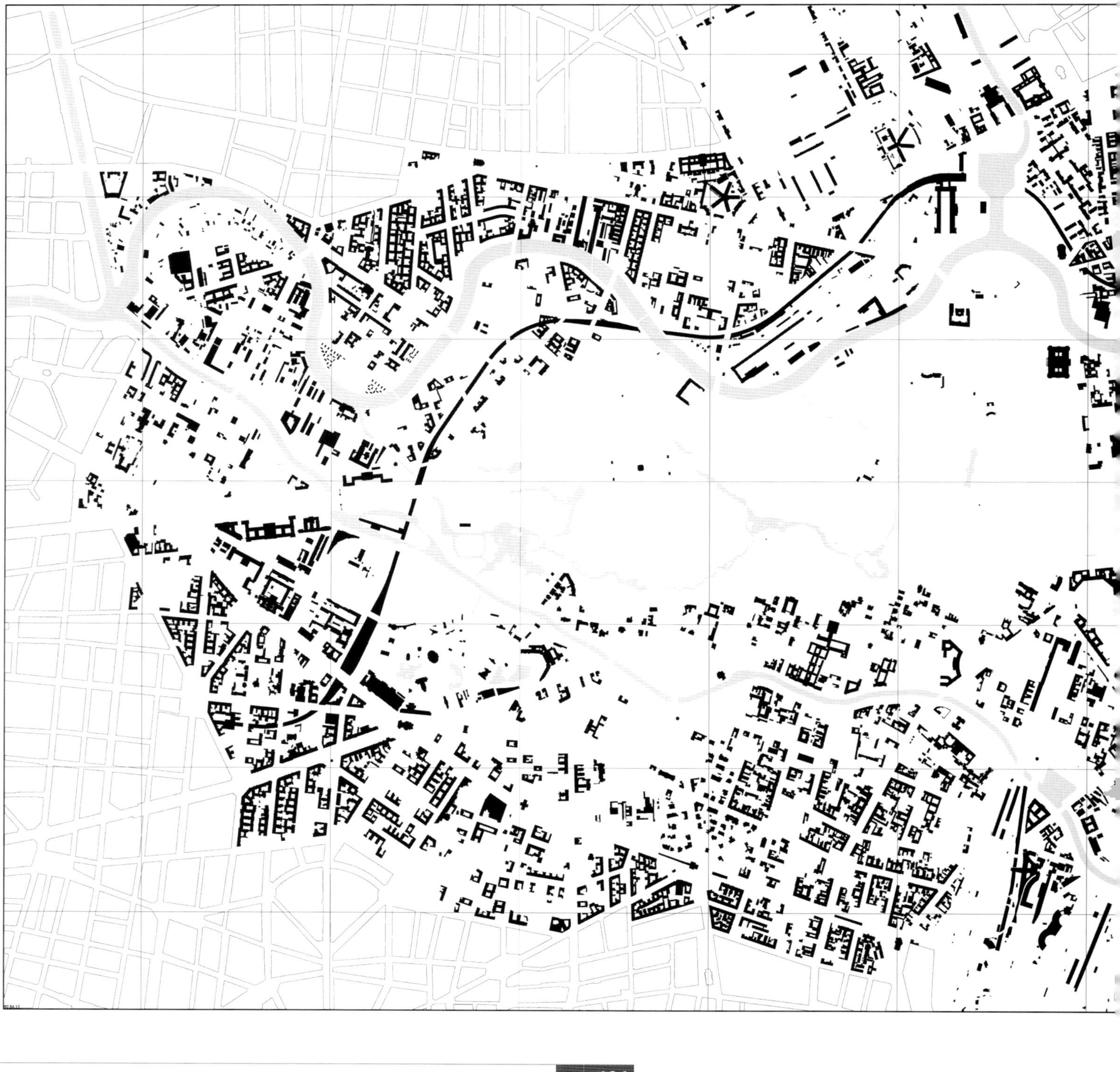

Die Kritik von Aldo Rossi und die Schwarzplan-Analysen von Collage City blieben auch in Berlin nicht ohne Folgen. Nach und nach wurde der Stadtkörper in seiner eindrucksvollen Lesart des Schwarzplans wieder analytisches Instrument der Arbeit von Architekten. Die Kritik am naiven Funktionalismus der Moderne vereinte Architekten, die an der Textur der europäischen Stadt und ihrer Geschichte interessiert waren und die gestalterische Herausforderung nicht im Erfinden einer neuen Stadt sondern im Experiment mit dem Vokabular der Stadt sahen. Der Vorreiter in Berlin war Josef Paul Kleihues, der Ende der Sechzigerjahre einen Schwarzplan von Charlottenburg zeichnete. In der Kartierung von Grauzonen wurden innerstädtische Brachflächen als Baupotenziale optisch hervorgehoben. Die Analysen zeichneten ein Bild der Zerstörung: aufgebrochene Blöcke, mäanderförmige Großstrukturen und brutale Schneisen für den Autoverkehr. Aus der Arbeit für Charlottenburg entwickelte sich später die Methode der kritischen Rekonstruktion für die südliche Friedrichstadt während der Internationalen Bauausstellung. Nach 1989 wurde diese Methode vom Verfasser aufgegriffen und in enger Zusammenarbeit mit Dieter Hoffmann-Axthelm und Bernhard Strecker zunächst für den Friedrichswerder, die nördliche Friedrichstadt und die Dorotheenstadt weiterentwickelt. Die Arbeit bildete die Grundlage für die umstrittene kritische Rekonstruktion der barocken Dorotheen- und Friedrichstadt und nach 1996 dann für das gesamte historische Zentrum und Westberlin im Planwerk Innenstadt, das von zwei Projektteams erarbeitet wurde: Dieter Hoffmann-Axthelm und Bernd Albers für das historische Zentrum und Fritz Neumeyer und Manfred Ortner für die City West.

Das Gebiet des Planwerks Innenstadt umfasst das Stadtzentrum vom Ernst-Reuter-Platz im Westen bis zum Helsingforser Platz im Osten, vom Platz am Neuen Tor im Norden bis zum Halleschen Tor im Süden. Die Begrenzung des Stadtraumes auf diesen Bereich erklärt sich im historischen Zentrum durch den Verlauf der letzten Stadtmauer (Akzisemauer bis 1868), die bis heute zum Teil durch Ringstraßen und U-Bahn-Trassen markant in Erscheinung tritt, und im Westen durch die Zentrumsfunktion der City West rund um den Breitscheidplatz. Die Schwarzpläne verstehen sich als kritische Auseinandersetzung mit den Raumvorstellungen der Moderne nach 1945. Sie sind analytische Pläne und keine Planungen. Die im Mai 1999 vom Senat beschlossenen Planungen sind dagegen im Planwerk Innenstadt enthalten.

Nach 1945 war Berlin eine Stadt mit starkem Willen zur Zerstörung von Gebäuden, zur Überlagerung des historischen Stadtgrundrisses und zur Auflösung des kleinteiligen Privateigentums

Der geplante Bruch mit der Geschichte

Die Berliner Stadtgeschichte ist eine Geschichte der Zerstörung, durch Krieg ebenso wie durch Nachkriegsplanungen. Die Stadttextur wurde immer wieder neu redigiert und dem jeweiligen Leitbild angepasst. Das trifft vor allem auf die Zeit nach dem Zweiten Weltkrieg zu. Denn nach 1945 war Berlin die Stadt mit einem besonders starken Willen zum Abriss nicht nur politisch kontaminierter Gebäude, zur Überlagerung des historischen Stadtgrundrisses durch ein Netz von Autobahntrassen und zur Ablösung des kleinteiligen Privateigentums durch Eigentum kommunaler Gesellschaften. Architekten, Planer und Politiker der Nachkriegszeit lebten in Ost und West mit Vergangenheitshass und im Fortschrittsglauben. Mit der Hinterlassenschaft des Wilhelminischen Berlins und des Dritten Reiches sollten auch die städtebaulichen Restbestände der bürgerlichen Welt abgeräumt werden, um so die Fundamente für eine neue, gerechte soziale Gesellschaft ohne Ausbeutung und Bodenspekulation zu legen. Nachdem der Krieg die Stadt in Trümmer gelegt hatte, betonierten die

Nachkriegsplaner in Ost und West ihre radikalen Leitbilder in den historischen Stadtgrundriss. Berlin war zudem in den Jahrzehnten der Teilung der Schauplatz einer ehrgeizigen städtebaulichen und architektonischen Systemkonkurrenz. Gemeinsam war den politisch konkurrierenden Systemen die bewusste Zerstörung des vorhandenen Straßen- und Platzgefüges, der nahezu flächendeckende Abriss historischer Gebäude und die Veränderung der Eigentumsverhältnisse. Das Berlin der Vergangenheit sollte beim Aufbruch in eine neue Zeit in eine neue, der jeweiligen politischen Farbe entsprechend ausgerichteten, in jedem Fall aber in eine autogerechte Stadt verwandelt werden. Eine besonders brutale Dimension der Zerstörung stellte die städtebauliche und funktionale Abtrennung des historischen Zentrums durch den Bau der Mauer 1961 dar.

Die Grundlage für den alltäglichen Abriss bildete in Ostberlin das Aufbaugesetz der DDR und die damit mögliche ungehemmte Inanspruchnahme von privatem Grund und Boden. Ein wichtiger Teil des Gesetzes waren die Leitlinien für die Neugestaltung des Zentrums von Berlin – Hauptstadt der DDR. Hauptziel der neuen Zentrumsgestaltung war die Planung des Machtzentrums der DDR im Schloss-Bereich und der östlich davon liegenden Altstadt sowie die Planung der Stalinallee. Für die Realisierung der ehrgeizigen Ziele wurde das historische Straßen- und Platzgefüge gründlich zerstört. Mit gegenteiligen, aber ebenso stadtzerstörerischen ästhetischen Konzepten wurde in Westberlin das Hansaviertel anlässlich der Interbau 1957 realisiert und kurz darauf mit dem Bau des Stadtautobahnetzes mit seinen Süd-, West- und Osttangenten begonnen. Exemplarisch deutlich wurde die systemübergreifende Abrisswut in dem 1957/58 von der Bundesregierung und dem Westberliner Senat ausgelobten Wettbewerb für eine „Hauptstadt Berlin" sowie in dem 1958 von der Regierung der DDR ausgelobten Wettbewerb zur „Sozialistischen Umgestaltung des Zentrums zur Hauptstadt der DDR". Was hier politisch gewollt war und von der nationalen und internationalen Architekturelite vorgeschlagen wurde, konnte sich zum Glück für die Stadt nie durchsetzen.

Nach über 40-jähriger Planungs- und Bautätigkeit war Berlin 1989 besonders in der Innenstadt zu einem Steinbruch der deutschen und internationalen Städtebau- und Architekturgeschichte geworden.

Die Liste der Architekten, Planer und Politiker, die an Zerstörung und Neugestaltung der Innenstadt beteiligt waren, liest sich wie ein Lexikon der modernen Architekturgeschichte. Heute prägen Fragmente unterschiedlicher städtebaulicher Leitbilder einzelne Stadtareale – vom fließenden Stadtraum im ehemaligen Urstromtal bis zur Postmoderne. Dabei ist die Liste der teils aufregenden, teils bedeutenden, manchmal langweiligen Architektur- und Städtebau-Beispiele ebenso lang wie die ihrer Verluste. Auf Befehl von Walter Ulbricht wurden zunächst das Berliner Stadtschloss gesprengt (1950) und später Schinkels Bauakademie (1961) abgetragen. Etwas später folgten in Westberlin die großen Bahnhöfe wie der Anhalter und Potsdamer Bahnhof demselben Schicksal. Für die maßstabslose Bebauung zwischen Fernsehturm und Palast der Republik wurde die mittelalterliche Berliner Altstadt buchstäblich ausradiert. Noch in den späten Sechzigerjahren wurde der zweite Gründungskern Berlins (Alt-Cölln) mit Petri-Kirche und Bürgerhäusern zugunsten 22-geschossiger Hochhäuser abgerissen. Der Zerstörung der Friedrichsstadt folgte der Bau der Leipziger Straße im Osten als Antwort auf das Springer-Hochhaus auf der Jerusalemer Straße im Westen. Nach über 40-jähriger Planungs- und Bautätigkeit war Berlin 1989 besonders in der Innenstadt zu einem Steinbruch deutscher und internationaler Städtebau- und Architekturgeschichte geworden. Von einer die gemeinsame Innenstadt zusammenhaltenden Textur konnte kaum noch die Rede sein. Die Stadt hatte zum Zeitpunkt der Wiedervereinigung einen großen Teil ihres Gedächtnisses verloren. Aus dem historischen Zentrum war Ostberlin, aus dem vornehmen Westen war Westberlin geworden. Diese Geschichte der Zerstörung wird bis heute mit dem schönen Wort von Berlin als dem „Ort des Neuen" bemäntelt. In diesem durch die Systemkonkur-

Berlin um 1989

Die politische Wende von 1989 spielt für die Stadtstruktur eine entscheidende Rolle. Dokumentiert ist der Zustand der maximalen Trennung der beiden Stadthälften mit der noch bestehenden Berliner Mauer. Der Todesstreifen trennt die beiden Stadthälften und hat weitläufige zentrale Brachen für große Städtebauprojekte wie etwa am Potsdamer/Leipziger Platz erzeugt. Die historische Innenstadt ist ebenso abgerissen wie das Hansaviertel, die Königsvorstadt, die Luisenstadt und große Teile der Friedrichstadt.

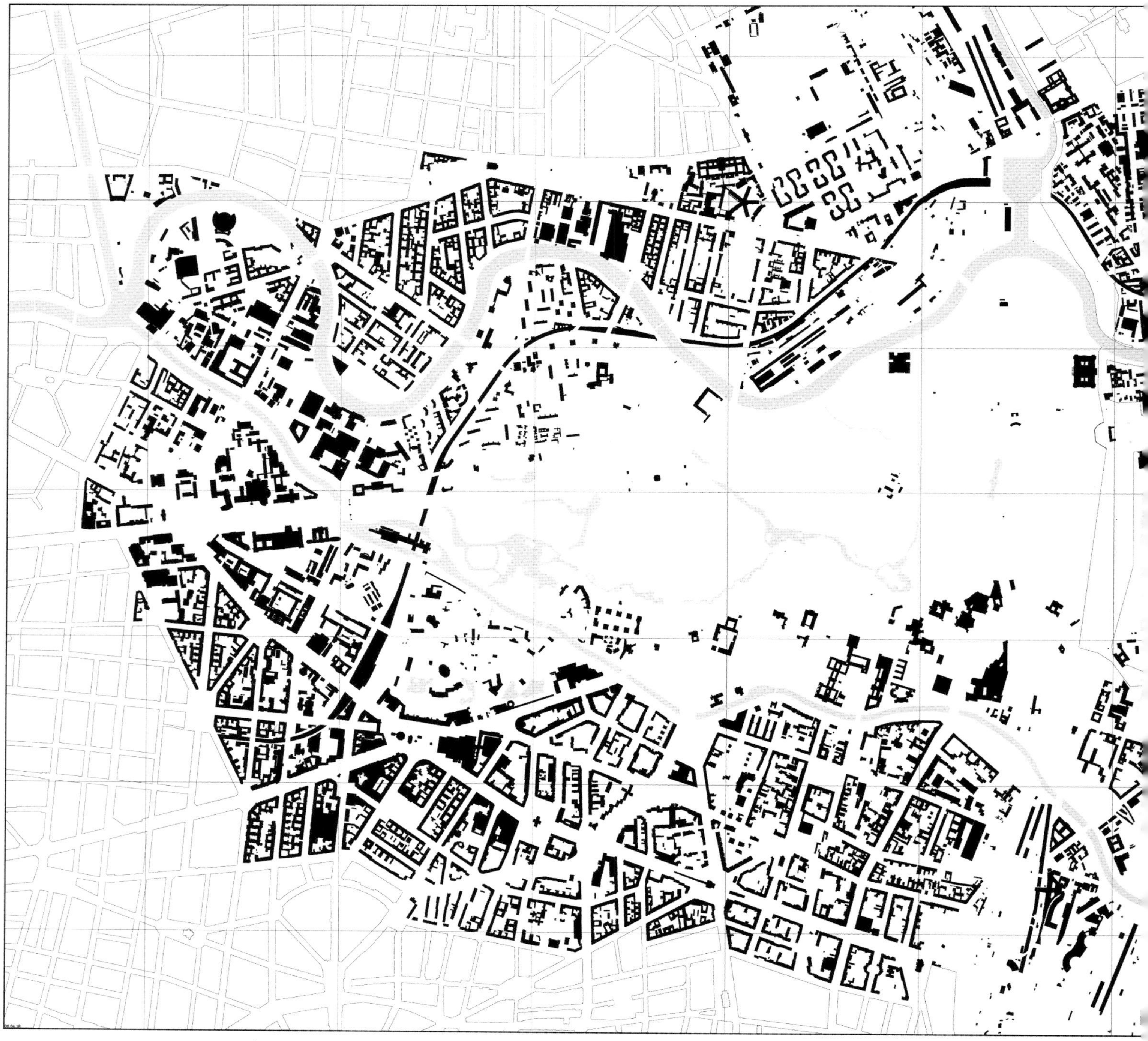

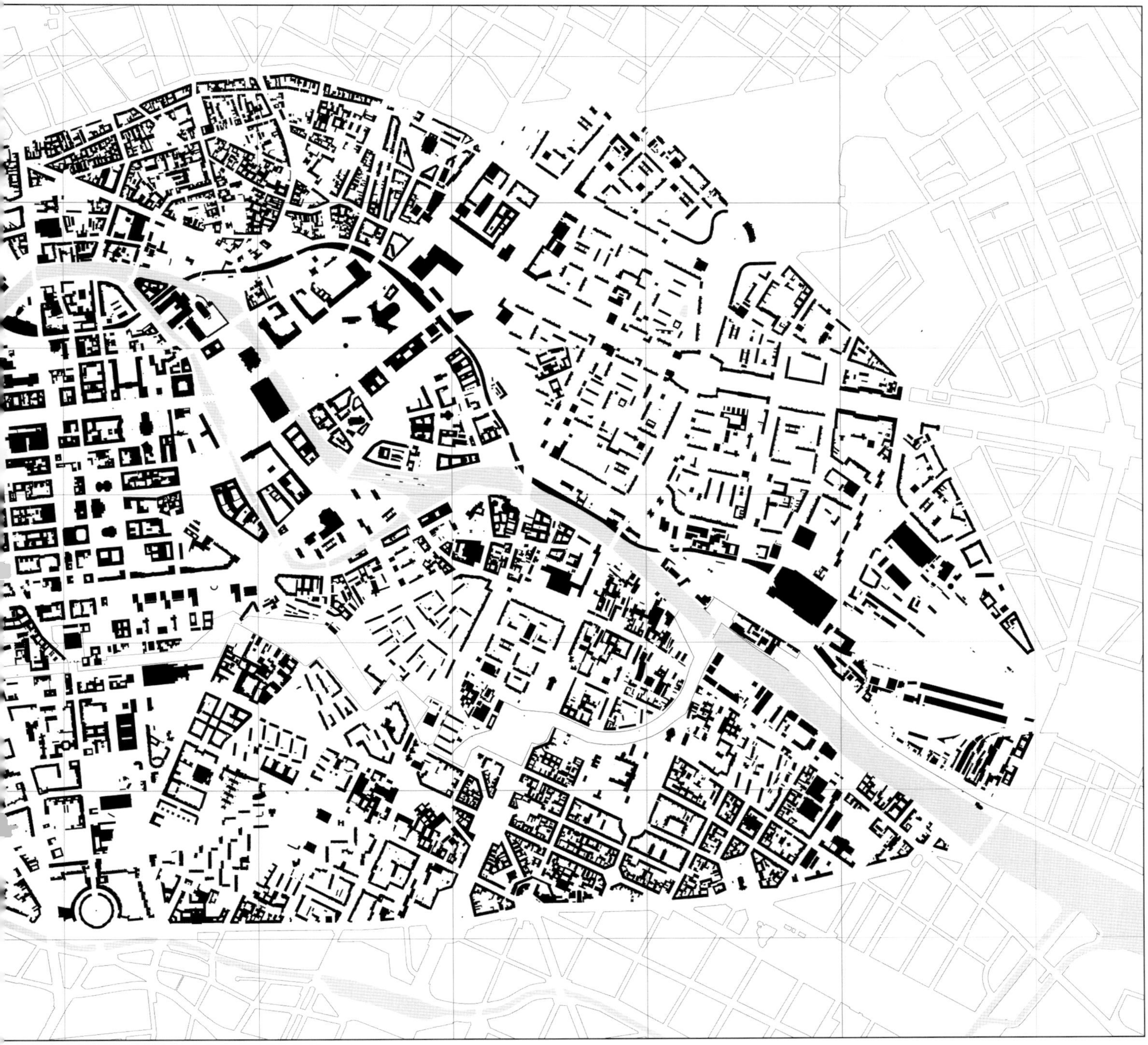

renz maßlos angeheizten Streben nach der neuen Stadt, für eine neue Gesellschaft, nach dem Fortschritt, nach neuen Formen städtebaulicher Ordnung und Orientierung, ist das, was Berlin im Zentrum als europäische Metropole auszeichnete, nach und nach abhanden gekommen. Die Dimension der Verluste wird jedem Berliner schmerzhaft klar, wenn er von einem Besuch aus einer städtebaulich intakten europäischen Metropole zurückkehrt.

Rückkehr zur Stadt

Vor diesem Hintergrund setzte in ganz Berlin nach der Wiedervereinigung ein Prozess ein, der sich auf Grundlage einer eingehenden Analyse des Vorhandenen und seiner geschichtlichen Spuren wieder mit der Stadt als dem baulichen Gedächtnis ihrer Bewohner befasste. Dabei wurden Ansätze weiterentwickelt, die in Westberlin bereits während der Internationalen Bauausstellung in den Achtzigerjahren entwickelt worden waren. Aber auch im Ostteil hatte es wie etwa mit dem Nikolai-Viertel oder im Rahmen der Stadterneuerung in der Spandauer Vorstadt zahlreiche Versuche gegeben, die historischen Strukturen der verloren gegangenen Stadt aufzuspüren und neu zu interpretieren. Der nach der Wiedervereinigung eingeschlagene Weg zog Lehren aus der Abbruchgeschichte Berlins. Die Stadt bekennt sich ausdrücklich zu ihrer städtebaulichen und architektonischen Geschichte, versucht, sämtliche auch problematischen Aspekte der gemeinsamen Vergangenheit zu respektieren, den Modernisierungsprozess ohne größere Abrisse und Zerstörungen zu absolvieren und konzentriert sich räumlich auf die Innenentwicklung der Stadt. Mit der Wiedervereinigung der beiden Teilstädte hat vor allem in der historischen Innenstadt eine Planungs- und Bautätigkeit eingesetzt, die an Umfang und Intensität, aber auch durch die historische Entwicklung hervorgerufene Besonderheiten einer vormals im Zentrum geteilten Stadt, in keiner anderen europäischen Stadt ihresgleichen findet. Um den Erwartungen privater Investoren nach der Wende gerecht zu werden, schnelle und eindeutige Vorgaben zu definieren, um damit neue Arbeitsplätze zu schaffen, aber auch um Grundlagen für den zügigen Umzug von Regierung und Parlament zu schaffen, waren vom Senat in kurzer Zeit strategische Entscheidungen zu treffen, mussten städtebauliche und architektonische Entwürfe im Zentrum gefertigt werden.

Die Kampfansage der Moderne an städtischen Raum, Nutzungsmischung und Eigentumsformen hat zu unleserlichen Stadtgrundrissen geführt, denen jeder Zusammenhang, insbesondere aber die Dialektik von Haus und Straße, von Privatheit und Öffentlichkeit fehlt.

Die systematisch betriebene Auflösung großer Teile der Berliner Innenstadt war nach einem knappen Jahrhundert moderner Stadt- und Verkehrsplanung oft zu einem Alptraum geworden: Zu Beginn der Neunzigerjahre befand sich Berlin zwischen Strausberger Platz und Breitscheidplatz in einem fragmentalen Zustand, der weder mit der Stadt des 19. Jahrhunderts, schon gar nicht mit mittelalterlichen oder barocken Vorstellungen, aber auch nicht mit dem Begriff Stadtlandschaft zu fassen waren. Die Kampfansage der Moderne an differenzierte städtische Raumformen, Nutzungsmischung und Eigentumsformen hatte zu unleserlichen Stadtgrundrissen und Raumbildungen geführt, denen jeder architektonische oder gesellschaftliche Zusammenhang, insbesondere aber die konstitutive Dialektik von Haus und Straße, von Privatheit und Öffentlichkeit fehlt. Interessant waren die entstandenen Fragmente vor allem für Fotografen und Filmemacher, die den offenen „Himmel über Berlin" als künstlerischen Ausdruck einer zersplitterten Gesellschaft exemplarisch dokumentieren konnten. Im Stadtgrundriss klaffte zudem zwischen den beiden Stadthälften ein breiter Mauerstreifen, der für den Osten verbotenes Land, vom Westen aus gesehen eine einmalige innerstädtische Peripherie darstellte.

Dieser Befund einer zerrissenen und geteilten Stadt traf auf Ost- und Westberlin gleichermaßen zu. In Westberlin bildete die Idee der offenen Stadtlandschaft von 1945 bis Mitte der Siebzigerjahre das offizielle städtebauliche Leitbild für die Stadtentwicklung. In Ostberlin erfolgte dagegen der städtebauliche Wandel erst nach der Entstalinisierung mit dem zweiten Bauabschnitt der Karl-Marx-Allee, dem Fischerkiez im Bereich Alt-Cöllns und den Großsiedlungen an der Peripherie in Marzahn, Hellersdorf und Hohenschönhausen. Die offene Stadtlandschaft der Moderne mit ihrem kommunistischen Bodeneigentum kennzeichnete so die Berliner Stadtentwicklung vom Zentrum bis zur äußersten Peripherie mit grafischen Variationen des immer gleichen Leitbildes. Trotz der oft herausragenden Einzelarchitekturen wie etwa in der Stalinallee, im Hansaviertel, dem Kulturforum oder dem Staatsratsgebäude am Schlossplatz entstanden an kaum einer Stelle nachahmenswerte städtische Strukturen. Vor dem Hintergrund dieser Erfahrungen einer über 40-jährigen radikalen städtebaulichen und gesellschaftspolitischen Praxis wurde nach dem Fall der Mauer in Berlin explizit die Gegenposition zum naiven Funktionalismus und zur Stadtlandschaft der Moderne offizielle Grundlage für die großen Städtebau- und Architekturprojekte. Nach 1989 lautete das Motto, dass Berlin wenigstens im Stadtgrundriss nicht noch mal neu erfunden werden müsse. Veränderungen waren – frei nach dem österreichischen Architekten Adolf Loos – nur dann erlaubt, wenn eine Veränderung gegenüber dem Althergekommenen eine Verbesserung bedeutete. Auch die dramatische gesellschaftliche Transformation nach der Wende brauchte, so die These, kein grundsätzlich neues Leitbild städtebaulicher Konzepte, sondern eine Rückbesinnung auf noch erkennbare städtebauliche Strukturen verbunden mit behutsamen Experimenten an nicht mehr rekonstruierbaren Straßen, Plätzen und Gebäuden. Aus dem Dialog zwischen wiederhergestelltem Stadtgrundriss und ihrer Architektur entstand nach und nach das neue Berlin als moderne Interpretation des europäischen Stadtmodells.

Die gesellschaftliche Transformation nach der Wende brauchte kein grundsätzlich neues Leitbild sondern eine Rückbesinnung auf noch erkennbare städtebauliche Strukturen – verbunden mit behutsamen Experimenten an nicht mehr rekonstruierbaren Straßen, Plätzen und Gebäuden.

Dieser Paradigmenwechsel von der Stadtlandschaft der Moderne zur Tradition der europäischen Stadt war für einen großen Teil der in Berlin planenden und bauenden, auf das freistehende Objekt und der Expressivität im städtebaulichen Maßstab eingeschworenen Architekten, für die autoorientierte Verkehrsplanung und für die Manager von Shopping Malls eine Provokation. Diese Provokation bildete den Kern der Berliner Architekturdebatte: Die eine Seite insistierte auf experimenteller Fortsetzung der europäischen Städtebau- und Architekturtradition und die andere Seite idealisierte den Maßstabsbruch, das fragmentarische Gemisch von widersprüchlichen Elementen, die innerstädtische Peripherie, die Vermischung von Privatheit und Öffentlichkeit und vor allen Dingen das Gebäude als frei stehendes Objekt, dazu breite Straßen für den massenhaften Autoverkehr und sah darin das Planungsmodell für die Stadt des 21. Jahrhunderts. Für die Bauaufgaben im historischen Zentrum wurde deshalb 1991/92 ein stadtbaukünstlerisches Regelwerk als Planungsvorgabe für privates Investment, ein Nutzungsstrukturplan und nach 1996 ein Planwerk für die gesamte Innenstadt erarbeitet. Dieser Weg war nicht neu. Erste vorsichtige Schritte in diese Richtung wagte Westberlin mit der Internationalen Bauausstellung, mit der Rekonstruktion des Stadtgrundrisses und der Auseinandersetzung mit der architektonischen Qualität der Gebäude aus dem 19. und frühen 20. Jahrhundert. Der Senat knüpfte nach der Wende an das an, was bereits in den Achtzigerjahren in Berlin debattiert wurde.

Berlin um 2000

Im heutigen Zustand ist der Bauboom der Neunzigerjahre nach der Wiedervereinigung abgebildet. Markant ist nicht nur die flächenhafte Neubildung von ganzen Quartieren, sondern auch die allmähliche Rekonstruktion städtischer Räume durch Einzelbaumaßnahmen. Schwarz dargestellt sind Gebäude, die bereits vor 1940 erbaut wurden; rot dargestellt sind Gebäude, die im Zeitraum von 1940 bis 2000 neu errichtet wurden.

Protokoll der Zerstörung und des neuen Bauens

Dieser international beachtete und zugleich diskutierte Ansatz der kritischen Rekonstruktion erklärt sich aus den Erfahrungen der geteilten Stadt und ihren radikalen Leitbildern. Den Zerstörungs- und Wiederaufbauprozess vergleichbar darzustellen, war daher eine ehrgeizige Aufgabe. Die vorliegenden Schwarzpläne bilden die Entwicklung der Innenstadt der vergangenen 60 Jahre auf grafisch eindrucksvolle Art und Weise ab. Die Schwarzpläne bilanzieren die Städtebauleistungen der zweiten Hälfte des 20. Jahrhunderts und damit einen wesentlichen Teil dessen, was man sich angewöhnt hat, Moderne zu nennen. Sie vermitteln die Leistungen der neuen Architekturen, zeigen aber auch, dass dies fast immer auf Kosten der historischen Substanz ging. Dass der Eintrag in einem städtebaulichen Maßstab erfolgte, verweist auf den architekturpolitischen Grundansatz, der nicht mehr mit der Zielvorstellung, eine neue Stadt zu erfinden, sondern mit der Rückbesinnung auf die eigene großstädtische Identität erfolgt – und nur in diesem Kontext Experimente zulässt. Am Beginn eines neuen Jahrtausends mahnen die Pläne auch, dass zu den Aufgaben von Architektur und Städtebau nicht nur deren kreative Weiterentwicklung zählt, sondern auch die Erhaltung der kulturellen Leistungen, die Bewahrung des Stadtgrundrisses als Gedächtnis der Stadt sowie die Berücksichtigung der Parzellenstruktur als Grundlage für die Architektur der europäischen Großstadt. ■

Literatur

Brandt, Andreas (Hg.): Stadtmodelle im Vergleich. Seminararbeiten am Fachgebiet Entwerfen und Gebäudekunde der Technischen Hochschule Darmstadt. Darmstadt 1997

Kleihues, Josef Paul: Die Anfänge der Bauausstellung. In: Idee, Prozess, Ergebnis. Die Reparatur und Rekonstruktion der Stadt. Ausstellungskatalog. Herausgegeben vom Senator für Bau- und Wohnungswesen. Berlin 1984

Loos, Adolf: Heimatkunst (1914). Veröffentlicht in: Opel, Adolf (Hg.): Adolf Loos. Trotzdem. 1900-1930. Innsbruck 1931

Neumeyer, Fritz: Zwischenergebnis des Projektteams West. Vortrag auf der 60. Sitzung des Stadtforums Berlin am 29. November 1996

Nicolin, Pierluigi: Architektur und Stadtgrundriss. In: Idee, Prozess, Ergebnis. Die Reparatur und Rekonstruktion der Stadt. Ausstellungskatalog. Herausgegeben vom Senator für Bau- und Wohnungswesen. Berlin 1984

Rossi, Aldo: L'Architettura della Città. Padova 1966. Deutsche Übersetzung: Die Architektur der Stadt. Skizze zu einer grundlegenden Theorie des Urbanen. Düsseldorf 1973

Rowe, Colin u. a.: Collage City. Cambridge/London 1978. Deutsche Übersetzung: Basel/Boston/Berlin 1984

Senatsverwaltung für Bau- und Wohnungswesen (Hg.): Städtebaulicher Strukturplan. Kritische Rekonstruktion des Bereiches Friedrichswerder, Friedrichstadt, Dorotheenstadt. (Heft 6 der Reihe Städtebau und Architektur). Berlin 1992

Ungers, Oswald Matthias: Was ich schon immer sagen wollte über die Stadt, wie man sich seine eigenen Häuser baut, und was andere über mich denken. Band 1: Die dialektische Stadt. Wiesbaden/Köln 1999

The plan is the memory of a city. The plan depicts the urban physiognomy. We can understand the history of a a city without having been there, but by reading its topography of the streets and avenues, places and parks, the location of churches, city halls, railway stations as well as the huge technical infrastructure and residential areas. But we need a particular way of analysis and depiction to recognize the significant physiognomy of the city: the „Schwarzplan". It distinguishes only between built and open space, black and white, without looking at other architectural or topographic differences. The radical simplification is its genuine value. Just like words and sentences are made of single letters, the urban texture is made of single buildings.

Post-war Berlin has seen more than only one revision of its texture, especially in the centre. The existing texture on the one hand and social changes and new political aims on the other seemed to be incompatible; their protagonists claimed something radically new. They broke up with the .past. The process of vanishing as well as the transformation of a historically grown city and the metamorphosis of its features is documented for the years 1940, 1953, 1989, 2000 and - as a future scenario - 2010. Berlin's inner city has been depicted this way for the first time ever, and it is a lesson in either Berlin's and Germany's history, second to none.

The texture of a city reflects all its places as a whole, places existing close to each other, overlapping or connecting others. Each of those places does have a character of its own, but is far from being sacrosanct. From this point of view, city can be considered a collage of architectural paradigms, social critique and ways of dealing with the past. Reading urban texture means understanding the city as text. Therefore, the planner, the architect must edit the city on and again, checking for spelling mistakes, adding new chapters here, cutting there, being alert for the social and political context. But he must not write a text completely new.

The city planners of modernity wanted to overcome the outdated texture of the city. They replaced the density of the old city by spacial dissolution. The open space of the modern city was spotted by architectural solitaires and divided by motorways. A paradigmatic change in urban planning took place only in the late 1970ies. It was a revitalization of the texture of the old city. The „Schwarzplan" of Berlin are an excellent proof of a more or less overwhelming architectural ambitions. The urban texture was supposed to be totally re-edited after the war. Berlin of the historically and politically disrupted past was to be replaced by new ideas. The divided city became an arena of a highly ambitious competition between the two political systems, also in the field of urban planning and architecture. The protagonists in either East and West obeyed the verdicts of the modern, motorized city.

This history of de-construction still is euphemistically refered to when talking of Berlin as home of the new, whatsoever. East as well as West Berlin were supposed to become a new city in a new society, focus of progress, an ultimative location of new forms of architectural order and orientation. Because of those ambitions even fostered by the competition between antagonistic political systems, Berlin lost its character of a European metropolis.

That was the background of the process that started after reunification. Based on an analysis of existing structures and historical traces, the city was re-discovered as the architectural memory of its inhabitants. The exact opposite to the modern urban landscape became the general principle of city planning and architecture in Berlin. Instead of making-up a new paradigm, visible urban structures were revived, and streets, places and buildings not reconstructible anymore, became prerequisites of experiments. Growing New Berlin is a modern interpretation of the European city. A renaissance, indeed.

Berlin um 2010

Dargestellt sind die konkreten Gebäudeplanungen der kommenden Jahre wie etwa der Lehrter Zentralbahnhof sowie die Maßnahmen des Planwerks Innenstadt Berlin, die nach dem Senatsbeschluss von 1999 in der dargestellten Weise entwickelt werden sollen. Mit der Realisierung ist Anfang 2000 begonnen worden.

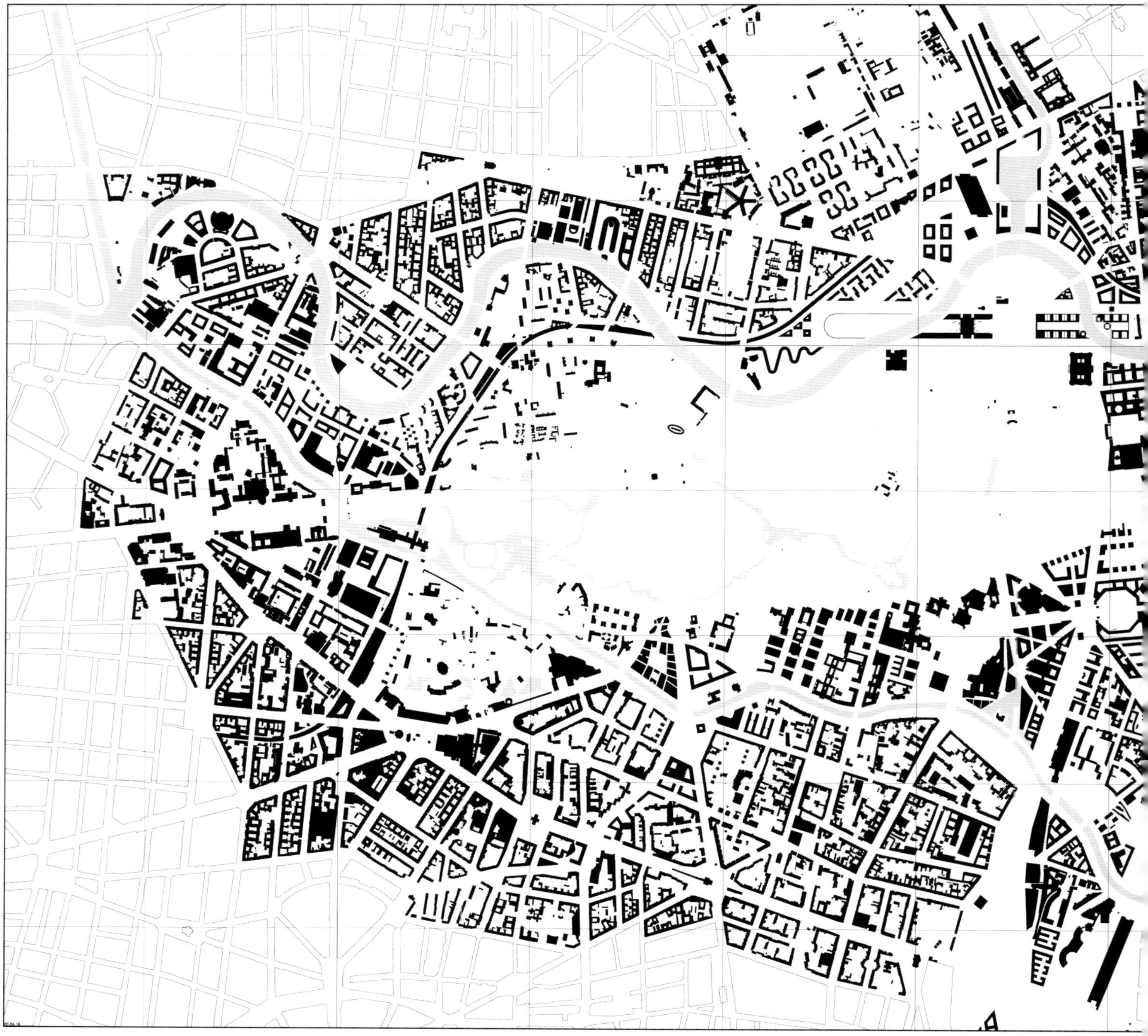

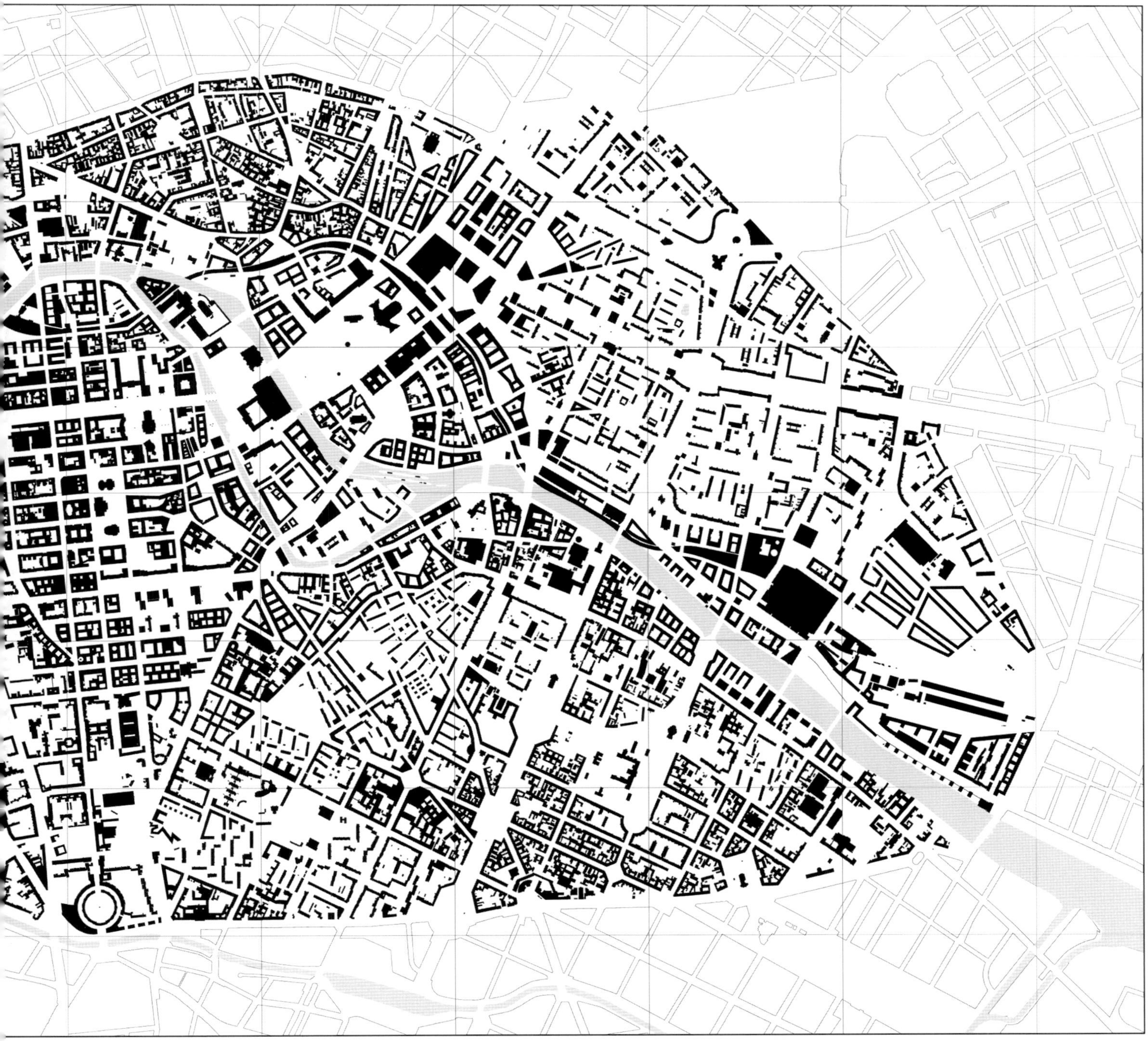

Auf der Suche nach Form

TEXT PHILIPP MEUSER

FOTO ERIK-JAN OUWERKERK

Berlin zählt in der Architektur ohne Zweifel zu den Durchlauferhitzern zeitgenössischer Strömungen. An kaum einem anderen Ort finden sich aber gegensätzlichere Auffassungen von der Kunst des Bauens – mit der Folge, dass die Architektur in Berlin extrem polarisiert ist. Vor allem seit der Wiedervereinigung, die Berlin einen in der Geschichte einmaligen Entwicklungsschub bescherte, wird in der Stadt, die inzwischen zu einem Open-Air-Museum der unterschiedlichsten Avantgarden geworden ist, leidenschaftlich über Baukunst und Städtebau debattiert. Mit dem Abbau der Gerüste ist nach dem Boom der Neunzigerjahre eine Stadt zum Vorschein gekommen, die moderner ist als viele andere, indem sie an lange vergessene Traditionen anknüpft und dabei eine erstaunliche Vielfalt hervorgebracht hat. In Wettbewerben und Gutachten begaben sich in den vergangenen zehn Jahren unzählige Architekten aus aller Welt auf die Suche nach einer Form für die Stadt. Jeder von ihnen leistete einen Beitrag, so dass Berlin heute zu einer eigenständigen Architektur gefunden hat.

Wen nicht Vorurteile blenden, wer sich hinzugeben versteht, wer sich aufmerksam und eindringlich mit der Stadt beschäftigt, der wird bald gewahr, dass Berlin wirklich tausend Schönheiten, ungezählte Wunder und unendlichen Reichtum in ihren Straßen umfängt.

August Endell, Architekt (1908)

Renzo Piano,
Hans Kollhoff,
Helmut Jahn:
Potsdamer Platz
(1992-2000)

Berliner Verhältnisse

Die Fahrt zum Oberservation Deck ist so kurz, dass der Aufzugführer nicht dazu kommt, die technischen Daten seines Gefährts zu lobpreisen. Mit der Zugkraft seines Aufzugs hängt dies nicht zusammen, wenngleich er als der schnellste in Europa gilt. Der junge Mann im blauen Anzug bleibt stumm, weil sein Aufzug lediglich 24 Geschosse zu überwinden hat, die Berlins neuesten Aussichtsturm vom Straßeniveau trennen. Amerikanische Verhältnisse, wo eine Fahrt auf die zahlreichen Sky Decks zumeist über eine Minute dauert, darf man am Potsdamer Platz Nummer 1 daher nicht erwarten. Zumindest bei der Höhe.

Der Turm stammt von Hans Kollhoff, einem Architekten, der in der Tradition mehr Modernität erkennt als andere Kollegen. Seine Gebäude leben von der Geschichte. Kollhoff hat ein Haus geschaffen, das zu den höchsten der Stadt zählt. In Berlin gilt es daher als Hochhaus und darf seine Dachterrasse Observation Deck nennen. Anderswo würde man über seine Höhe kein Wort verlieren. Wer zwischen den schlanken Stützen und Strebepfeilern lustwandelt, lässt seinen Blick freilich erst in die Ferne schweifen: hinüber zum Debis-Turm mit dem grünen Würfel oder hinüber zum Sony-Areal mit dem aufgespannten Regenschirm, vorbei an der Reichstagskuppel, Deutschlands neuem Parlamentssymbol, und vorbei an der Friedrichstadt, wo das GSW-Hochhaus mit seiner rot-orangenen Textilfassade markant in die Höhe schießt. Wer die neue Silhouette Berlins auf der dreieckförmigen Aussichtsplattform abgelaufen hat, fühlt sich trotz der verwirrenden Vielfalt beseelt von all den neuen Eindrücken.

Es ist aber wohl auch die Seele des Hauses, die den Besucher in ihren Bann zieht. Denn Kollhoff hat lange in der Geschichte geforscht, um die angemessene Form für sein erstes Hochhaus zu finden. Der Architekt hat ein Gebäude errichtet, das mit abstrakten Elementen arbeitet und dadurch einen ausdrucksstarken Appell an das Einfühlungsvermögen seines Betrachters richtet. Eine gotische Kathedrale ist dabei zwar nicht gerade entstanden, doch der Ort hat die Magie jener luftumspülten Türme, die die Baumeister des Mittelalters einst bis zur Perfektion trieben.

Der Urkunsttrieb sucht nach reiner Abstraktion als der einzigen Ausruhmöglichkeit innerhalb der Verworrenheit und Unklarheit des Weltbildes und schafft mit instinktiver Notwendigkeit aus sich heraus die geometrische Abstraktion.

Wilhelm Worringer, Kunsthistoriker (1908)

Kollhoffs Stadtkrone, deren goldene Zinken im Sonnenlicht weit sichtbar sind, bildet mit dem gegenüberliegenden Glasturm von Helmut Jahn, dessen Lichtkrone erst nachts richtig zur Geltung kommt, ein einzigartiges architektonisches Schauspiel: hier der traditionsbewusste Kubus, scheinbar Stein auf Stein von Hand erbaut; dort der aufgelöste Halbzylinder, dessen Fassade dazu neigt, kaputtzugehen anstatt zu altern. Die Rivalen stehen stumm nebeneinander, als hätten sie sich nichts zu sagen. Doch Glasturm und Ziegelturm sind gebaute Manifeste. Sie verkörpern mit ihrer Form und ihrem Fassadenmaterial gegensätzliche architektonische Haltungen, die den Potsdamer Platz zusammen mit den zwei Dutzend Neubauten in einen Laufsteg der Architekturmoden verwandelt haben. An der neu inszenierten Kulisse lassen sich die Theorien ihrer Baumeister gut deklinieren.

Die Evolution der Form

Ästhetische Qualitäten werden in der Regel an Erfahrungen gemessen. Je mehr also über Kunstformen theoretisiert und debattiert wird, auf einer umso breiteren gesellschaftlichen Basis beruht das Empfinden für Schönheit. Dies gilt auch für die Architektur, die ob ihrer Präsenz im Stadtraum seit jeher der öffentlichen Meinung standhalten muss. Obwohl Architekten das Stadtbild prägen wie keine andere Berufsgruppe, ist der Begriff der Form für die meisten ein Tabu. Schönheit sei, wie viele Baukünstler offen eingestehen, immer ein Ergebnis, niemals Ziel. Dass die Form neben der Funktion und der Konstruktion ein integraler Bestandteil der Architektur ist, wird immer wieder verdrängt. Dabei ist der Architekt der Einzige auf dem Bau, der überhaupt für die Schönheit verantwortlich ist. Doch da im Laufe der Baugeschichte Formen immer wieder als politische Symbole missbraucht wurden, findet eine Differenzierung der Formen in Ästhetik und Ideologie heute kaum mehr statt.

Die Entwicklung architektonischer Formen hat Gottfried Semper Mitte des 19. Jahrhunderts einmal mit der Evolution verglichen. Wie im Naturgedanken entwickelten sich Harmonie, Eurythmie, Proportion und Symmetrie gegenseitig aus sich heraus. Schönheit sei, wie der Architekt und Theoretiker anfügte, das Zusammenwirken einzelner Formen zu einer Totalwirkung. Die abstrakte Form, die aus neuen Materialien, Konstruktionen und einem Kunstwollen generiert werde, dürfe daher niemals dem Zufall überlassen werden. Schönheit, Funktion und Festigkeit müssten immer zusammen gedacht werden. Übertrüge man die Gedanken des Evolutionisten Semper auf die heutige Architektur, so müsste man wohl eingestehen, dass sich durch computerunterstützte Entwurfsmethoden in der Architektur bislang unbekannte Formen bei gleicher statischer Belastbarkeit realisieren ließen. In einer Zeit, in der die Perfektionierung der Natur durch künstliche Einflussnahme die wissenschaftliche Herausforderung schlechthin darstellt, ist das durchaus nachvollziehbar. Obwohl die Architektur derzeit ohnehin eine Phase der Transformation durchlebt, muss man die Auflösung eines traditionellen Formenkanons aber noch lange nicht gutheißen. Denn wenn sich die Architektur ganz von der künstlerischen Evolution losgelöst haben sollte – der Computer folglich als eine Art Gen-Manipulator der Architektur dient – so ist der Verlust der Form unaufhaltsam. Form ist dann nicht mehr das Zusammenwirken der Formen im Semperschen Sinne, sondern unterliegt dem Drang sich wie in einer Retorte fortzupflanzen; sie bedient sich wie in einem Genlabor des selektierten Erbgutes ihrer Vorfahren. Diese Architektur hat jedoch keine Fähigkeit zur eigenständigen Weiterentwicklung, sondern ist wie kernloses Obst, das zwar den Sieg der Wissenschaft über die Natur feiert, in der Evolution allerdings in eine Sackgasse geraten ist. Sie ist so sehr zur Kunstform stilisiert oder auf sich selber fixiert, dass sie nicht weitergebaut oder weitergedacht werden kann, ohne ihre Form aufzugeben. Dies trifft auf den – in seinem intellektuellen Anspruch einmaligen – Bau des Jüdischen Museums ebenso zu wie auf das bunte Photonik-Zentrum in Adlershof oder die dekonstruktivistische Heinz-Galinski-Schule in Westend. All diese Entwürfe, sei es die philosophisch begründete Zick-Zack-Form, die organische Rundung oder die dreidimensionale Umsetzung einer Sonnenblumenzeichnung, weisen zweifelsohne eine hohe gestalterische Qualität auf. Für den Kontext, in dem sie sich befinden, stellt ihre extreme Bildhaftigkeit allerdings einen Fremdkörper dar.

Wie die Natur mit ihrer unendlichen Fülle in ihren Motiven äußerst sparsam ist, ebenso liegen auch der Kunst nur wenige Formen und Typen unter, die in steter Wiederkehr eine unendliche Mannigfaltigkeit bieten.

Gottfried Semper, Architekt (1860)

Die Suche nach einer berlinischen Architektur

Berlin ist wie kein anderer Ort in Deutschland der Schauplatz für die Architektur-Debatte der Neunzigerjahre. Nirgendwo sonst stehen sich die neuen Architekturen derart widersprüchlich und zugleich einander beflügelnd gegenüber wie an der Spree. Ihr Erscheinen im Stadtraum gleicht einer fortwährenden Provokation, und der Streit um ihre Errichtung hallt noch deutlich in ihren Foyers nach. Die ideologischen Gräben sind manchmal so tief, dass man meinen könnte, es ginge um persönliche Feindschaften oder um den Neid, ein Großprojekt an einen Kollegen verloren zu haben. Denn Architekten haben sich in der Öffentlichkeit mitunter wild beschimpft, sei es verniedlichend als Stadtindianer oder Cowboy, sei es erboster als Betonkopf oder Stadtzerstörer. Und wenn die Diskussion inhaltlich am Ende war, fiel auch schon mal das Totschlag-Argument, die Nazis hätten es wohl genauso monumental und menschenverachtend gebaut. Doch hinter all den Polemiken, die Berlin in den frühen Neunzigerjahren zu einer Arena des Architekturstreites hat werden lassen, verbergen sich fundierte theoretische Positionen. Sie lassen sich – grob vereinfacht – auf die Frage reduzieren, ob sich ein Gebäude in den städtischen Kontext eingliedert oder ob es sich als autarkes Objekt im Stadtraum präsentiert. Wenn Architekten über Begriffe wie Raum, Wand oder Materialien theoretisierten, war dies eine angenehme, aber seltene Ausnahme.

Seit einiger Zeit weiß man zu unterscheiden zwischen der typisch berlinerischen Art der klaren Form und Geometrien und, im Gegensatz dazu, einer gewissen Ungezwungenheit, die man geografisch mit dem Stuttgarter Raum in Verbindung bringen kann.

Peter Wilson, Architekt (1993)

Die Berliner Debatte, die in den Feuilletons überregionaler Tageszeitungen und auf den Podien öffentlicher Veranstaltungen geführt wurde, hat die Architektur zu einem kulturellen Leitmedium der Hauptstadt werden lassen. Die öffentlich vorgetragene Kritik der ansonsten auf sich selbst fixierten Architektenschaft hat ein Bewusstsein geschärft, das selbst Touristen zur Reflexion des Berliner Stadtbildes herausfordert. Allerdings hat genau jene Architektenschaft mit ihren gegenseitigen Anfeindungen dazu beigetragen, dass Baukunst offenbar etwas mit Gut und Böse zu tun hat. Denn jeder aufmerksame Zeitungsleser musste den Eindruck gewinnen, dass Architekten heute mit faschistischem Stein oder „demokratischem" Glas bauen, die Stadt des 19. Jahrhunderts rekonstruieren oder die Metropole des 21. Jahrhunderts errichten wollen. Ja, fast konnte man meinen, das Glück einer Gesellschaft liege allein auf den Schultern des Architekten und ihren Bauten in der Stadt.

Der Berliner Dekonstruktivismus ist eine kühne Übersteigerung lokaler Traditionen und ihres Hangs zur extremen Kunstfigur, die den realen Stadtraum ignoriert.

Thilo Hilpert, Architekturhistoriker (1995)

Die Schlacht um den Wiederaufbau Berlins war der polemische Höhepunkt einer Streitkultur, der seit Beginn der Moderne immer wieder die Basis für gute Architektur bildete. Dabei spielte die Auseinandersetzung zwischen Traditionalisten und Modernisten eine zentrale Rolle. Dies galt insbesondere dann, wenn im Laufe der Geschichte neue Materialien entwickelt wurden, die die Architekten zur Schaffung eines neuen Formenvokabulars animierten. Vor allem im ersten Drittel des 20. Jahrhunderts revolutionierten industrielle Fertigungsmethoden die Architektur. Aus dieser Zeit hallen bis heute Polemiken nach, die der damals noch jungen Glasindustrie zum Durchbruch verhelfen sollten. Der Architekt Bruno Taut und der mit ihm befreundete Theoretiker Paul Scheerbart etwa formulierten 1914 einen Satz, der sich wie ein harmloser Kinderreim anhörte, jedoch pure Ideologie propagierte: „Das Glas bringt uns die neue Zeit, Backsteinkultur tut uns nur leid."

Daniel Libeskind: Jüdisches Museum (1992-99)

Die Debatte über eine berlinische Architektur ist bis heute von einer ideologischen Materialschlacht geprägt. Stein ist dabei zum Synonym für eine scheinbar rückwärtsgerichtete Architekturauffassung geworden. Nahezu jedes Glasgebäude gilt als Kuckucksei im „Horst der Steinadler". Der Versuch, aus einer kritischen Analyse der Baugeschichte Formen für das zukünftige Berliner Stadtbild abzuleiten, genießt selbst nach dem Abbau der Baugerüste unter Architekten und Kritikern erst langsam Anerkennung und wird – das dürfte das Groteske an der ganzen Debatte sein – als Ausdruck einer undemokratischen, weil nicht transparenten Gesellschaftsauffassung diffamiert. Begriffe wie Masse und Schwere, Monument und Tradition sind zu Reizworten verkommen, deren eigentliche architektonische Bedeutung verloren gegangen zu sein scheint. Selbst schon die Verwendung des Begriffes Tektonik – der Bestandteil der Archi-Tektonik schlechthin – gleicht einer Provokation. Machen Steinhäuser wirklich Steinherzen, wie Bruno Taut damals seine Polemik zuspitzte? Wohl kaum. Denn niemand war schließlich in Tauts Glashaus, das er 1914 für eine Ausstellung des Werkbundes in Köln errichtete, zum gläsernen Menschen geworden. Für die medienverwöhnte Öffentlichkeit ist dieser architektonische Disput heute nach wie vor äußerst unterhaltend. Er passt in die publikumswirksame Strategie von Pro und Contra, treibt die Protagonisten allerdings so weit, dass sie mit dem Material ihres vermeintlichen Kontrahenten kaum noch arbeiten dürfen, um nicht als Wendehals tituliert zu werden.

Wenn man ein Gebäude nicht schnell wieder von der Bildfläche verschwinden lassen kann, sobald man es leid geworden ist, muss eine frische Qualität gesucht werden, die nicht ermüdet und gleichwohl nicht bloß dem Modischen huldigt. Das kann nur eine Ästhetik der Einfachheit, der Klarheit, der Ruhe sein. Eine Ästhetik der Ordnung, in deren Leere jeder Einzelne seine eigenen Träume projizieren kann.

Vittorio Magnago Lampugnani, Architekturtheoretiker (1993)

Der berliner Architektur-Streit, der seine buntesten Blüten zwischen 1993 und 1995 trieb, konzentrierte sich auf die formale Gestaltung der meist steinernen Lochfassaden in der Friedrichstadt, wo die ersten innerstädtischen Großprojekte nach der Wende realisiert wurden. Sein Fokus war auf die Fassade gerichtet, weil sie in der blockartig bebauten Friedrichstadt die einzige Verbindung zwischen Haus und Straße darstellt. Denn das strenge städtebauliche Grundraster des Barock hat sich bis heute weitgehend erhalten. Im engen Straßenraum reduziert sich die Wahrnehmung eines Hauses somit auf die Zweidimensionalität seiner Fassade. Die architektonische Form wird im ästhetischen Sinne auf sein Gesicht zur Straße reduziert und projiziert mit Gesimsen, Lisenen und Laibungen ein Bild des Tragens und Lastens – unabhängig davon, welche Konstruktionen und Funktionen sich hinter den Fassaden verbergen. Nackt sind die Gebäude ohnehin alle gleich: Stahlbetonkonstruktionen mit einem wirtschaftlich vorteilhaften Stützenraster und gut vermietbaren Raumhöhen. Erst die Hüllen verleihen der Architektur ihren individuellen Charakter, weshalb die feinen Unterschiede auch nur in der Qualität des Stoffes und der Verarbeitung seiner Nähte zu erkennen sind: schwere Mäntel aus Stein, leichte Kleider aus Metall oder transparente Überwürfe aus Glas.
Vor allem die Befestigung der Kleider am Körper, also die Art der Bekleidung, lässt die feinen Unterschiede zum Vorschein kommen: sei es die geklebte Steinfassade, die nach außen das Bild der Solidität suggeriert, das Stein und Unterkonstruktion verflechtende Baukörper-Gewand, die massive Aufmauerung maßgeschnittener Steinblöcke oder – als Gegenmodell – die scheinbare Auflösung der Fassade in ein transparentes Negligee.

Norman Foster: Deutscher Bundestag (1995-99)

Pluralismus allein ist nicht mehr in der Lage, tatsächliche Vielfalt zu erzeugen. Komplexität und Widerspruch sind ebensowenig Garanten dafür, denn auch zur Vielfalt gehört eine gewisse Einfalt, ohne die keine spannende Konstellation von Gegensätzen entsteht.

Fritz Neumeyer, Architekturtheoretiker (1993)

Renzo Piano: Potsdamer Platz (1992-2000)

In der Friedrichstadt kommt die neue berlinische Architektur in ihrer ganzen Konsequenz zum Ausdruck. Dort gleicht ein Haus nur vordergründig dem anderen und entfaltet seine Differenzierung erst im Detail. Im Straßenraum wirken die Blöcke typologisch nahezu identisch: Das Haus ist zur Straße orientiert, besitzt eine klare Adresse, und die Fassade trennt den Außenraum scharf vom Innenraum. Die Vielfalt entwickelt sich in der Art, wie die Architekten konstruktiv mit dem Stein-, Metall- und Glasverkleidungen umgegangen sind. Ein Spaziergang durch die Friedrichstraße gleicht daher dem Besuch einer Bibliothek der zeitgenössischen Architekturtheorie. Er beginnt Unter den Linden am Lindencorso, führt vorbei am Hofgarten und an den Friedrichstadtpassagen und endet am Kontorhaus Mitte an der Mohrenstraße. Man mag es monoton nennen, wie die Blöcke ein Raster im engen Straßenraum formen. Doch spätestens aus der Fußgängerperspektive, wenn die Gebäude greifbar geworden sind, lässt sich ihr Spiel aus Illusion und Realität spüren.

So etwa erweckt Hans Kollhoffs tektonische Fassade mit ihren geklebten Lisenen und Gesimsen den Eindruck von Masse und Schwere. Kollhoff hat für das Eckgebäude an der Friedrichstraße und Französischen Straße wie bei fast allen seiner Bauten eine graue Granitverkleidung gewählt, deren Fugen nach dem Überlappungsprinzip verdeckt oder mit einem besandeten Dehnungskitt gedichtet sind – getreu dem Goethe-Motto, Kunst müsse nicht wahr sein, sondern müsse lediglich wahr erscheinen. Die Fassade wirkt zwar massiv, ist in der Realität aber gerade mal drei Zentimeter stark. Etwas weiter südlich, an der Ecke Friedrichstraße und Mohrenstraße hat Klaus Theo Brenner bei seinem Bau ganz bewusst auf diese Verkittung verzichtet. Hervorstehende Aluminiumschwerter, die als Abstandshalter zwischen den offenen Fugen sitzen, geben der Steinfassade einen filigranen und nahezu eleganten Charakter. Es scheint, als habe der Architekt dem massiven Baukörper ein Gewand umgelegt, bei dem Stein und Aufhängemechanik textilartig ineinander verwoben sind, besetzt mit funkelnden Perlen. Die steinerne Gebäudehülle wird zu einem schmückenden Körperumhang, dessen metallene Rippen deutlich erkennbar werden.

Mir erscheint wichtig, auf das Prinzip der äußerlichen Gestalt und Bekleidung des konstruktiven Gerüstes hinzuweisen. Denn jedes Kunstschaffen setzt eine gewisse Faschingslaune voraus.

Gottfried Semper, Architekt (1860)

Während sich Hans Kollhoff mit seiner Fassadengestaltung auf Gottfried Semper und dessen Bekleidungstheorie bezieht, die Fassade also als ein schmückendes Element des Baukörpers betrachtet, erscheint Brenners Fassade als eine moderne Interpretation von Otto Wagners Postsparkassenamt in Wien. Denn Wagner war vor gut 100 Jahren der Erste, der eine Fassade aus dünnem Naturstein sichtbar mit den Halterungen verband. Wagner schuf eine Synthese aus Technik und Gestaltung, indem er das unterschiedliche Formenvokabular der Epochen unter anderem als Zusammenwirken statischer Erkenntnisse, vorhandener Werkzeuge und ästhetischer Empfindungen definierte. Es könne daher mit Sicherheit gefolgert werden, dass neue Zwecke und neue Konstruktionen neue Formen gebären müssten. Wagner hatte mit der angeschraubten Steinfassade eine eiserne Ingenieur-Konstruktion mit einem neuen Empfinden für das steinerne Material verbunden. Bis heute ist dieser architekturtheoretische Diskurs in den aktuellen berliner Projekten lebendig geblieben.

Jede Bauform ist aus der Konstruktion entstanden und sukzessive zur Kunstform geworden. Es kann daher mit Sicherheit gefolgert werden, dass neue Zwecke und neue Konstruktionen neue Formen gebären müssen.

Otto Wagner, Architekt (1896)

Im Berlin der Neunzigerjahre haben neben Brenner vor allem Josef Paul Kleihues und Max Dudler dieses Spiel aus Konstruktion und Kunstform perfektioniert. Überall, wo in den Natursteinfassaden ein Metallknopf zum Vorschein kommt, haben die Architekten damit eine markante Visitenkarte hinterlassen. Ihre Fassaden markieren das Gegenmodell zu Kollhoffs Steintapeten, die lediglich ein Bild der Schwere evozieren. In diesem Sinne könnte sich die Geschichte durchaus wiederholen. Denn bereits Otto Wagner wies auf den feinen Unterschied zwischen Schein und Wahrheit hin, indem er Sempers Theorie als unvollständig kritisierte. Semper habe sich lediglich mit der Symbolik der Konstruktion beholfen, anstatt die Konstruktion selbst als die Urzelle der Baukunst zu bezeichnen. Doch da die breite Masse auf derartige Nuancen keine Rücksicht nimmt, konnte kaum jemand auf die feinen Unterschiede hinweisen. Stattdessen herrschte in der Stadt ein Diskussionsklima, das jeden Naturstein vorn vorneherein diffamierte – unabhängig davon, wie filigran oder subtil er verarbeitet wurde.

Die eigentliche Sonderrolle in der Berliner Friedrichstraße nehmen Christoph Mäcklers Lindencorso und Jean Nouvels Quartier 207 ein – zwei Projekte, an deren Materialwahl sich die Geschmäcker scheiden wie nirgendwo sonst. Mäckler baute als Einziger in der Friedrichstraße mit massiven Steinquadern, womit der Entwurf mit Bauten der Dreißigerjahre in Verbindung gebracht wurde. Nouvel baute mit Glas, was seinem Bau prompt den Beinamen „Kaufhaus in Aspik" bescherte. Im Lindencorso finden sich zahlreiche Motive aus der Architekturgeschichte wieder: wuchtige Fensterlaibungen aus Sandstein stoßen als dicke Umrahmung in den Straßenraum, ein steingeputztes Kranzgesims schließt die insgesamt 250 Meter lange Fassade nach oben hin ab. Das Haus und seine bis zu zwölf Zentimeter dicke Elmkalkstein-Fassade sind so wuchtig, dass die Stützen der Arkade auf den Bürgersteig einzuknicken drohen. Diese vertikale Kraft wird durch horizontale Kanneluren – ein Motiv aus der Antike, das auch Kleihues bei seinen flankierenden Bauten am Brandenburger Tor umzusetzen wusste – zumindest optisch etwas aufgefangen. Das Quartier 207 verkörpert dagegen die Antithese zu Mäcklers „Fassade ohne Verfallsdatum", wie sie der Architekt gerne selber bezeichnet. Nouvels Glaspalast, der wie Jahns Sony-Turm erst nach Einbruch der Dämmerung sein Grau ablegt und als funkelndes Etwas zum Leben erwacht, zeichnet in seiner Gebäudeform den Verkehr nach, der die Ecke rundgeschliffen zu haben scheint. Im Innern schneiden gewaltige Lichtkegel bis tief in den Keller, so dass ein Trichter als zentraler Raum entsteht. So faszinierend der Entwurf in seinen Zeichnungen auch aussah, seine architektonischen Qualitäten ließen leider zu wünschen übrig. Schon mehrfach regnete es vor der Fassade tropfengroße Glassplitter, weil ein Fassadenelement den Spannungen nicht standhalten konnte. Nouvel führte damit ungewollt vor, worin der Unterschied zwischen würdigem Altern und peinlichem Kaputtgehen von Architektur liegt.

Zeitgenössisches Bauen muss nicht alleine darin bestehen, etwas noch nie Dagewesenes zu produzieren. Wirklich zeitgenössisch bauen heißt, auf die Defizite der Vorgänger zu antworten.

Rainer Haubrich, Architekturkritiker (1999)

Christoph Mäckler:
Lindencorso
(1993-96)

Die eigentliche Baukunst beruht nicht darauf, dass man Steine nach dem Gesetz der Schwere und Spannung aufeinander legt, sondern auf arithmetischen und geometrischen Verhältnissen, in welchen alle einzelnen Teile zum Ganzen stehen.

Marcus Vitruvius Pollio, Architekt
(um 33 v. Chr.)

Thomas Müller,
Ivan Reimann:
Auswärtiges Amt
(1996-99)

Richtig erdachte Konstruktionen sind nicht
allein die Lebensbedingungen jedes
baukünstlerischen Werkes, sondern
sie werden auch dem Baukünstler positive
Anregungen bei der Schaffung neuer
Formen in die Hand spielen.

Otto Wagner, Architekt (1914)

Klaus Theo Brenner:
Kontorhaus Mitte
(1994-97)

Die Berlinische Architektur geht an der Schwelle des Jahrhunderts in eine neue Phase. Die neue Architektengeneration setzt sich inzwischen über die Materialfixiertheit ihrer Lehrer hinweg. So etwa haben die Architekten Thomas Müller und Ivan Reimann mit dem Erweiterungsbau des Auswärtigen Amtes am Werderschen Markt zwar einen massiven Steinblock geschaffen, ihm jedoch große Höfe herausgeschnitten und damit den Anschein monumentaler Schwere genommen. Lange Fensterbänder brechen die Außenhaut auf, ohne aber die Steinfassade vernichten zu wollen. Zudem haben die Architekten großformatige Tafeln aus römischem Travertin verarbeitet – einem Material, das im Nachkriegsdeutschland jahrzehntelang mit Schuldgefühlen und Scham vor der eigenen Nazi-Vergangenheit behaftet war. Kein prominentes Großprojekt ist in Berlin so still emporgewachsen wie der Bau am Werderschen Markt. Ob es daran lag, dass der Wettbewerb erst 1996 – also ein Jahr nach Abschluss der ermattenden Berliner Debatte – entschieden wurde und niemand mehr willens war, die leidigen Argumente ein weiteres Mal vorzubringen, oder ob es einfach daran lag, dass der Bau zu den besten Beispielen einer Synthese aus Naturstein und Glas gehört – es scheint, als sei das Auswärtige Amt in den Verschnaufpausen der öffentlichen Streitereien geplant und errichtet worden. Und bei kaum einem anderen Projekt ist es Architekten so gut gelungen, die für Berlin charakteristische Vergangenheitsfixierung en passant in Zukunftsfähigkeit umzumünzen. Das Auswärtige Amt ist daher auch ein Lehrbeispiel dafür, wie eine durch Nazi- und SED-Dikatur belastete Architektur durch die Inbeziehungsetzung zu einem selbstbewussten Neubau politisch dekontaminiert werden kann. Letztlich wurde das schwere Gebäude der ehemaligen Reichsbank und des ehemaligen ZK der SED erst durch einen in seiner Form zwar massiven, in seinem Wesen jedoch umso heitereren Baukörper von seinem Inhalt befreit.

Form ist nichts anderes als die Inbeziehungsetzung von Mensch zu Mensch. Denn für das einzelne in der Natur existiert kein Problem der Form. Das Einzelne in der Natur ist frei. Das Problem der Form erhebt sich dort, wo ein Zusammen möglich wird.

Adolf Behne, Architekturtheoretiker (1926)

Berliner Idiom

Ästhetische Parameter sind für das Bauen ebenso wichtig wie soziale, ökonomische oder ökologische. Die Schönheit eines Gebäudes darf deshalb kein bloßer Kompromiss aus allen Anforderungen, Form niemals das Ergebnis eines daraus abgeleiteten Entscheidungsprozesses sein. Die Kunstform genießt ein Recht auf Individualität, unterliegt aber wie in der Natur ihren Regeln. Diese Gesetze bleiben ungeschrieben und werden nur in der Architektur sichtbar. Der Kritiker Karl Scheffler hat für Berlin einmal die Formulierung geprägt, dass die Lebensgrundlage der Stadt aus profaner Tüchtigkeit und sachlicher Nüchternheit bestehe. Genau diese Eigenschaften treffen auf viele Projekte des „Neuen Berlin" heute zu. Es sind die steinernen Geschäftshäuser, wie sie vor allem in der Friedrichstadt entstanden sind. An ihnen lässt sich exemplarisch ablesen, dass Wandel durchaus auch den Begriff der Kontinuität beinhalten kann. Die Stadt hat sich somit aus sich selbst heraus erneuert; sie folgte den Gesetzen der Genese, wobei sie an das anknüpfte, was an Spuren noch vorhanden war. Dabei ging es keineswegs um ein Kopieren von längst Vergangenem, sondern um die Basis für eine neue Tradition, die sich nicht morgen schon wieder überlebt hat.

Wer gewaltsam den Stil will, wird ihn nie haben. Der Eklektizist, der auf eine kritisch gewonnene Vollkommenheitsidee blickt, wird ebenso wenig Stilkraft erlangen wie der Revolutionär, der in seinem Zukunftswillen absichtsvoll die große Form sucht. Stil ist – wie die Tradition – nie eine Frucht der Absicht. Beides kommt von selbst zu den Tüchtigsten – aber nur zu ihnen.

Karl Scheffler, Architekturkritiker (1920)

Der berlinischen Architektur der Neunzigerjahre wird man in einer zukünftigen Rückschau sicherlich nachsagen, sie habe ein zu einfaches Formenvokabular zur Anwendung gebracht, sie sei zu schroff oder zu repetitiv. Den meisten Gebäuden wird dieser Vorwurf aber zugute kommen; sie werden sich durch die Permanenz ihrer Form auszeichnen, und nur wenige Häuser dürften wieder aus dem Stadtbild verschwunden sein. Über die gestalterischen Hintergründe wird man sich wohl auch schnell einig sein. Denn in einer politisch bewegten Zeit, in der die Entscheidung für den Wiederaufbau eines europäischen Stadtzentrums über Nacht auf der Agenda stand, und inmitten einer Transformation von der Industrie- zur Mediengesellschaft, in der die eigentliche Umweltbelastung nicht mehr in der Zahl der Fabrikschlote sondern in der Flut der Informationen gemessen wird, hätte die Architektur nicht beruhigend genug sein können. Anderenfalls hätte sie zu einer gestalterischen Beliebigkeit geführt, in der die Form deklassifiziert worden wäre. Berlin hat nicht zuletzt aufgrund der vehementen Debatten zu seiner neuen Gestalt gefunden. Die Architekten sind der Frage nach Form nicht ausgewichen. Den Neunzigerjahren wird man hoffentlich nachsagen können, dass sie es wie keine andere Epoche vermocht haben, eine Tradition aufzubauen, die nicht in die Vergangenheit sondern in die Zukunft gerichtet ist. ■

In Search of Form

Aesthetic parameters of buildings are no less important than social, economic or ecological ones. Therefore, the visual quality of a building must not be a mere compromise between those standards and form should never be subsequent to such a pragmatic decision. Form is art is unique. But like nature, it follows rules, which are not written down. They visibly materialize in architecture. The critic Karl Scheffler once said about Berlin, that the city's existence is based on mundane hard-working and rationality. This characterization exactly describes many building projects of the new Berlin, particularly those stone-front office buildings in Berlin's Friedrichstadt. They are the manifest proof of continuity in change. The city had renewed itself in a process, that followed the rules of genesis and took up existing structures, but did not copy the past. It rather was the foundation of a new as well as sustainable tradition. Berlin's architecture of the 1990ies might well be blamed for having been too simple in its form, too coarse, too repetitive. This accusation, however, could be turning into a compliment for most of the buildings, as they will be appreciated for the permanence of their form, and only very few houses are likely to have vanished from city space then. Above all, the particular background of their design will be out of question: those days of political transformation. All of a sudden, the reconstruction of a European city centre had to be managed, a huge structural change was going on that turned industrial into media society; the actual pollution was no longer emitted by factory chimneys, but by fax machines, processors and monitors generating information. There was no architecture too massive, or it would have resulted in architectural indifference declassifying form. Berlin has found its new design, not least because of the vehement debate about it. The 1990ies are going to be the very decade synonym for building up a tradition that doesn't repeat the past but looks forward to the future.

Literatur

Burg, Annegret (Hg.): Neue Berlinische Architektur: Eine Debatte. Berlin/Basel/Boston 1994

Kähler, Gerd (Hg.): Einfach schwierig. Eine deutsche Architekturdebatte. Braunschweig/Wiesbaden 1995

Kollhoff, Hans (Hg.): Über Tektonik in der Baukunst. Braunschweig/Wiesbaden 1993

Lampugnani, Vittorio Magnago: Die Modernität des Dauerhaften. Berlin 1995

Neumeyer, Fritz: Mit dem Kopf durch die Wand. In: Hans Kollhoff. Berlin 1995 (Ausstellungskatalog)

Stadt als Selbstläufer

TEXT HANS WOLFGANG HOFFMANN

FOTO ANDREAS MUHS

Jedes System zielt primär darauf, sich selbst zu erhalten. Dieses Prinzip haben wir in der Natur längst schätzen gelernt. Dort bleibt das Ökosystem stabil, auch wenn der Gepard die Gazelle frisst. Denn er tut es nur solange, bis er Gefahr läuft, mit dem Leben seiner Nahrung auch sein eigenes auszulöschen. Die Nachhaltigkeitsdebatte hat mittlerweile dieses Naturgesetz auch für jedes Menschenwerk auf die Agenda gesetzt. Auf Städte projizierte das Sinnbild erstmals der französische Philosoph Henri Lefêvre, der 1976 die These aufstellte, dass die Städte nicht nur Raum von Produktion, sondern auch Produzenten ihres eigenen Raumes sind. Tatsächlich meint Stadt als Selbstläufer kein Perpetuum Mobile, sondern ein Schwungrad. Dank schierer Masse gerät es durch Impulse von außen nicht gleich aus dem Takt, ebensowenig droht ihm ohne solche Anschübe der sofortige Stillstand. Womit wir beim Bauen in Berlin wären: Hier kam es in den vergangenen zehn Jahren zu einem Input, der immenser und impulsiver war als alles, was europäischen Städten im 20. Jahrhundert widerfuhr. Insgesamt verwandelten sich über 300 Milliarden Mark in städtische Hardware. Die Frage ist: Hat sich mit der Bau- auch die Schwungmasse Berlins erhöht? Wurden die Investitionen so gelenkt, dass die Stadt zum Selbstläufer wird?

Voßstraße,
Bezirk Mitte

Diese Fülle kannte man nicht! 50 000 Menschen drängten sich am 17. Juni 1995 in den Hackeschen Höfen. Was sie dort erlebten, war nicht einfach die Einweihung eines Investorenprojekts. Es war die Renaissance des Städtischen. Wie schon bei der Premierenfeier 1906 las sich die Liste derer, die in den Höfen lebten, wie das Telefonbuch einer „kleinen Stadt". Dieses Modell hatte damals ein Bürger namens Quilitz gewählt, nicht zuletzt um sich selbst und seinem Projekt Erfolg über alle Marktzyklen hinweg zu sichern. Auf der größten Parzelle der Spandauer Vorstadt arrangierte der Baumeister Kurt Berndt die Nutzungsmischung um acht Höfe und verwandelte sie durch Toreinfahrten in der Dimension kleiner Boulevards in ein urbanes Netzwerk. Im Vorderhaus residierten Kanzleien hinter reichlich werbender Fassade. Der erste Hof geriet durch die Vergnügungsstätten, die sich um ihn versammelten, ebenso wie durch das Dekor des Baukünstlers August Endell zum Festplatz. Hinter den repetitiven Fronten des zweiten Hofs produzierten Handwerker in Stockwerksfabriken, hinter den ruhigen Fassaden der übrigen Höfe lag eine knappe Hundertschaft Wohnungen. Überall füllten Läden die Erdgeschosse.

Hackesche Höfe, Bezirk Mitte

In der Nachkriegszeit verfiel der Komplex zusehends, stand teilweise leer, blieb aber im Großen und Ganzen erhalten. Bewohner, Gewerbetreibende und Künstler harrten in der Hülle aus. Nach der Wende gründeten sie die Gesellschaft Hackesche Höfe, kurz bevor die Immobilienentwickler Roland Ernst und Reiner Behne 1993 das Ensemble für ihre Zwecke erwarben. Die zunächst unterschiedlichen Interessen mündeten schließlich in die Einigung, das Bewohner-Konzept „zur Förderung des urbanen Lebens" mit dem Geld der Investoren zu verwirklichen. Der Anteil der Kultur am Nutzungsmix wurde deutlich ausgebaut. Ein Grundvertrag fixierte ihn auf 20 Prozent (neben je 40 für Wohnen und Gewerbe). Zugleich schrieb er ein Mischmietensystem fest, bei dem die Büros die Kultur subventionieren. Der Run hat seither nicht nachgelassen. Die Zahl der Menschen, die hier allabendlich flanieren, bewegt sich nur knapp unter dem baupolizeilich Vertretbaren. Die Hackeschen Höfe ziehen heute über Berlin hinaus Flaneure an. Ihr Erfolg hat sich auf die ganze Gegend ausgewirkt: Verlage ziehen ein, Bars und Galerien entstehen, doch auch Wohnungen, selbst in nicht unbedingt geeigneten Lagen, an der S-Bahn. Die Stadt reproduziert sich im Bestand selbst.

Die Stadt als Selbstläufer: Kriterien für ein Ideal

Die Zutaten, die beim Modellfall Hackesche Höfe das Erfolgsrezept bildeten, bieten sich auch als Prüfsteine des Bauens in Berlin während der letzten Dekade des 20. Jahrhunderts an: Gelang es der Stadt, Prozesse durch die Nutzer steuern zu lassen, unterschiedliche Interessen zusammenzubringen, Vielfalt, besser noch Offenheit zu ermöglichen? Dabei ist ein Bewusstsein für Stadt, wie es bei den Hackeschen Höfen alle Beteiligten an den Tag legten, sicher die erste Voraussetzung für ihre Zukunft. Gefragt ist ein Leitbild, das auf dem dauerhaften Existenzrecht des Städtischen beharrt. Konservieren reicht freilich nicht. Denn weltweit sehen sich Städte mit Trends konfrontiert, die nicht mehr automatisch in die „Stadt" münden. Angesichts der Globalisierung konzentriert sich das Leben immer weniger auf einen Mittelpunkt. Konzentrations- und Dezentralisationsprozesse mischen die alten Zentren auf. Neue Kommunikationstechnologien machen es entbehrlich, dass sich Arbeit an einen einzigen Ort bindet. Die Dienstleistungs- und Wissensgesellschaft löst die der Industrie ab, welche uns die vertrauten Städte beschert hatte. Die Individualisierung, die sich nicht zuletzt in der Entstaatlichung ausdrückt, höhlt aus, was immer auch gebaute Gemeinschaft war. Es erscheint keineswegs zwingend, dass auch in Zukunft relativ viele Menschen auf relativ engem Raum leben. Die

Aufgabe lautet also, sich diesen Trends zu stellen, sie als Chance zu begreifen und in die Versuchsanordnung einzubinden. Genau das gelang den Hackeschen Höfe für einen Teilaspekt: Sie bauten auf eine Kultur, die sich direkt und ausschließlich aus der Stadt ergibt und führten ihr Potenziale der Freizeitgesellschaft zu.

Für eine ganze Stadt ist das nicht nur theoretisch eine weitaus größere Herausforderung. Denn sie ist nicht nur ein Gedankengebäude, sondern konkrete Erscheinung. Sicher kann man sie im Kopf neu erfinden, doch baubar und bespielbar ist allenfalls ein ungleich kleiner Teil. Stadt ist an mehr oder weniger feste Bauten gebunden. Ihre Grundstücke sind ihre unverrückbare Lebensgrundlage. Ihre Bevölkerung lässt sich nicht von heute auf morgen austauschen, ihr kollektives Gedächtnis nicht per Mausklick neu formatieren. Von diesem Bestand auszugehen, in der Hardware der Stadt und ihrer vorhandenen Bewohnerschaft eine Chance zu sehen, ist unumgänglich. Im Kern geht es um die Aktivierung der Ressourcen, die der Stadt bereits innewohnen, um die Mobilisierung der Immobilien. Vom neu Hinzukommenden muss man erwarten, dass es explizit zukünftigen Erfordernissen Rechnung trägt, aber auch, dass es mit dem Bestehenden in Beziehung tritt, es befruchtet.

Schlossfreiheit, Bezirk Mitte

Die Staatsstadt der Moderne: Berlin während der Teilung

Das alles klingt so selbstverständlich und war es doch lange nicht. Gerade in Berlin. In der Vergangenheit war Bauen nirgendwo so sehr Überlebensfrage und damit Affekthandlung. Zugleich waren die Voraussetzungen für eine Stadt als Selbstläufer nirgendwo weniger gegeben. Denn der Zweite Weltkrieg und die funktionalistische Nachkriegsmoderne bedeuteten einen Bruch für Berlin und seinen natürlichen Erneuerungsprozess. Materiell ließ der Krieg von den Altbauten zwar einen Teil übrig, ideell entwertete die Planung allerdings die Vergangenheit, indem sie die Stadt austauschte statt weiterbaute. In Ostberlin genoss der Neubau von Ersatzstädten sogar bis zum Schluss Priorität, selbst als längst klar war, dass auch das atemberaubendste Produktionstempo im Rahmen des staatlichen Wohnungsbauprogramms den Verlust an städtischer Substanz nicht kompensieren konnte. Im Ergebnis waren 1990 mehr als zehn Prozent der Altbauten im Ostteil der Stadt unbewohnbar, mindestens ein weiteres Drittel bot keinen zeitgemäßen Wohnstandard. In Westberlin besann man sich, nachdem der Mauerbau jede Zukunftsperspektive längst hatte obsolet werden lassen, auf die Stadt der Vergangenheit. Doch handelte man weiter gegen ihr Prinzip der Funktionsmischung. Noch in den Achtzigerjahren baute die Internationale Bauausstellung gewesene Stadtstrukturen ausschließlich mit staatlich subventionierten Sozialwohnungen nach, drängte die Behutsame Stadterneuerung das Gewerbe aus den alten, gemischt genutzten Höfen in neue, eigene Reservate.

Das Handeln im Geist der Moderne war freilich nur der adäquate Ausdruck des ungleich bedeutenderen Stadtfundaments. Berlin war während der Teilung eine staatliche Veranstaltung. In der Hauptstadt der DDR politisch gewollt, verabschiedeten sich private Investoren in Westberlin aus freien Stücken. Auch wenn sich dort die Hausbesetzer-Szene um die Stadterneuerung verdient machte, führte bürgerschaftliches Engagement – als Garant für eine Stadt als Selbstläufer – doch beiderseits der Mauer ein Nischendasein. Städtebau war wie vieles in Berlin von Zuwendungen des Staates abhängig, der auf wertgleiche Lebensverhältnisse seiner Bürger zielte. Im Ergebnis kam über die Hälfte des städtischen Grund und Bodens in den Besitz der öffentlichen Hand, war nahezu dieselbe Quote der

Wohnungen gemeinwirtschaftlich gebunden. Die Ausschaltung des Marktes behinderte den Strukturwandel. Die Staatsmacht reichte für politisch motivierte Leuchtturmprojekte wie das Internationale Handelszentrum am Bahnhof Friedrichstraße oder das Kulturforum, vermochte aber nicht, die Stadt insgesamt zu bespielen. Berlin war das Gegenteil eines Selbstläufers und war bis zur Wende ein Schwungrad, das sich selbst ausbremste.

Voltairestraße, Bezirk Mitte

Die formale Stadt: Berlin im Neubauboom

Aus der Stadt der Brachen wurde mit der Einheit bald die Stadt der Baustellen. Blitzschnell kehrten private Investoren nach Berlin zurück. Rund 300 Milliarden Mark verbauten sie in der letzten Dekade des 20. Jahrhunderts. Hinzu kamen weitere 130 Milliarden, mit denen die öffentliche Hand die Infrastruktur modernisierte. Damit war das Ende der Leuchtturmprojekte besiegelt. Dass sich zahllose Vorhaben als solche auszugeben versuchten, bestätigt nur, dass letztlich allein dem Hauptstadtprojekt dieses Attribut zukam. So groß die Investoren auch sein mochten, der einzelne war zu klein, um alleine Stadt zu machen. Das Geld floss mehrheitlich in Neubauten. Betrachtet man ihre Erscheinung, haben sie das vom Senat vorgegebene Leitbild der Europäischen Stadt fast durchweg umgesetzt. Mit diesem städtebaulichen Muster gewannen Hilmer & Sattler 1991 den Wettbewerb um den Potsdamer Platz. Durch diese Richtungsentscheidung war bereits in der ersten großen Konkurrenz nach der Wende der Städtebau der Moderne endgültig aus Berlin verbannt. Im Ergebnis der zahllosen Wettbewerbe und Gutachten fügen sich die gewaltigen Neubaumengen gut in die bestehende Stadt, jedenfalls ästhetisch. Das ist durchaus kein kleines Kompliment für die Berliner Baupolitik, doch für eine Stadt als Selbstläufer keineswegs ausreichend.

Tatsächlich ging man strukturell weder von der Stadt noch von ihren Ressourcen aus. Handlungsanleitung waren zumeist Szenarien eines Endzustandes. Berlin werde sich zu einer Metropolenregion und zu einem europäischen Zentrum für Dienstleistungen, für Handel und Verkehr entwickeln, mit der Perspektive, wieder zur ersten europäischen Garnitur wie Paris, London, Brüssel und Rhein/Main aufzusteigen, lauteten 1991 vielversprechende Prognosen. Man ging optimistisch davon aus, dass sich die Einwohnerschaft bis zum Jahr 2010 um über 1,5 Millionen Menschen erhöhen würde. Die Berliner Bank rechnete damals allein durch den Umzug von Regierung und Parlament mit einem direkten Anstieg des regionalen Bruttosozialprodukts um drei Milliarden Mark sowie mit 45 000 zusätzlichen Arbeitsplätzen. Das Geldinstitut des Landes Berlin sah im Hauptstadtprojekt die „Initialzündung für einen wirtschaftlichen Take-Off der Region, wie er auf andere Weise in vergleichbarer Zeit nicht erreicht werden kann". Eine irrige Erwartung, da der Staat nicht mehr der omnipotente war, als den man ihn noch in der Mauermetropole kannte. Die Sogeffekte des Hauptstadtprojekts beschränkten sich darauf, Berlin in eine Stadt der Repräsentanzen zu verwandeln.

PARISER BACKSTUBE
Baguette
Waffeln
Crepes
ofenfrische Backwaren

Gleichwohl wurden aus den Prognosen – wie schon in der Sektorenstadt – sektorale Bedürfnisse errechnet, diese dann ebenso sektoral abgearbeitet. Auf dem Sektor des Einzelhandels standen jedem Bürger von Hamburg oder München vor 1990 rund anderthalb Quadratmeter Verkaufsfläche zur Verfügung, während Westberliner zur Wende mit kaum zwei Dritteln davon vorlieb nehmen mussten, DDR-Hauptstädter sogar mit nur einem Drittel. Seit 1991 hat sich die Ladenfläche im Ostteil fast verdreifacht. Im Westteil expandierte sie um ein Viertel. Insgesamt kamen anderthalb Millionen Quadratmeter hinzu. Indem Berlin für Shopping-Center, auf die sich die Vorliebe der Händler konzentrierte, Standorte auswies, gelang es weit besser als in anderen Metropolen, Kaufkraftzuwächse an das Stadtgebiet zu binden. Im Detail blieb der Beitrag der Shopping-Center zur Urbanität freilich begrenzt. Denn städtisch ist an den nach innen gerichteten Kisten höchstens die Fassade, wofür die beiden Ring-Center in der Frankfurter Allee repräsentative Beispiele darstellen. Die Möglichkeit, die für die grüne Wiese optimierte Verkaufsform der Stadt anzupassen und sie dem öffentlichen Raum zu öffnen blieb bis auf wenige Ausnahmen ungenutzt. Das gilt noch mehr für die Chance, die neuen Marktplätze zur Belebung der Kernstadt einzusetzen und sie dort zu konzentrieren. Die mittlerweile mehr als zwei Dutzend Exemplare wurden über die ganze Stadt gestreut, so dass die Verkaufsflächen der beiden Zentrumsbereiche (Zoo und Mitte) heute von deutlich geringerer Größe sind als in der Innenstadt des ungleich kleineren Hamburgs. Die Shopping-Center haben daher eher zur Stärkung der Gesamtstadt beigetragen als eigene räumliche Schwerpunkte zu setzen.

Speicherplatz,
Bezirk Friedrichshain

Dass es bei beiden Nutzungen nur um die Befriedigung eines Nachholbedarfs ging, hält ihre Zukunftsrelevanz im Zaum. Um die am häufigsten bewältigte Bauaufgabe steht es da per se besser: Büros. Ihre Fläche expandierte seit 1990 um zwei Drittel. Mit heute rund 19 Millionen Quadratmetern ist Berlin für das Dienstleistungszeitalter mehr als gut gerüstet. Sieben Millionen Quadratmeter entstanden allein seit der Wende. Freilich ist ihre binnenstädtische Verteilung ähnlich kritisch zu sehen wie beim Einzelhandel oder den neuen Kinocentern, wenn auch unter umgekehrten Vorzeichen: Dass sich nunmehr 50 Prozent der Büroflächen auf das Zentrum am Zoo sowie den Bezirk Mitte konzentrieren, mag aus der Sicht der Investoren ausgewogen erscheinen. Blickt man jedoch in diese Quartiere, findet man weniger eine Kernstadt als eine City. Insbesondere die Friedrichstadt hat heute alle Mühe, sich außerhalb der Geschäftszeiten belebt zu geben. Um Urbanität zu erreichen, hatte der Senat bei allen Neubauvorhaben in der Innenstadt versucht, einen Wohnanteil von 20 Prozent durchzusetzen, was für die im Flächennutzungsplan als Kerngebiet ausgewiesenen Bereiche schwierig genug ist. Erfolgreich konnte die ange-

strebte Mischung deshalb nur verwirklicht werden, wo das Bauvolumen wirklich einer „kleinen Stadt" entsprach, wie etwa am Potsdamer Platz. Erwartungsgemäß geht selbst dort die Belebung eher von den Entertainment-Etablissements aus. Bei der Mehrzahl der mittelgroßen Neubauten gelang es immerhin, die dominante Nutzung mit Läden zu verbinden, was noch in der Teilungszeit alles andere als selbstverständlich gewesen war. Je mehr sich ein Bauvorhaben indes auf die historische Parzellengröße beschränkte, desto weniger konnte der Ansatz der Nutzungsvielfalt ausgespielt werden. Die residenzielle Pflichtquote führte vor allem zu Wohn-Sonderformen wie Penthouse-Etagen oder Boarding-Houses, welche die urbanistischen Erwartungen gar nicht erfüllen können. Während sich das Gewerbe auf die Kernstadt konzentrierte, entstand das Gros der Wohnungen an der Peripherie. In der Innenstadt entstanden allein zwischen 1992 und 1997 Büroflächen für schätzungsweise 150 000 Arbeitsplätze, doch gerade 8000 der insgesamt 130 000 Wohnungen.

Die Stadt des verordneten Upgrades:
Bestandserneuerung im Berlin nach der Wende

Nimmt man die städtische Förderung im Wohnungssektor als Maßstab, stehen Alt und Neu im Verhältnis Eins zu Drei. Die größte funktionale Urbanisierung gelang ausgerechnet dort, wo die bestehende Stadt dem Ideal der traditionellen am wenigsten entsprach: In den 380 000 Plattenwohnungen, die jedem fünften Berliner Haushalt, im Ostteil sogar jedem zweiten Heimstatt geben. Sie boten ihren Bewohnern zur Wende lediglich die eigenen vier Wände, und selbst das nur mit einem relativ geringen Wohnstandard. So entstand die Angst, dass sich die 17 Plattensiedlungen zu Armenhäusern entwickeln könnten. Um das zu verhindern, legte der Senat 1993 ein Programm auf, das nicht nur die Modernisierung der Apartments förderte. Der ganzheitliche Ansatz sah vielmehr auch die Aufwertung der Außenanlagen, neue Handels-, Büro- und Freizeitstätten vor, ja sogar die Ergänzung um Wohnformen, die bisher dort nicht vorkamen. Heute sind zwei Drittel der Investitionen mit dem atemberaubenden Gesamtvolumen von 13 Milliarden Mark getätigt und ebenso viele Wohnungen saniert. In ihrem Umfeld ist die Hälfte der Arbeiten abgeschlossen. Eine Fläche, größer als der Tiergarten, verwandelte sich in eine inoffizielle Gartenschau: 20 000 Bäume wurden gepflanzt, rund 300 Spiel- und 550 Bolzplätze neu angelegt, 100 Jugendeinrichtungen hergerichtet, 45 Quartierszentren ergänzt. In der Mitte von Hellersdorf, dem wichtigsten Nachbesserungsschauplatz, konnte am Spanischen Platz sogar eine Fachhochschule angesiedelt werden. Das Ziel, aus den Großsiedlungen konkurrenzfähige Stadtteile zu machen, wurde vielerorts erreicht. Zwar liegt der Leerstand leicht über dem Berliner Durchschnitt, doch die Verhältnisse sind weitaus stabiler als in anderen ostdeutschen Plattensiedlungen, unter denen Halle-Silberhöhe, wo ein Drittel des Bestands verwaist ist und man mit dem Abriss beginnt, kein Einzelfall ist. So erfolgreich die Plattensanierung „Made in Berlin" zweifellos ist, zum Exportschlager wurde sie bisher nicht, obwohl sich die Verantwortlichen ständig darum bemühen. Insbesondere in Osteuropa, wo theoretisch ein Markt von 170 Millionen Bewohnern vorfabrizierter Häuser existiert, scheitert ein solches Ansinnen, weil dort niemand vergleichbare Summen mobilisieren kann. So konnten die Investitionen Berlins bisher keine Sogeffekte entfalten. Dass sie immerhin perspektivisch möglich sind, ist indes ein großer Erfolg für ein Projekt, das zunächst nur auf lokale Bestandssicherung zielte.

Moabiter Werder,
Bezirk Tiergarten

Solche Chancen sind bei bisher nutzlos erscheinenden Immobilien natürlich ungleich größer. Dabei bestand die erste Aufgabe darin, gegen die Ex-und-Hopp-Mentalität anzugehen, die bis zur Wende nur für Wohnhäuser wirklich tabu war. Nicht zuletzt die Propagierung der traditionellen Stadt hat inzwischen ein Bewusstsein für den Wert alles Alten geschaffen. Das leuchtendste Beispiel dafür gab die Bundesregierung, die nach heftigen Aus-

einandersetzungen schließlich alle Ministerien im Bestand unterbrachte. Die städtische Denkmalpflege begriff sich zudem als Wasserträger der Veränderungen und überließ die Rolle des Anwalts historischer Gebäude mehrheitlich entsprechend spezialisierten freien Büros. Das hat nicht nur Wiederinbetriebnahmen, sondern auch Umnutzungen befördert. In Berlin gibt es heute kaum einen brachliegenden Altbau, für den nicht wenigstens eine Konzeption formuliert worden wäre, wie er zum Bestandteil zukünftiger Stadt werden könnte. Für den Flughafen Tempelhof wurde sogar erstmals über Nachnutzung nachgedacht, bevor der bisherige Gebrauchsgrund entfallen ist. Wie das geplante Urban-Entertainment-Center der Post im ehemaligen Paketbahnhof, der durch die Ausstellung „z. B. Berlin – Zehn Jahre Transformation und Modernisierung" erstmals überhaupt begehbar wurde, verheißen die Projekte durchweg einen urbanen Mehrwert. Herausragend unter den zahllosen Realisierungen sind die Öffnung des Bahnhofs Alexanderplatz durch Rebecca Chestnutt und Robert Niess, der als Transitraum für Fahrgäste, Flaneure und Konsumenten den zentralen Ort des Ostens sichtbar bereichert hat; Claude Vasconis Umbau der Borsighallen zu einem Einkaufszentrum, durch das Kunden ungleich länger flanieren als durch neugebaute Shopping-Malls; oder die Konversion des Glühlampenwerks NARVA zur Oberbaum-City: Hier schlagen sich denkmalpflegerisch bedingte Mehrkosten von 70 Millionen Mark in einer Vermietungsquote nieder, die deutlich höher als bei den Büroneubauten desselben Investors ist. Die Liste ließe sich beliebig verlängern: Weiterhin fortgesetzt wurde die in den Achtzigerjahren in Berlin entwickelte und inzwischen nicht nur im Ruhrgebiet kopierte Konzeption, in den Skeletten des Industriezeitalters Technologie- und Gründerzentren anzusiedeln, von denen sich Städte Konkurrenzfähigkeit im Wissenszeitalter versprechen. Leuchtturm dieser Politik, Zukunft nach Berlin zu bringen, ist sicherlich die Wissenschaftsstadt in Adlershof. Noch größer ist die Chance, dass die Stadt durch solche Kompetenzzentren zum Selbstläufer wird, in Oberschöneweide und Borsigwalde, wo die Denkfabriken unmittelbar im urbanen Kontext liegen.

Freilich hat die Bestandspolitik des Senats solche Synergien nicht nur befördert. So beschloss die Wirtschaftsverwaltung 1992, gleich 3300 Hektar ausschließlich für das produzierende Gewerbe zu reservieren. Dieses Industrieflächensicherungskonzept entzog nicht nur wertvolle Flächen wie das Spree-Ufer an der Köpenicker Straße der Urbanisierung, es war auch wirtschaftspolitisch rückwärtsgewandt: Nach allen Erfahrungen entwickelt sich in Zeiten des Strukturwandels der Sekundäre Sektor nämlich nur, wo er mit dem Tertiären kooperiert. Für produktionsnahe Dienstleistungen wurden die Schutzzonen indes erst im vergangenen Jahr geöffnet. Modellfläche hier ist das Spreequartier. Andernorts lebt das Ressortdenken freilich weiter. Anfang der Neunzigerjahre beschloss der Senat auf Initiative der Bauverwaltung neben dem zentralen Hauptstadtprojekt gleich fünf weitere Entwicklungsmaßnahmen auf mehr oder weniger peripheren Standorten. Dieser Kraftakt schien nötig, handelte es sich doch bei Adlershof, Biesdorf-Süd, der Eldenaer Straße, der Rummelsburger Bucht und der Wasserstadt Spandau, die zusammen etwa so groß sind wie der Bezirk Mitte, um schwierige Konversionsflächen, die ohne staatliche Intervention wahrscheinlich Brachen geblieben wären. Inzwischen ist freilich der Bedarf nach mehr als 30 000 neuen Wohnungen und Dienstleistungsflächen, die sich auf das 14-fache des Debis-Projekts am Potsdamer Platz summieren, nicht mehr auszumachen. Eine Ausstrahlungskraft auf die Gesamtstadt, die das lokale Engagement rechtfertigen könnte, hatten aber von vornherein nur die kleinen Teilbereiche von Adlershof, in denen Media-City und Wissenschaftsstadt unterkommen. Die Möglichkeit einer nachträglichen Qualifizierung wurde indes kaum genutzt. Dabei würde sich etwa für die Eldenaer Straße – immerhin die

Thaerstraße,
Bezirk Lichtenberg

größte Sonderbaufläche Berlins – eines jener Kaufkraft absorbierenden Factory Outlet Center anbieten, deren Ansiedlung im Umland Berlin ohnmächtig zusieht. So bekommt Berlin für Investitionsvolumen von fünf Milliarden Mark, von denen mindestens anderthalb an der Stadt hängen bleiben, lediglich normale Neubauviertel. Sie tragen kaum zur Profilierung der Peripherie bei. Ihr Mehrwert erschöpft sich im Stadtbaukünstlerischen. Soziale und ökonomische Qualitäten ihres Umfeldes blieben unbeachtet, selbst wo sie bereits angelegt waren: etwa in Köpenick, dessen grandiose Rekreationslandschaft seit der Wende brach liegt. Wo sie wie beim Biomedizin-Campus Buch zu wirklicher Stadtrelevanz auszubauen gewesen wären, wurden kaum nötigste Renovierungen bewilligt.

Dass die staatliche Strategie nicht nur räumliche und funktionale Arbeitsteilung, sondern auch soziale weiterhin nivelliert, macht schließlich der Umgang mit den Altbauwohnungen deutlich. Hier hat die Politik, in der Absicht gleiche Lebensverhältnisse herzustellen, Möglichkeiten nicht nur nicht genutzt, sondern sogar verbaut. Tatsächlich bietet die Sanierung vermeintlicher Armenquartiere die Chance, bauliche und soziale Ziele zugleich zu erreichen, sofern sie durch die Bürger selbst erfolgt. Das ist jedenfalls die heute überall gültige Vorstellung von sozialer Stadterneuerung. Auch vom Berliner Senat wurden 1999 Quartiersmanager für 15 Kieze eingesetzt, um Hilfe zur Selbsthilfe, Beschäftigungs- und Qualifizierungsoffensiven zu organisieren. Dagegen besteht die einfachste Möglichkeit kaum mehr: dass Bewohner (finanziert durch den Eigentümer und vermittels des Staates) ihre Wohnung selbst sanieren. Solche Synergiekonzepte werden heute in Hamburg perfektioniert. Erstmals angewandt wurden sie in den Achtzigerjahren in Berlin. Nach der Wende hat der Senat die bauliche Selbsthilfe aber kaum mehr propagiert. Zudem wurde ihr von Bund und Land kaum ein Fünfzehntel der Mittel zugestanden, über die die klassische Sanierung verfügte. So sanierte die Arbeitsgemeinschaft aus Staat und Eigentümern den Wohnungsbestand weitgehend allein. Energischer als anderswo ging es vor allem mit den Vorkriegsbauten voran, die knapp die Hälfte des Berliner Wohnungsbestands ausmachen. Während etwa Brandenburg erst ein Drittel der Arbeiten abschließen konnte, liegt die Quote in der Hauptstadt fast doppelt so hoch. Mittel von weit über acht Milliarden Mark reichten nicht nur, um unbewohnbare Häuser in Stand zu setzen, sondern für eine flächendeckende Modernisierung. Schon heute kann der Mietspiegel kaum noch Kleinapartments mit Ofenheizung, aber ohne Bad und Innentoilette ausmachen. Freilich belegen Untersuchungen, dass die Menschen mit der Aufwertung ihrer vier Wände nicht Schritt halten konnten. Zugleich sind Mietsprünge selbst für die 170 000 Einwohner absehbar, welche die Politik durch Sanierungsrecht schützen zu können glaubte. Nachdem Gerichte Preisbindungen für rechtswidrig erklärt haben, ist die Gefahr real geworden, dass es kaum noch wirklich billige Wohnungen gibt, wie sie etwa studentische oder ausländische Zuwanderer nachfragen, auf die Berlin schon zum Ausgleich seines demographisch bedingten Bevölkerungsschwunds angewiesen ist.

Salzhof,
Bezirk Spandau

Die Stadt als Ressource: Berlin nach dem Bauboom

Im Ergebnis steht die Stadt heute neben ihren Bewohnern. Zehn Prozent der Büroflächen – das sind 1,5 Millionen Quadratmeter – und 17 Prozent der Verkaufsfläche sind verwaist. Berlin hat heute weniger Einwohner als 1990. Profitiert haben von den Bauleistungen und ihrer Vermarktung mittels Architainment bisher die Hoteliers. Damit ist noch nichts über ihren zukünftigen Wert gesagt. Sicher aber ist, dass die Entwicklung keineswegs immer so verlief, dass Stadt zum Selbstläufer hätte werden können. In der Lesart der Moderne liegt das größte funktionale Defizit beim Wohnen, das größte räumliche in der Innenstadt. Sie zusammenzubringen, steht auf der Liste der Hausaufgaben ganz oben. Noch bedeutender ist der methodische Mangel: Das Bauen in Berlin ist bis heute eine autonome Disziplin, die in erster Linie vom Staat abhängig ist. Da dieser primär auf Ausgleich bedacht ist, können ihre Produkte der komplexen Lebenswirklichkeit der Stadt gar nicht entsprechen. Die meisten Fehlentwicklungen nahmen dort ihren Ausgang, wo die Kommune weiter auf Verfahren und Konzepte aufbaute, die sie in der Teilungszeit eingeübt hatte. Schneller als die gebauten Ergebnisse die intellektuelle Einsicht in ihre Unangemessenheit reifen ließen, führten sie zu einer Haushaltslage, in der sie schlicht nicht mehr fortgesetzt werden konnten. Daher unterblieb die Abrechnung mit der Baupolitik der ersten Nachwendejahre.

Dennoch lassen sich nach 1995 Kurskorrekturen ausmachen, die allesamt in die richtige Richtung gehen. Der Mangel an Steuergeld zwang die Politik, auf die Suche nach anderen Ressourcen zu gehen. Das Land Berlin tat das Naheliegende und wandte seine Aufmerksamkeit seinen eigenen Immobilien zu. Wie sie zu mobilisieren sind, haben andere bereits vorgemacht: Wie der Siemens-Konzern bewirtschaften viele private Großgrundbesitzer ihre Gebäude inzwischen mit Methoden des Facility Managements. Verschwendung gebieten sie Einhalt, indem sie ihre Nutzung konzernintern abgelten lassen. Nicht betriebsnotwendige Liegenschaften werden anderweitiger Verwertung zugeführt. Berlin dagegen wusste lange nicht einmal, was ihm eigentlich gehört. Die 1997 mit der Bestandsaufnahme beauftragte Wasserstadt GmbH brachte an der Tag, dass das Land 41 Prozent der Stadtfläche besitzt, von denen mindestens 14 000 Hektar verzichtbar wären. Das ist vierzehnmal der Bezirk Mitte.

Rund 10 000 Flurstücke will das Land im Jahr 2000 in einen gewerblich arbeitenden Liegenschaftsfonds einbringen, der sie mittelfristig privatisieren soll. Offen ist, inwieweit diese Konstruktion der Stadtentwicklung dienen kann. Immerhin musste sich der Senat inzwischen vom ursprünglichen Primat der Haushaltssanierung verabschieden. Da andere Eigentümer wie Post und Bahn ebenfalls große Landmassen offerieren, besteht auf dem Berliner Grundstücksmarkt ein Überangebot. Die Stadt hätte den Schätzwert von 13 bis 26 Milliarden Mark kaum realisieren können. Nach Worten des neuen Finanzsenators Peter Kurth soll der Liegenschaftsfonds nun vornehmlich einer „investorenfreundlichen Politik" dienen. Um Kaufinteressierten den Überblick zu erleichtern hat der Senat im vergangenen Jahr eine Einrichtung geschaffen, wie sie in Paris schon seit zehn Jahren existiert. Der Berliner Liegenschafts-Informationsservice (Blis) enthält Daten über 447 000 Besitzer, über Größe, Nutzung und Richtwert von 395 000 Flurstücken und 525 000 Gebäuden. Eine Auswahl für den inneren S-Bahn-Ring ist als Automatisierte Liegenschaftskarte bei der Bauverwaltung auf CD-ROM erhältlich. Noch in 2000 will man damit im Internet präsent sein.

Martin-Luther-Straße, Bezirk Schöneberg

HOTEL PRESIDENT

Auch die Stadtplanung geht nicht mehr von fiktiven Bedarfsprognosen, sondern realen Potenzialen aus. Exemplarisch untersucht wurden sie auf dem Wohnsektor. Nachdem es vor der Wende ein Kataster für Baulücken nur für Westberlin gegeben hatte, wurde 1995 eines für die östlichen Bezirke aufgestellt. Die Lücken ließen sich mit je rund 35 000 Wohneinheiten füllen und bilden damit zwei Drittel der Nachverdichtungsreserve, von der 40 Prozent in der Innenstadt liegen. Den Sprung zur qualitativen Analyse schaffte 1999 ein Gutachten, das nur die Wasserlagen berücksichtigte: Demnach wären kurzfristig neun Kilometer Ufer für 6900 Wohnungen aktivierbar. Zugleich musste die Bauverwaltung feststellen, dass 46 Prozent der freien 510 Hektar anderweitig vergeben sind – etwa durch den Flächennutzungsplan oder das Industrieflächensicherungskonzept.

Fragen nach dem Kern städtischer Existenz hatte zuvor schon die Stadtentwicklungsverwaltung gestellt. Das von ihr im Herbst 1996 präsentierte Planwerk Innenstadt beantwortete sie zumindest räumlich. Nachdem die Baupolitik – geprägt von den Erfahrungen der von allen historischen Hierarchien abgenabelten Frontstadt – noch nach der Wende überall dasselbe wollte und der Flächennutzungsplan von 1994 nur verbal Innen- vor Außenentwicklung gestellt hatte, räumte dieses Strategiepapier der Innenstadt erstmals wieder tatsächliche Priorität ein und fügte die mindestens in Ost und West zerrissene City zu einem Zentrum zusammen. Chancen für dessen Qualifizierung machte das Planwerk insbesondere auf Flächen aus, die bis dato nicht nur in Berlin ein Tabu-Terrain darstellten: die Schneisen der autogerechten Stadt, etwa an der Lietzenburger Straße oder zwischen Spittel- und Molkenmarkt. Insgesamt identifizierte das Planwerk auf dem 3000 Hektar großen Gebiet zwischen Ernst-Reuter-Platz und Ostbahnhof 170 Hektar mögliche Bauflächen, von denen sich fast 80 Prozent in kommunaler Hand befinden. Nach dem Trauma der nachttoten Cities wurde eine Erhöhung des Wohnanteils auf 80 Prozent angestrebt, was etwa 23 000 Einheiten ergäbe.

In den folgenden drei Jahren wurde das Planwerk weiter qualifiziert als jede architektonische Absichtserklärung. So identifizierte man zur Beantwortung der Wohnungsfrage geeignete Orte und entwarf Haustypologien, die traditionelle Innenstadtmodelle für Qualitäten öffnen, wie sie bisher nur die Peripherie bietet – wobei angesichts der Nutzerwünsche wohl Verdichtung in umgekehrter Richtung sinnvoller gewesen wäre. Vor allem aber stellte man eine Machbarkeitsstudie an. Ergebnis: Damit die Apartments für die 450 000 Berliner Haushalte mit mittlerer Kaufkraft attraktiv sind, müsste das Land Berlin seine Grundstücke zu einem Quadratmeterpreis von 1600 Mark veräußern. Das entspricht freilich kaum einem Drittel des Verkehrswertes. Es bedarf also einer politischen Preisgestaltung. Eine Entscheidung darüber steht insbesondere am Friedrichswerder an. Befördern würde sie sicherlich die – freilich noch ausstehende – Alternativrechnung über Kosten, die auf die Stadt zukommen, wenn die Steuerbürger ihr ganz den Rücken kehren, oder sie am jungfräulichen Standrand mit städtischer Infrastruktur erst versorgt werden müssten.

Mehrower Allee, Bezirk Marzahn

WBG
MARZAHN
ATLAS
KURIER
Auftragsannahme: 030/38 38 00 11

Die Stadt der Bürger: das Berlin, das noch aussteht

Inzwischen haben zwei weitere Planwerke die Debatte für den West- und den Südost-Raum eröffnet. Damit ist es möglich, dass nach der fruchtlosen Konkurrenz von Kernstadt und Peripherie beide zu Komplementären werden. Sollten alle Ansätze umgesetzt werden, wäre die Welt aus der Sicht staatlicher wie gewerblicher Developer in Ordnung. Was Berlin als Selbstläufer noch fehlt, ist die Rehabilitierung der Bürger als Träger der Stadtentwicklung. Auch hier wagte das Planwerk Innenstadt einen neuen Weg. Für fünf Teilgebiete erarbeiteten Planungswerkstätten die Detailkonzeption. Am Runden Tisch nahmen alle Platz, die zum Quartier etwas beizutragen haben: Investoren und Eigentümer, die Verwaltungen von Senat und Bezirk, Experten und die Betroffenen. Entscheidungen wurden schneller, gleichberechtigter, transparenter sowie mit mehr Realitätsnähe und Konsens gefällt als bei etablierten Beteiligungsmodellen. Der Dialogische Stadtumbau wurde zu einem Verfahren, das es verdient hätte, institutionalisiert zu werden.

So gut Mitsprache ist, Mittäterschaft ist besser. Indes kann der Bürger heute bestenfalls zu einem sehr unstädtischen Bauherren werden: Für mehr als ein Eigenheim reicht sein Kapital nicht. Tatsächlich kaprizieren sich die Aktivitäten der Stadt auf den Wohnungssektor. Die Berliner Eigentumsquote von unter zehn Prozent liegt etwa ein Drittel unter der vergleichbarer Agglomerationsräume. Berlin ist eine Mieterstadt. Während der Teilung wurde sie zur Metropole des Sozialen Wohnungsbaus. Noch nach der Wende investierte Berlin jährlich Mittel zum Neubau von über 10 000 entsprechend gebundenen Apartments. Deren Zahl setzte die Stadt ziemlich abrupt auf Null, als sich Mitte der Neunzigerjahre abzeichnete, dass sie die Folgekosten des Universalfürsorgesystems nicht mehr würde tragen können und der Bedarf längst gedeckt ist. Stattdessen förderte sie nun den Eigenheimbau: rhetorisch, doch bei alljährlich tausenden Einheiten auch finanziell – mit der pro Kopf höchsten Unterstützung aller Bundesländer von bis zu 150 000 Mark und mehr. Die Eigentumsoffensive versuchte, fluchtbereite Steuerbürger an der Stadtgrenze abzufangen.

Dass man so aus Stadtflüchtlingen keine Urbaniten machen kann, lehren Erfahrungen von Städten wie Hamburg, die damit schon in den Siebzigerjahren scheiterten. Folglich beendete das Land Berlin die peripheren Projekte noch vor ihrer Fertigstellung. Seitdem wird Immobilieneigentum nurmehr in der Innenstadt propagiert. Angesichts der ungleich höheren Grundstückspreise bleibt das Wohnen dort freilich ein noch größerer Wunschtraum. Tatsächlich ist inzwischen die Erkenntnis gereift, dass jeder Neubau teuer bleibt, egal wie man die Kosten verteilt. Folglich konzentriert sich der Senat seit neuestem auf ein Programm zur „Förderung des Erwerbs von Wohneigentum aus dem Berliner Wohnungsbestand". Was zunächst nur der Finanznot geschuldet scheint, kann tatsächlich einen Befreiungsschlag bedeuten. Denn noch stärker als vor der Wende zementierte die Wohnungspolitik seit 1990 nur noch mittelmäßige Millieus. Anfangs mochte die Stadt noch Sozialwohnungen in Auftrag geben. Doch schon damals war die Förderung bereits so reduziert, dass sie allein einer mittelständischen Klientel zugute kam. Mit dem faktischen Abschied vom Neubau könnte die Wohnungspolitik nun ihre gesellschaftliche Relevanz zurückgewinnen, sofern es gelingt, die finanziellen Spielräume, die der Bestand bietet, in soziale umzumünzen und eben nicht nur der Mitttelschicht den Weg zur eigenen Wohnung zu ebnen.

Rykestraße, Bezirk Prenzlauer Berg

Tatsächlich sind die Chancen dafür gut, weil die Stadt über Wohnungen verfügt, die für den Mittelstand ohnehin nicht interessant sind. Insgesamt gehören den gemeinwirtschaftlichen Gesellschaften in Westberlin über 22 Prozent der Apartments, in Ostberlin gar über 39. Das ist weit mehr als im Bundesdurchschnitt. Allein die Kommune gibt einer Million Berlinern Heimstatt. Den ersten Anlass zur Privatisierung gab 1994 das Altschuldenhilfegesetz. Die darin geforderte Verkaufsquote von 15 Prozent konnte Berlin sehr schnell erfüllen. Das heute erreichte Viertel ist zwar konkurrenzlos, doch die angestrebte Privatisierung an Mieter oder wenigstens an Selbstnutzer wurde nicht erreicht. Trotz reichlicher Überzeugungsarbeit sind die von der Gemeinnützigen Siedlungs- und Wohnungsbaugesellschaft (GSW) erzielten 90 Prozent eine absolute Ausnahme. Selbst die 25 Prozent der Wohnungsbaugesellschaft Mitte (WBM) liegen noch über dem Regelsatz. Am Preis kann es nicht gelegen haben, da staatliche Förderung ihn unter Kleinwagenniveau drückte. Es bleibt nur ein Grund: Ebenso wie Eigentum einen Gewinn an Eigenverantwortung verspricht, bedeutet es den Verlust an Mobilität. Solange nicht wie in den USA ein funktionierender Gebrauchtwohnungsmarkt existiert, kann die Mehrheit der Bevölkerung der Forderung nach Beweglichkeit nur entsprechen, indem sie zur Miete wohnt. Selbst der Staat behindert die Bildung von Wohneigentum, indem er jeden privaten Immobilienkauf durch die Grunderwerbssteuer verteuert.

Da die Stadt gleichwohl ein primäres Interesse an Ortsbindung hat, sind Eigentumsverhältnisse gefragt, welche die Vorteile der klassischen Besitzstände verbinden. In der Tat lebte die während der Teilung tote Idee der Genossenschaft wieder auf. Allein in Berlin gründeten sich rund ein Dutzend dieser Zweckverbände neu, nachdem eine Gesetzesnovelle 1994 die Form der „eigentumsorientierten Genossenschaft" aufwertete. Indes funktioniert auch dabei der Verkauf nur in einer Richtung. Eine ungleich universellere Form stellen dagegen offene Kapitalgesellschaften dar, deren Anteile mit einem Nutzungsrecht verbunden sind. Im Immobiliensektor haben sie sich auf dem Markt von Ferienapartments bereits ebenso bewährt wie beim Verkauf der Wohnungen von Post und Bahn in Spanien. Eine solches Modell schlug der Stadtsoziologe Winfried Hammann 1998 zur Privatisierung der Berliner Liegenschaften vor. Wirklichkeit werden konnte es nicht, weil große Gewinne damit nicht so schnell zu realisieren sind, wie die Stadt das damals erwartete. Hammanns Versuch, es zu Beginn des neuen Jahrzehnts mit einer Gruppe Gleichgesinnter in Eigenregie zu etablieren, nutzt freilich nur ein Bruchteil der Chancen einer Bürgerstadt AG, zumal man sich auf das risikoreiche Terrain des Neubaus begibt. So muss man insgesamt feststellen, dass die Wohnungspolitik quasi nebenbei Chancen zur Wiederinstandsetzung der Bürger als Träger der Stadtentwicklung geschaffen hat, diese aber noch nicht operationalisiert sind.

Doch der Stadtbürger der Zukunft darf sich nicht nur mit der klassischen Bauherrenschaft für Wohnungen zufrieden geben. Tatsächlich haben sich in Berlin Ansätze ausgerechnet auf einem Terrain ergeben, das bisher nie in bürgerschaftlicher Verantwortung lag: im öffentlichen Raum. Einerseits erhob das Quartiersmanagement Bewohner zu mehr als nur zu Beratern. Dirigieren sie in diesen Gebieten immer noch das Kapital des Staates, waren sie bisher überall sonst seine Finanziers: Als Anlieger zahlten sie das Gros der Kosten der Erschließung, ohne auch nur die geringste Mitsprache zu haben. Gegen diesen Rechtszustand protestierten sie in einer ehemaligen Wochenendhaus-Siedlung von Köpenick nun erstmals mit Erfolg. Die Verwaltung duldete schließlich, was offiziell einer Gesetzesänderung bedarf: Dass Bürger nicht nur Zahlmeister öffentlicher Infrastruktur sind, sondern ihre Ausgestaltung ebenso direkt bestimmen. Sicher ist das Beispiel eine Lokalposse und im sichtbaren Ergebnis bescheiden – doch wegweisend ist es allemal. Es verdeutlicht die Möglichkeit dessen, was nach dem Abschied des Totalversorgerstaates des 20. Jahrhunderts schlicht notwendig ist: dass Bürger zu Trägern der Stadtentwicklung werden. Auch wenn sie in Köpenick ihre Individualinteressen weder so bewusst noch so selbstverständlich in den Dienst der Gemeinschaft stellten, wie es einst in den Hackeschen Höfen der Fall war: Eine derartige Übernahme von Verantwortung ist unabdingbar, damit das baulich beschwerte Schwungrad Stadt in Fahrt kommt und Berlin zum wirklichen Selbstläufer werden kann. ■

The ongoing debate on sustainability has made the ideal becoming a matter of course. It doesn't mean a perpetuum mobile but a fly-wheel, that keeps on running, just because its centrifugal force. It neither tumbles in case of heavy impulse from outside, nor stops immediately without. Talking about building in Berlin: the city has seen such a tremendous material input over the last decade like no European city before. More than 300 billion DM in total have turned into urban hardware. But has Berlin gained as much weight as it is necessary to keep on running?

Momentum Metropolis

As clear the ideal, as clear the strategy towards it: preserving the city is not enough. It is rather necessary to focus on new trends which are independent from high human density in limited space: globalization, individualization and the structural change from industry towards information society. First, we need to recover existing resources within urban space, which basically means mobilizing immobiles. The new has to fulfill contemporary tasks as well as to make friends with the old, the inherited architectural stock and its inhabitants. The process of planning and building ought to be controlled by prospective users and integrate their often differing interests. It should ideally leave some space open for the unknown future to come.

In fact, there were no less prerequisites to gain momentum than in Berlin. The Second World War didn't leave much to build on, and the bygone Nazi regime had devaluated the city severly. The post-war era saw a substitution instead of a reconstruction. Berlin in the decades of separation was subject to the state on either side of the wall. The principle of equality governed the social as well as the architectural processes. Berlin lost the citizen as actor of urban development, and the due structural change was retarded by the anaesthesis of the market. Berlin eventually became the opposite of a dynamic heavy-weight.

The process of unification turned the „city of fallows" into the „city of building sites". The most important benefit, however, was the revaluation of traditional urban structure. New architecture completed the existing structures. Not only housing stock, that used to be prevented from demolition, but the historical architectural texture in total is now under protection. There is no single white spot left in the city. Instead of fallows there are conceptions anticipating the success story of future Berlin. Some of these ideas have already become reality.

Of course, only 25 per cent of the capital stock were invested in reconstruction of existing buildings, a strategy widely ignoring the genuine resources of the city. In fact, the inhabitants were more or less excluded from planning and building processes, even in case of renovation and alteration of their homes. The parameters of building strategies only reflected a harmfully anachronistic wishful thinking: general equality of living conditions. Social and spacial hierarchies were levelled by means of politically well-meaning architecture, and a division of labour stemming from differentiated functional urban structures was not developed.

Resuming the recent development, Berlin succeded in becoming both German capital and service city. The overwhelming majority of new buildings houses office space. Neighbourhood renewal and inner city projects were supposed to boost heterogenous urban structures, but didn't come up to that. Planners were not even bothered by questions of synergies and multi-purpose models. The building process in Berlin turned out to be an end in itself. State control was not capable of enhancing the city's dynamics, and present Berlin seems detached from its inhabitants. When the misleading tendency became obvious some years ago, politics changed. Berlin as a financially exhausted and economically battered city started to explore its own resources. Owning almost 50 per cent of the land, Berlin is now activating this stock. Also planning authorities increasingly return to existing structures. The „Planwerk Innenstadt", a masterplan redrawing Berlin's inner city, as well as strategies targeting the South East and Western part of the metropole refer to genuine urban potentials Berlin has on offer.

In fact, there are quite a few strategies to regain what has been the most crucial lack: the revitalisation of the citizen as major actor of urban development. A number of social and architectural neighbourhood improvement projects integrating communal authorities, planners and inhabitants have proofed to be a future model. There are more opportunities such as encouraging housing property, which is only one among others not properly explored and practised by now.

The citizen as client, however, is going to gain foothold in public space. Dynamic Berlin is starting off.

Luxusgut Wohnung:
In den vergangenen fünfzig Jahren hat sich die Wohnfläche pro Person in Deutschland mehr als verdoppelt

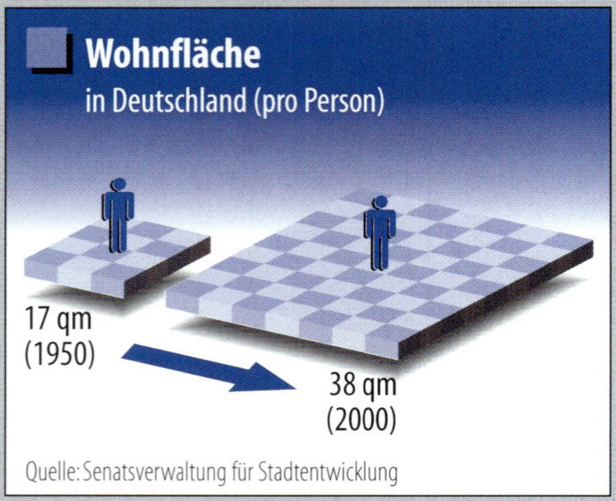

Fläche im Überfluss:
Die Siedlungsfläche pro Einwohner hat sich in Berlin gegenüber dem Jahr 1929 mehr als verdreifacht.

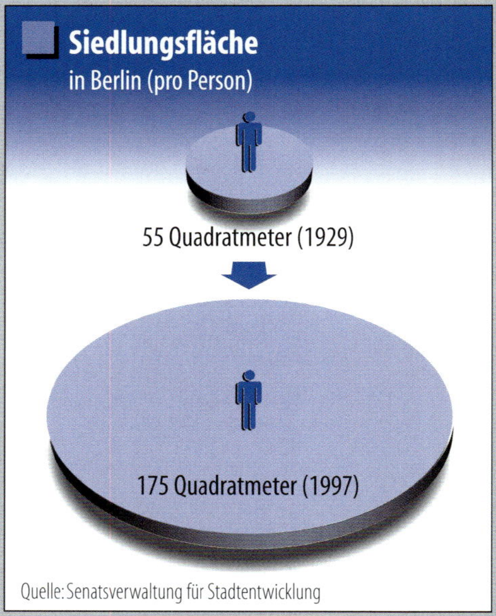

Konsumrausch:
Die Verkaufsfläche ist seit 1991 um 10 Prozent (West) bzw. um knapp 90 Prozent (Ost-Berlin) gestiegen.

Großgrundbesitzer: Dem Berliner Senat gehören mehr als 40 Prozent aller im Stadtgebiet verfügbaren Grundstücke.

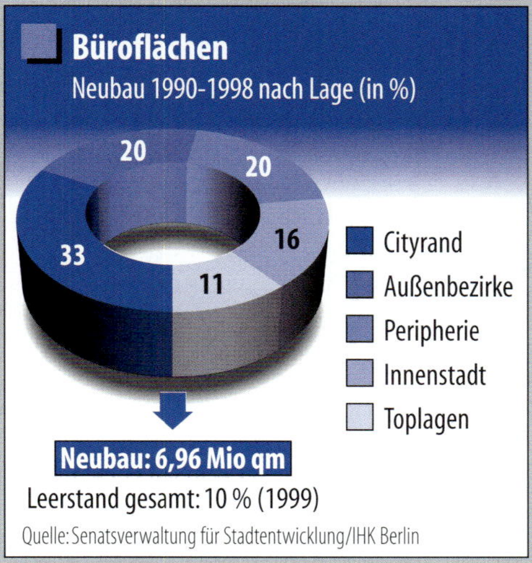

Bauboom für Büros: Seit 1990 wurden in Berlin knapp sieben Millionen Quadratmeter Büros gebaut, jedes zehnte stand 1999 leer.

Ende des sozialen Wohnungsbaus: Bis 2015 wird sich die Zahl der öffentlich geförderten Wohnungen halbieren.

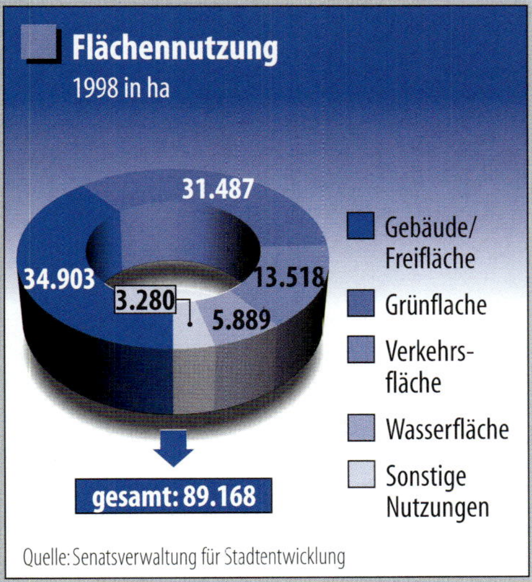

Planung für morgen: Für drei große Bereiche hat der Berliner Senat Ende der Neunzigerjahre Planwerke erstellt. Sie dienen als Leitbild für die zukünftige Entwicklung der Stadt.

Metropole von morgen

TEXT DIETER HOFFMANN-AXTHELM

FOTO MATTHIAS BRONESKE

Während der Beginn des 20. Jahrhunderts von generationsübergreifenden Visionen geprägt war, scheint die Zukunftseuphorie am Beginn des 21. Jahrhunderts verloren gegangen zu sein. Großprojekte, deren Realisierung sich über 100 Jahre erstrecken könnten, sind nicht in Sicht. Als Hauptaufgabe einer künftigen Stadtentwicklung steht vielmehr das Recyclen der vorhandenen Stadt an. Dazu müssen heute Weichen gestellt werden. Die Richtung heißt: Verzicht auf übermäßige Standards und Erneuerung der Sozial- und Ökologiepolitik. Nach dem Rückzug des Staates aus wesentlichen Wirtschaftsbereichen – vor allem des sozialen Wohnungsbaus – muss nun die Stadtgesellschaft ihr Schicksal selber in die Hand nehmen. In Zukunft wird sich der Staat mehr als Moderator denn als Versorger verstehen.

Neubauten an der Elsenbrücke

Velodrom an der Landsberger Allee

Am Beginn des 20. Jahrhunderts stand Berlin erkennbar vor großen Umwälzungen. Der ungebrochene Bevölkerungszustrom schien darauf hinzudeuten, dass Berlin, gemessen an den Einwohnerzahlen der Agglomeration, den Anschluss an Paris und London finden würde. Die Bildung von Groß-Berlin stand so deutlich auf der Tagesordnung, dass sich keiner ihrer Befürworter vorstellen mochte, sie würde sich noch bis 1920 hinziehen. Das Schnellbahnnetz begann Konturen anzunehmen. Der Reformwohnungsbau entwickelte die Blockrandbebauung mit Privatstraßen und freigelassenen Innenflächen zum Grundbaustein der unendlich wachsenden Großstadt. 1902 hatte die Stadt Berlin ihr erstes Sanierungsprojekt beschlossen, Abriss und Neubebauung des Scheunenviertels zwischen Alter Schönhauser und Prenzlauer Straße. Der Berlin-Wettbewerb von 1909 schließlich rief die zwei Aktionsfelder auf, die die Stadtplanung das Jahrhundert über am meisten beschäftigen sollten: Die Frage der Ost-West-Durchbrüche, die erst die DDR, und nur auf ihrem Gebiet und nur bis knapp zur Friedrichstraße, durchgesetzt hat, und die der neuen Stadtkrone zwischen Altstadt und Neuem Westen, die in absehbarer Zeit mit den in Bau befindlichen Nord-Süd-Tunneln, dem Abschluss von Kulturforum, Potsdamer Platz und neuem Regierungsviertel im Spreebogen, zu ihrem ersten abgeschlossenen Ergebnis kommen wird.

Am Beginn des 21. Jahrhunderts zeichnet sich nichts dergleichen ab. Die Bevölkerungsprognosen signalisieren in ihrer optimistischsten Version ein vorsichtiges Wachstum. Die in Planung befindlichen Infrastrukturen sind Spätzünder des vergangenen Jahrhunderts, also in ihrer Konzeption schon heute, bevor sie zu Ende gebaut sind, historisch. Die Parabel des modernen Wohnungsbaus ist geschlossen und hinterlässt Ratlosigkeit. Zu Sanieren ist die Moderne des vorigen Jahrhunderts, während man das, was sie abriss, am liebsten wieder aufbauen würde, in einigen Schlüsselbauten wie Schloss oder Bauakademie auch aufbauen wird. Großprojekte, die sich bis ins 22. Jahrhundert ziehen könnten, sind nicht am Horizont. Das Planwerk Innenstadt sieht als Projekt der 30 bis 50 kommenden Jahre vor, die existierende Stadt wenigstens zusammenzuhalten, und versucht deshalb, nach den Verwüstungen von Krieg, Bandstadtideologie und Stadthass, sie auf den zentralen Flächen überhaupt erst wieder zu füllen, somit gleichsam von innen her neu zu begründen.

Allgemeine Zukunftserwartungen

Es geht aber anderen europäischen Großstädten nicht viel anders. Die Wachstumsraten des Industriezeitalters, die sich von stetiger Ausdünnung des Landes ernährten, sind überall vorüber. Neue Infrastrukturen sind die Ausnahme, es wird eher schwierig werden, in Zukunft das erreichte Niveau zu halten. Das möglichst schonende Recyceln der vorhandenen Stadt wird Hauptaufgabe sein. Die Darstellungspolitiken aller großen Städte werden sich aus diesem Grund immer ähnlicher, geht es doch darum, Entwicklung darzustellen bei stagnierenden Bewohnerzahlen und möglicherweise sogar abnehmendem Flächenverbrauch. Stadtwandel und Entwicklung ziehen sich zu großen spektakulär veranstalteten Punkt-Inszenierungen zusammen, wo werbewirksame private Investitionen einander auf dem Fuße folgen und die Stadt mit wechselnden, Erneuerung proklamierenden Überschriften versehen. Das läuft über Standards des internationalen Immobilienmarktes, wie sie jährlich auf der Immobilienmesse in Cannes ausgetauscht werden, über international besetzte Jurys und Architekturbüros, über die weltweit gehandelten Konzepte des Stadtmarketing, von Waterfront bis Holocaust Museum.

Das übrige Stadtgeflecht wird keineswegs zerfallen, wie filmische Prophezeiungen früh zu erkennen glaubten, aber es wird immer mehr im Schatten der Brennpunkte liegen. Die normale Stadt wird sozusagen unbeleuchtet gelassen und damit, da auch der Staat als großer Erneuerer in Zukunft ausfällt, mehr oder minder den Benutzern in ihre finanzielle Verantwortung und hoffentlich auch Trägerschaft übergeben werden. Überhaupt sollte man sich vor futuristischen Erwartungen hüten und stattdessen eine Faustregel für Zukunftsbetrachtungen im Auge behalten: Erfahrungsgemäß wird Zukunft stets als Fortschreibung der eigenen Gegenwart in zukunftstechnischer Steigerung vorgestellt, wobei diese wiederum nur solche Techniken betrifft, die gerade aktuell sind. Wer sinnvoll über zu erwartende Entwicklungen reden will, muss genau umgekehrt vorgehen. Man kann davon ausgehen, dass die Welt in 50 Jahren, Katastrophen beiseite, ungefähr so wie heute aussehen, aber recht anders funktionieren wird. Was sein wird, wird natürlich nicht zuletzt davon abhängen, ob und wie stadtpolitisch gesteuert wird. Astrologen, Wahrsager, Prognostiker fragt man: Was wird sein? Wer das, was sein wird, beeinflussen will, wird fragen: Was wollen wir erreichen? Ausblick in die Zukunft Berlins, das kann also sinnvollerweise nur ein Ausblick auf die Aufgaben sein, die sich aus heutiger Sicht in den kommenden Jahrzehnten stellen werden. Es geht also um die heute erkennbaren Defizite und die heute fälligen Weichenstellungen, die das beeinflussen werden, was die Stadt von morgen sein wird und sein kann.

Altes Museum am Lustgarten

Defizite der Neunzigerjahre

Woran messen wir? Was muss dann getan werden? Das ist die Strategiefrage. Diese wiederum kann nicht bei einem Nullpunkt beginnen, sondern man muss zurückfragen: Was ist in der jüngsten Vergangenheit getan, und vor allem was ist unterlassen worden? Zunächst die Zielfrage: Stadtpolitisch wird es zweifellos um das sozial- und wirtschaftspolitische Aushandeln ökologisch notwendiger Verzichte gehen. Ehrgeizige stadtökologische Zielsetzungen hat es auch in der Vergangenheit gegeben, aber in einem unverbundenen und unverbindlichen Nebeneinander, so, wie in Regierungserklärungen und Koalitionsvereinbarungen eben sämtliche Wünsche so untereinandergeschrieben werden, wie einzelne Verwaltungen oder Parteiausschüsse sie vorformuliert haben. Es könnte aber sein, dass die Aufhebung dieses Nebeneinanders zugunsten einer offensiven Aushandlung der zentrale Punkt wird, um den sich in den nächsten 50 Jahren die Stadtpolitik drehen wird, und dies nicht aufgrund von Bewusstseinsfortschritten, sondern unter dem zunehmenden Druck ökologischer Kosten – der Folgekosten ökologischer Sorglosigkeit im Gesundheitssektor oder bei den diversen Infrastrukturen. Darauf sind wir schlecht vorbereitet.

Wenn man auf die tatsächlichen Entscheidungen sieht, waren die Neunzigerjahre des zurückliegenden Jahrhunderts das Jahrzehnt des stadtökologischen Rückfalls. Ansätze haustechnischer Ökologie sind nicht weiterverfolgt worden. Der solartechnische Durchbruch fand nicht statt, und das wachsende stadtökologische Problembewusstsein Westberlins ging in den Stürmen der Wende unter. Das Thema Ökologie ist – auf die Tatsachen gesehen – schlicht der Wiedervereinigung zum Opfer gefallen.

Parkhaus am Gleisdreieck

Die meisten Projekte der Neunzigerjahre kamen weitgehend ohne Ökologie aus. Weder in der Friedrichstraße noch am Potsdamer Platz spielten ökologische Rücksichten eine besondere Rolle – abgesehen vielleicht vom Regenwassereinsatz für die Toilettenspülung. Das wäre am Alexanderplatz, wäre dort gebaut worden, nicht anders gewesen, ja der Wettbewerb allein schon reichte zum größten antiökologischen Durchbruch der Neunzigerjahre: einem von der Verkehrsverwaltung durchgedrückten Schema 6-spuriger Durchfahrung des Historischen Zentrums, das – in offenem Widerspruch zum gleichzeitig fertig gestellten Flächennutzungsplan – diesem und dem Spreeinsel-Wettbewerb als Vorgabe zu Grunde gelegt wurde.

Das Einbrechen kommunaler Planungsüberzeugungen vor dem ungewohnten Druck internationaler Investoren und vermuteten Wachstums stellt sich auch öffentlich als radikale Verschiebung der Diskussionsachse dar. Über Stadt wurde nicht mehr unter dem Gesichtspunkt Ökologie diskutiert, sondern ausschließlich unter dem Titel Architektur. Die bis heute die öffentliche Diskussion beherrschende Gedankenlosigkeit, es seien Architekten, die Stadt machten, und erst recht die von morgen, war der denkbar wirkungsvollste Teppich über dem stadtökologischen Rückzug. Die Architekturdiskussion wurde zum Paradigma des ökologischen Vergessens, die diskursive Energie der Medien wie die direktive Energie der Bau- und Planungsverwaltung gingen ausschließlich in die Problematisierung der Form ein, bei Nichtdiskutierbarkeit der Strukturen – zum Beispiel neben der ökologischen Abstinenz die Monofunktionalität, der Verzicht auf individuierende Parzellierung, die Tendenz zur Privatisierung des Stadtraums.

Problemvernetzungen

In Zukunft wird es darauf ankommen, eine Mehrfachvernetzung sämtlicher städtischen Problemebenen herzustellen. Das Planwerk Innenstadt ist ein erster Ansatz dazu, der noch sehr viel Verdeutlichungsaufwand nötig hätte. Vermutlich wird man es sich, je weiter wir in das kommende Jahrhundert hineingehen, desto weniger leisten können, wie bisher miteinander unvereinbare Ziele parallel zu führen und mit eigenen Finanzierungen auszustatten, dabei in Kauf nehmend, dass die finanzielle Abstützung des einen Ziels die Effekte der Finanzierung anderer konfligierender Ziele bereits wieder aushöhlt. Man wird sich immer mehr nur wenige zentrale Maßnahmen leisten können, die so genau gezielt und politisch so weitsichtig abgestimmt sein müssen, dass sie Effekte an anderer Stelle nicht behindern, sondern positive Folgeeffekte gerade hervorrufen. Insbesondere wird es darum gehen, die städtische Gesamtkostenrechnung zur Diskussionsebene zu machen und Sozial-, Ausbildungs-, Infrastrukturkosten als Drehschrauben der Ökologiebilanz zu verhandeln.

Das bedeutet Abschied von technokratischer Ökologie zugunsten einer Vernetzung mit allen übrigen Problemen der Stadtentwicklung. Ökopolitik und Großprojekte widersprechen sich ohnehin. Ökopolitik ist Strukturarbeit, also Kleinarbeit. Großsprecherische Solarinitiativen sind nichts wert, solange die Solartechnik nicht in die normale Kostenrechnung der Bauindustrie eingeht wie vor 150 Jahren Gas und fließendes Wasser. Erst recht hat man sich vor klimatologischen Großprojekten zu hüten, die Kühlflächen und Klimaschneisen, die nichts anderes sind als die technokratischen Begleitprojekte von Flächensanierung und Stadtautobahnbau – genau jenes 20. Jahrhundert der endlosen technischen Machbarkeit, das wir überwinden müssen, wenn wir wirklich ökologisch zukunftsfähig werden wollen. Es kommt nicht auf isolierte Effekte an, sondern auf die ökologische Gesamtrechnung. So etwa könnte eine mehrheitliche Überbauung des Tempelhofer Flughafens sich als sehr viel ökologischer erweisen als seine kilmatechnische Offenhaltung, ja selbst die Weiterbenutzung als Flughafen wäre nach ihrem ökologischen Gesamtnutzen zu untersuchen und möglicherweise ökologisch sinnvoll. Denn nirgendwo ist heute eine Vernetzung so nötig und so offensichtlich überzeugend wie in der Verkehrspolitik. Verkehrspolitik ist im ganzen 20. Jahrhundert ohne ernsthafte Rückkopplung mit den übrigen Stadtproblemen betrieben worden. Die bloße Bereitstellung von Verkehrsinfrastruktur galt – kaum diskutiert – als Synonym für Wachstum. Davon kann in Zukunft keine Rede mehr sein. In ihrer wirtschaftlichen Bedeutung sind die Verkehrswege längst durch die elektronischen Kommunikationswege auf ihre Grenzen verwiesen worden.

Parkhaus in der Kantstraße

Immaterielle Kommunikationswege

Materielle Produkte sind natürlich auch weiterhin in großen Mengen zu transportieren. Das heißt nicht, dass das für alle weiteren Zeiten im heutigen Umfang oder mit heutigen Logistiken geschehen muss, zumal bekanntlich der wirtschaftliche Effekt mit wachsender Verstopfung der Straßen abnimmt. Entscheidend ist aber die Konkurrenz der immateriellen Kommunikationswege. Deren wirtschaftlicher Bedeutsamkeit gegenüber täte es gut daran, den motorisierten Individualverkehr zumindest stadtwirtschaftlich eher unter dem Thema Freizeit und private Wohnungsversorgung zu diskutieren – Kosten der Verkehrsinfrastruktur sind weitgehend Folgekosten modernen Freizeitverhaltens und einer Fehlsteuerung von Wohnungsbauinvestitionen zugunsten des privaten Eigenheims im Umland.

Wir dürfen uns jedenfalls auf den Abschied vom Mythos Verkehrsinfrastrukur und der Notwendigkeit ständiger kommunaler Investitionen in dieselbe vorbereiten. Das Internet ist der Prototyp einer Infrastruktur, die – sind die technischen Grundlagen einmal vorhanden – von öffentlichen Investitionen weitgehend unabhängig ist, deren Nutzung mehr von der Kreativität der Personen, weniger von weiteren Investitionen abhängt. Das heißt, wer in diese Art Infrastruktur investieren will, muss in Kindererziehung, Schulen, Universitäten und Forschungslabors investieren und nicht in weitere Kilometer der Stadtautobahn. Um so widersinniger ist es, wenn bis zum bitteren Ende des 20. Jahrhunderts der Automobilität im historischen Zentrum der Vorrang vor den dringendsten Aufgaben – der Wiedergewinnung der City und eines innerstädtischen Wohnangebots – gegeben wurde. Die Notwendigkeit einer Haupt-

STILLE

Schaubühne am Lehniner Platz

stadt, sich wieder ein erkennbares Stadtzentrum zu leisten, das Einheimischen und Besuchern mitteilt, dass Berlin schon seit Jahrhunderten im Spannungsfeld der europäischen Hauptstädte mitspielt, scheinen auch 55 Jahre nach Kriegsende noch längst nicht alle begriffen zu haben.

Stadtplanung und Sozialpolitik

Die Stadtentwicklung des 20. Jahrhunderts war überhaupt dadurch gekennzeichnet, dass wirtschaftliche und soziale Entwicklung nur abstrakt aufeinander bezogen wurden. Wirtschaftswachstum galt als ausreichender Garant und auch Gradmesser, einer befriedigenden Sozialentwicklung. Abriss und Neubau wurden in Berlin, zum Beispiel in den jährlichen Rechenschaftsberichten des Bausenats, bis weit in die Siebzigerjahre vor allem als Arbeitsbeschaffungsmaßnahme gesehen. Die Zerstörung sozialer Strukturen durch Flächensanierung wurde gar nicht erst erkannt, die ortsunabhängige Neubauwohnung als Wert an sich gesehen. Die Zerstörung von Handwerk und Kleinindustrie in Kreuzberg und Wedding war, insofern sie die Freisetzung von Facharbeitern für die Großindustrie nach sich zog, sogar beabsichtigt.

Inzwischen mehren sich Anzeichen einer Amerikanisierung der sozialen Verhältnisse, die erst der Anfang weiterer Zuspitzungen sein mögen. Jedenfalls zeigt die Entwicklung US-amerikanischer Industriestädte, dass Wirtschaftswachstum und großräumige soziale Verelendung einander nicht ausschließen. Erfolgsgeschichten wie die Gentrifizierung von Teilen der Bronx oder Harlems in New York oder der Wiederaufbau Chicagos nördlich des Loop zeigen nur, dass Umschichtungen im Gange sind. Die Mittelschichten kehren zum Teil aus den Siedlungstepppichen wieder in die Stadt zurück und verdrängen die farbige Bevölkerung, die in der Zwischenzeit die zu Slums heruntergewirtschafteten Stadtviertel des 19. Jahrhunderts bewohnt hatte. Anders gesagt, der scheinbare Widerspruch von Wirtschaftswachstum und sozialer Verelendung löst sich sozialräumlich auf, gegeneinander isolierte Wirtschafts- und Sozialpolitiken zementieren sich in segregierter Stadt.

Berlin ist nicht Chicago, trat aber mit der Wende ganz offensichtlich in einen neuen Zyklus sozialräumlicher Segregierung ein, wie es ihn seit den Achtzigerjahren des 19. Jahrhunderts so nicht mehr gekannt hat. Es ist hier weder der Platz, auf die verschiedenen Ursachen noch auf die möglichen Lösungsebenen einzugehen. Es ist aber leicht einzusehen, dass dieser Prozess sich noch lange fortsetzen kann, wenn ihm nicht ernsthafte Hindernisse in den Weg gelegt werden. Macht man sich klar, dass es die alten Weichenstellungen sind – nämlich die einer die sozialen Folgen ausklammernden Wachstumspolitik –, die sich jetzt verspätet auswirken, sieht man, dass eine Strategie gefordert ist, die Zukunftswirkungen ins Auge fasst und beginnt, das soziale Auseinanderfallen der Stadt stadtstrukturell zu bekämpfen.

Sozialpolitische Maßnahmen pflegen defensiv und oberflächenorientiert zu sein. Die sozialräumlich schwierigen innerstädtischen Bezirke verteidigen, durchaus auch in berechtigter Frontstellung gegen Landespolitik, vorhandene Bewohner und Strukturen vor eindringenden überlegenen Investitionen. Bezirkliche Politik denkt binnenräumlich, optimiert im eigenen Rahmen und schottet nach außen ab. Entsprechend schwer fällt es ihr, umgekehrt Wachstumsimpulse anzulocken und am richtigen Ort einzusetzen. Die Binnenorientierung versperrt ihr auch den Blick für die städtischen Zusammenhänge, von denen der Einzelbezirk abhängt.

Sushi-Bar in der Alten Potsdamer Straße

In den Senatsverwaltungen wird zwar das Gesamtbild gesehen, dieses aber vollständig zwischen verkehrlichen, wirtschaftlichen, sozialen, städtebaulichen Zuständigkeiten und Interessen segmentiert. So etwa reden Sozialexperten aus 5 verschiedenen Verwaltungen hundertmal eher miteinander als mit den Kollegen anderer Fachrichtung in der eigenen Verwaltung. Maßnahmen werden, wenn man denn überhaupt über bloße Analyse hinausgeht, isoliert konzipiert und fallen entsprechend wirkungsarm aus. Eine punktuelle Lösung wie das neue Quartiersmanagement ist gut, geht aber nicht an die Wurzel.

Strategien gegen die Segregierung

Denn jeder Problem-Kiez in Tiergarten, Wedding, Mitte, Kreuzberg, Schöneberg, Friedrichshain oder Köpenick verweist auf eine in den Handlungsstrukturen vorprogrammierte Entwicklungssackgasse. Es käme also darauf an, in Zukunft räumliche und soziale Stadtentwicklung in ganz anderer Weise als bisher zu verzahnen. Entwicklungsentscheidungen darf man sich weder durch zu recycelnde Flächen noch durch Investorendruck aus der Hand nehmen lassen. Wenn inzwischen große Gewichtsverschiebungen durch die öffentlichen Hand, wie sie in den Siebzigerjahren propagiert wurden, nicht mehr möglich sind, weil bereits alle Ministerien (zu zentral) untergebracht, alle Universitätsverlagerungen beschlossen und alle Technologie-Bons vergeben sind, dann bleibt eben nur die Kleinarbeit übrig, viele kleine Wachstumsachsen zu konstruieren.

Deren Ziel muss sein, die mobilen privaten Investitionen Kurs auf die Problemgebiete nehmen zu lassen. Aber auch die großen privaten Investitionen außerhalb des Zentrums sind jetzt erst einmal getätigt, und die getätigten – Großkinos und Einkaufszentren – haben den Nachteil, bloß lokales Kaufpotenzial abzuschöpfen, aber kaum etwas zu lokaler Entwicklung beizutragen. Es gibt also nur die eine Möglichkeit, mit großer Geduld über lange Zeiträume an Strickleitern wirtschaftlicher Intensivierung zu arbeiten.

Für die Bezirke innerhalb des S-Bahn-Rings heißt das, die Nabelschnur zur Mitte zu halten oder allererst herzustellen. Dazu müssen im Südosten oder im Nordosten der für Entwicklung undurchlässige Gürtel von Plattenbausiedlungen erst einmal durchlässig gemacht werden, im Nordwesten müsste konzentriert an Chaussee- und südlicher Brunnenstraße gearbeitet werden – letztere hat seit der Wende einen rasanten Abstieg erfahren, bei ersterer herrscht noch Mauer-Tristesse, die an einen Schulterschluss mit der Müllerstraße kaum denken lässt.

Es ist klar, dass man sich damit auf schwer kontrollierbare Weise auf der Schneide zwischen Zerstörung gewachsener Kieze und Reservat-Bildung geschützter Verelendung bewegt. Trotz allen Risikos sollten die wenigen Steuerungsmittel der Stadt nicht zum Draußenhalten, sondern, einen Augenblick verschoben, zum Zusammenführen unterschiedlicher sozialer Niveaus und Existenzweisen genutzt werden. Es kann nicht das Ziel der Stadtentwicklung sein, in sozialpolitischer Absicht Segregierung zu befördern. Es gibt zwar keine zuverlässigen Mittel und Garantien, aber auch keine sinnvolle Alternative dazu, soziale und funktionale Mischung zu fördern.

Der Bürger als Akteur

Das wichtigste Thema der nächsten Jahrzehnte wird zweifellos sein, ob und wie statt des Staates die Bürger zu Akteuren der Stadtentwicklung werden. Öffentliche Stadtentwicklung wird zunehmend bedeuten, die Berliner für ihre Hauptrolle zu gewinnen, die Stadtentwicklung selber mitzubestimmen. Mit den öffentlichen Großprogrammen und undifferenzierten Fördermethoden des 20. Jahrhunderts ist im 21. Jahrhundert sicher nichts mehr auszurichten. Schon jetzt ist eindrucksvoll, wie die Entwicklung an den Maßnahmen der frühen Neunzigerjahre vorbeizieht, so dass das Land Berlin seine Entwicklungsgesellschaften gar nicht so schnell einstampfen kann, wie diese obsolet werden. Offenbar sind wir am Ende einer Entwicklung, die um 1860 begann, der Entwicklung der städtischen Leistungsverwaltung. Bis dahin war es durchaus üblich, dass etwa Brücken und Straßen auf private Initiative angelegt wurden. Für die Brücken sei an Jannowitz- und Moabiter Brücke erinnert, für die Straßen an die Kastanienallee, um 1835 durch Wilhelm Griebenow angelegt, oder an die Bundesallee, ab 1871 durch Johann Wilhelm Carstenn. Alle frühen Straßenbahnen und Untergrundbahnen wurden von privaten Aktiengesellschaften errichtet. Die so gut wie ausschließliche Zuständigkeit der Privaten für den Wohnungsbau galt bis ins 20. Jahrhundert und konnte nur auf dem Hintergrund der Kapitalvernichtung durch Krieg und Inflation zugunsten öffentlicher Finanzierung gebrochen werden. Erst und nur in Ost-Berlin wurde der Staat aber zum Gesamtbauherren, der auch für Kaufhäuser, Kinos und Fabriken zuständig war, mit nicht unbedingt ermutigendem Erfolg.

Presse- und Informationsamt der Bundesregierung am Reichstagufer

Das Ende des sozialen Wohnungsbaus stellt von ganz alleine vor neue Aufgaben. Es dürfte sozialpolitisch wie städtebaulich ein zentrales Interesse der Stadt Berlin sein, in Zukunft den Wohnungsneubau nicht ganz dem auf Höchstpreise abgestellten Wechselspiel von städtischer Liegenschaftsverwaltung und großen Entwicklern oder anonymen Immobilienfonds zu überlassen. Wenn man das nicht will, steht man vor der Aufgabe, eine neue vermittelnde Schicht zu schaffen, die sowohl den Schlendrian der städtischen Wohnungsbaugesellschaften vermeidet als auch die – die Krise gleich mitfinanzierenden – Gewinnspannen der normalen Immobilienwirtschaft. Es geht, wie immer man in nächster Zeit dieses Ziel angehen mag, ganz allgemein darum, ein bürgerschaftliches Gegengewicht zu schaffen, das normalverdienenden Berlinern zuallererst den Zugang zum Status von Akteuren und Nutzern des Innenstadtausbaus verschafft.

Gleichzeitig könnte ein solches Modell, wenn die Stadt als Baulandbesitzer ihren Teil dazu beisteuert, sehr viel besser dafür sorgen, dass die erklärten Ziele der Stadt tatsächlich realisiert werden, statt dass immer neue und immer am falschen Ort auftauchende Büroprojekte stadtplanerische Zielbestimmungen Stück für Stück aushöhlen, wie das bislang, etwa an Molkenmarkt, Gertraudenstraße oder im Friedrichswerder, ganz entgegen dem Planwerk Innenstadt zu beobachten ist. Die entscheidende Frage ist dabei, ob die Bürger sich in Zukunft dieser ihrer neuen Rolle tatsächlich annehmen können und wollen. Der zentrale Einwand lautet: Die Bürger können das gar nicht bezahlen. Dieser Einwand hält der Nachprüfung nicht stand. Zum einen enthält er einen Gewohnheitsirrtum: Wer monatlich seine Miete zahlt, tut auch nichts anderes, als die Kosten der von ihm genutzten Wohnfläche plus Rendite des Herstellers zu bezahlen. Am Ende hat er viel gezahlt und nichts in der Hand. Mit dem gleichen Geld hätte er in der gleichen Zeit Wohnungseigentum bilden können.

Kaufhaus an der Tauentzienstraße

Zum andern enthält der Einwand eine gezielte Irreführung. Bislang verlassen sich die Mieter weitgehend darauf, der Staat werde schon – schließlich sind sie die Wähler – weiterhin für niedrige Mieten sorgen, so dass sie ihr Geld für andere Güter ausgeben könne: Reisen, Ausstattung, vor allem das Auto. Dass der Staat als Unternehmer ausfällt, könnte die Mieter also durchaus in einen heilsamen Entscheidungszwang versetzen. Offenbar können fast alle ein Auto abzahlen. Wohnung und Auto (plus Ferien, Datscha usw.) gleichzeitig zu bezahlen, überschreitet die durchschnittlichen Einkommensverhältnisse. Solange die Wahl zwischen Auto und Wohnung noch offen steht, bewegt man sich vermutlich noch nicht an der Grenze, wo Menschen in unverschuldete Armut gestoßen werden. In der Tat zeigt der Automobilisierungsstand auf deutschen Straßen, dass das Geld da ist. Wieweit die Bildung von Wohneigentum nur einer gutverdienenden Mittelschicht vorbehalten bleibt oder breitesten Schichten zugänglich wird, hängt einerseits von den Eingangsvoraussetzungen ab – Grundstücks- und Erstellungskosten –, andererseits von den Prioritäten, die die Bewohner selber setzen. Der Blick nach Spanien oder Italien zeigt: Je abstinenter sich der Staat auf dem Wohnungsmarkt verhält, umso ausschließlicher erfolgt gerade die Wohnversorgung der unteren Einkommensschichten über den Erwerb von Eigentumswohnungen. Für diejenigen, die von der Alternative Wohnung oder Auto tatsächlich überfordert sind, wird der Staat ohnehin auch in Zukunft eine Reserve an preisgünstigem öffentlichen Wohnungsbau bereithalten. Die Entscheidung darüber wäre aber, egal ob man das für zynisch hält oder nicht, bereits wieder ein Beitrag zur Stadtökologie. Als Politiker darf man das wohl noch lange nicht offen sagen, denken darf man es aber schon heute.

Die gewöhnliche Stadt

Wir gehen ohnehin, zumindest in Berlin, härteren Zeiten entgegen. Werden sich die Darstellungspolitiken aller großen Städte immer ähnlicher, die wirtschaftlichen Karrieren werden es keineswegs. Die Geschwindigkeit, mit der man den Potsdamer Platz gebaut hat, hat nichts zu tun mit den langen Zeiten, die der wirtschaftliche Wiederaufbau Berlins seit den riesigen industriellen Einbrüchen infolge der Vereinigung vor sich hat. Man wird zwischen beidem um so deutlicher unterscheiden müssen, je mehr der Kontakt zwischen Erscheinung und Funktion verloren geht, veränderte Oberflächen also nur noch als Indikatoren veränderter Zeitstile, nicht aber mehr der nebenherlaufenden funktionalen Prozesse zu lesen sind.

Daher sind euphorische Aussagen über die Zukunft Berlins unangebracht. Unangebracht wäre aber auch ein pessimistisches Bild. Wir haben nur wenig übersichtliche, aus der Tiefe des Feldes kommende Prozesse vor uns. Wenn man die Signale an der Schwelle des 21. Jahrhundert so zu lesen versucht, wie man heute rückblickend das 20. in dessen damaligen Schwellensignalen wiedererkennt, dann dürfte der Protagonist der nächsten 50 Jahre weder die öffentliche Hand noch das internationale Investment sein, sondern das Berlin der Bewohner: die gewöhnliche Stadt, der kleinteilige Austausch mit Osteuropa einschließlich seiner illegalen Ränder, die Gründer, die Erfinder, die individuellen Kulturmacher, die Summe der unwahrscheinlichen Berufe, Einfälle, Milieus und Initiativen. Das ist die eher osteuropäische Metropole, ärmlich, mit deutlich aufgesetzten Reichtumsschichten. Man kann sicher sein, dass auch nach 50 Jahren die aufgebrochenen Flächen nicht so weit verdichtet sein werden, dass nicht jeder noch das Gefühl hätte, in dieser Stadt neu anfangen zu können. ■

PlayStation
6th
Beenden
46
km/h

Cities of Tomorrow

The beginning of the 20th century was highlighted by almost euphoric visions for the next generation, but this optimism did not last. Nothing of these aspirations seems to be left one hundred years later. Ambitious projects, let alone visionary plans for the decades to come, are outh of sight.

Future urban development has to focus on the recycling of existing city structures. The course that needs to be set now, includes such indispensable measures like a due re-definition of our exaggerated living-standards as well as a basic change in social and environmental politics. Since the state withdraws from many substantial economic and social spheres, the city community will have to act on terms of self-government and self-responsibility. The role of the state is going to change: the outdated paternalistic authority is becoming a moderator.

Berlin is facing hard times. The media-produced images of big cities around the world might be getting more and more similar, but their economic careers still do differ a lot. The breathtakingly short time that it took to build up Potsdamer Platz from scratch, cannot counterbalance the long period necessary for Berlin's economy to recover from the severe industrial breakdown after reunification.

Image and function ain't necessarily linked any longer, and the weaker their ties, the more we need to distinguish between both. A new image only reflects a change in style, but doesn't correspond to ongoing functional processes in economy, society, environment and culture. Therefore, euphoric prophecies about Berlin's future are out of place. But a pessimistic prognosis is neither appropriate. We cannot clearly predict the course of upcoming trends. If we try to read the signs of the beginning century just like retrospectively identifying the paradigms of the by-gone century, we find a scenario, that is controlled neither by the state nor the international business, but by the citizen. Berlin is becoming a normal city, though with special features: business connections to East Europe also including a grey area of illegality, adventurers, innovators, entrepreneurs, artists, the whole spectrum of amazing professions, ideas, scenes and initiatives. This rather reminds of an East European city, fairly poor and perhaps a bit shabby, with glossy spots of wealth and nouveau ríche. But we can be pretty sure that Berlin will need more than half a century to heal the wounds of history, leaving enough that is unfinished and undefined. There is hardly a better place for a new beginning.

Wir bringen Werte zum Wachsen

Eine Immobilie ist mehr als nur ein Dach über dem Kopf. Unsere Wohnungen geben 400.000 Menschen ein echtes Zuhause. Wohnungen, die Viterra selbst bewirtschaftet: kundenorientiert, verantwortungsbewusst und effizient. Dazu gehören auch die zielgerichtete Wertverbesserung und aktives Portfoliomanagement – wichtige Voraussetzungen für Wohnen mit wachsendem und dauerhaftem Wert.

Als führendes Immobilienunternehmen bietet Viterra umfassende Dienstleistungen: mit vier Geschäftsbereichen, die gemeinsam neue Lösungen finden.

- **Viterra** ist Marktführer mit 130.000 Wohnungen
- erzielt einen Jahresumsatz von ca. 2,4 Mrd. DM
- beschäftigt 4.500 Mitarbeiter in 27 Ländern
- bietet Service für 6 Millionen Wohneinheiten

viterra

Immobilien. Service. Beides.

Investment Wohnen · Development Wohnen · Services Wohnen · Gewerbeimmobilien

Sie möchten mehr wissen: www.viterra.de · e-mail: info@viterra.de · Fax: 0201 - 459 - 1308

Klose & Co.

Altschuldenhilfegesetz
Programm, das ehemals kommunalen und zur Wende überschuldeten Wohnungsgesellschaften insbesondere in den neuen Bundesländern ihre Handlungsfähigkeit zurückgeben wollte. Dabei übernimmt der Bund einen Teil ihrer Schulden, der umso größer ausfällt, je rascher sie 15 Prozent ihres Wohnungsbestandes veräußern. Privatisierung an die Mieter war dabei geboten. Bisher erreichten freilich die meisten ostdeutschen Gesellschaften die geforderte Quote nicht.

Behutsame Stadterneuerung
Planerische Strategie, die von Hardt-Waltherr Hämer im Rahmen der Internationalen Bauausstellung entwickelt wurde. Ihr erster Grundsatz war, alles Alte zu erhalten. Ihr zweiter lautete, die Sanierung mit den Bewohnern zu bewerkstelligen. Das bedeutete zweifellos einen Fortschritt, nachdem in Westberlin zuvor die Flächensanierung gängig Praxis gewesen war, bei der marode Viertel komplett abgerissen und durch Neubauten ersetzt wurden. Unhinterfragt blieb freilich der Aufwertungsanspruch, nach dem Low-Budget-Lebenformen in keinem Fall einen eigenen Wert darstellen.

Berliner Luftgüte-Messnetz (BLUME)
Besteht seit 1975 im Westteil Berlins, seit 1992/93 stadtweit und dient dazu, die Ursachen der Luftverschmutzung zu erkennen, die Schadstoffbelastung für Genehmigungsverfahren nach der Technischen Anleitung zur Reinhaltung der Luft (TA Luft) zu ermitteln, die Wirksamkeit der Maßnahmen zu verfolgen und bei Schwellenwert-Überschreitungen Alarm auslösen zu können.

Blockheizkraftwerke (BHKW)
Die überwiegende Zahl der in Berlin vorhandenen BHKW verbrennen Erdgas. Sie funktionieren nach dem Prinzip der Kraft-Wärme-Kopplung, bei dem elektrische und thermische Energie gewonnen wird. Die BHKW sind von den zentralen Versorgungssträngen der Stromkonzerne oder Wärmelieferanten unabhängig. Ihre Vor-Ort-Produktion reduziert die Energieverluste, die sonst durch die Übertragung entstehen. Ihr Wirkungsgrad liegt bei 87 Prozent. Zum Vergleich: Konventionelle Kraftwerke zur Stromerzeugung haben einen Wirkungsgrad von 34 Prozent, zentrale Kraftwerke mit Kraft-Wärme-Kopplung liegen bei 75 Prozent. Die Verluste erklären sich durch die entstehende Abwärme bei der Umwandlung sowie den Transport.

Brauchwasser
Wird in großen Mengen überall dort verwendet, wo Trinkwasserqualität nicht erforderlich ist: Industrie, Gewerbe, Kühlanlagen, Landwirtschaft, Autowaschanlagen. Brauchwasser wird in zunehmendem Maße dezentral gewonnen. Über Regenwasserspeicher auf Dächern ist es auch für kleinere Verbrauchseinheiten nutzbar (Toilettenspülung, Gartenbewässerung).

Dezibel A (bewerteter Schalldruck)
Die Stärke des Schalls wird durch den bewerteten Schalldruckpegel dB(A) angegeben, eine physikalische Größe, die die subjektive Wirkung des Schalls auf das menschliche Ohr berücksichtigt. Der Schalldruck hängt von der Stärke der Erregung und vom Abstand zur Schallquelle ab. Die Hörschwelle liegt bei 4 dB(A), die Schmerzschwelle bei 130 dB(A). Eine Zunahme um zehn dB(A) empfindet das Ohr als eine verdoppelte Schallpegelstärke.

Deponie
Was der Duden als „ ~ (lat.-frz.): zentralen Müllabladeplatz" bezeichnet, ist inzwischen zu einem Problemfall der Industrieländer herangewachsen. Die Umweltschädigungen durch Mülldeponien reichen von Grundwasserverunreinigung, Pflanzensterben bis hin zur Produktion des giftigen Deponiegases Methan, das zu etwa drei Prozent an der Entstehung des Treibhauseffektes beteiligt ist. Vor allem der Anteil organischer Abfälle trägt zur Bildung von Methan bei. Die Vorbehandlung mit so genannten mechanisch-biologischen Verfahren sowie die nachhaltige Reduzierung organischer Deponieabfälle führen auch zur Verringerung der Methanbildung.

Durchleitungsgebühr
Die Liberalisierung der Strommärkte führt dazu, dass verschiedene Anbieter Strom verkaufen, allerdings nur ein gemeinsames Leitungsnetz vorhanden ist. Es gehört zum Besitz der ehemals staatlichen Energieversorger, die ihrer Privatisierung im Marktwettbewerb behaupten müssen. Da sie über den Zugang zum Versorgungsnetz zu verfügen, können sie von den Konkurrenten eine Gebühr für die Durchleitung der Energie zu den Kunden erheben. Eine endgültige Festlegung der Gebührensätze steht noch aus.

Eigentumsorientierte Genossenschaft
Neue Rechtsform, welche die Möglichkeit zur Umwandlung von Kollektiv- in Einzeleigentum einschließt. Insbesondere für kinderreiche Familien zugleich eine einträgliche Anlageform, da durch staatliche Wohnungsbauprämien Renditen bis zu elf Prozent sicher sind. Im Unterschied zur gewöhnlichen Eigenheimförderung kommen auch Investoren in ihren Genuss, die das Objekt nicht selbst bewohnen.

Elektro-Magnetische Felder (EMF)
Mit dem Sammelbegriff EMF werden physikalische Elementarerscheinungen bezeichnet, bei denen Energie nicht mit der Masse, sondern über einen Ladungsträger übertragen wird. Man unterscheidet zwischen hochfrequenten und niederfrequenten elektrischen und magnetischen Feldern.

Entwicklungsmaßnahme
Instrument, das in der Nachkriegszeit Eingang in das Bundesbaugesetz fand. Es bedeutet Städtebau nach der Holzhammermethode: nämlich durch die Stadt selbst – sie bestimmt den Ort, diktiert das Programm, verfügt über den Boden, befehligt den Prozess und übernimmt nicht zuletzt die finanzielle Verantwortung. Geschaffen wurde es für Großprojekte, für die ein öffentliches Interesse besteht. Freilich erwies es sich als äußerst unflexibel und verlustträchtig.

Energiesparpartnerschaften
In Berlin entwickeltes und seit 1996 praktiziertes Modell des Energiespar-Contractings, bei dem Unternehmen aus der Energiebranche (Contractoren) vom Senat den Auftrag erhalten, für kommunale Einrichtungen, die in Gebäudepools zusammengefasst werden, Energiesparkonzepte zu entwickeln und umzusetzen. Das Land kann so trotz leerer Kassen, die die nötigen Erstinvestitionen unmöglich machen, Energiesparpotentiale aktivieren. Das Projektmanagement übernimmt die Berliner Energieagentur GmbH. Die vom Contractor realisierte Ersparnis bei den Energiekosten wird nach einem vertraglich festgelegten Schlüssel zwischen den beiden Vertragspartnern aufgeteilt – mit Spargarantie für das Land, die allein bei den ersten fünf Pools 2,5 Millionen Mark jährlich beträgt. Nach Ende, bei den neueren Verträgen schon mit Start der Laufzeit, gehen die modernisierten Anlagen in den Besitz des Senats über.

Erdgas
Natürliches Gas mit einem Methan-Gehalt zwischen 70 und 90 Prozent, teilweise bis zu 98 Prozent, sowie Anteilen von Kohlendioxid (CO_2), Stickstoff und Kohlenwasserstoffen. Die Zusammensetzung ist vom Fundort abhängig. Erdgas ist ungiftig und geruchlos, sein Brennwert ist im Vergleich zu Stadtgas mehr als doppelt so hoch.

Europäische Stadt
Leitbild, das auf der Permanenz der formalen Baustruktur beharrt, die sich über Jahrhunderte in europäischen Städten herausgebildet hat. Ihr Kernelement ist die scharfe Trennung von privaten und öffentlichen Einflusssphären. Letztere bilden dabei kompakte Blocks, die unmittelbar an Straßen und Plätzen liegen. Mit Traufhöhen, Baufluchten und Parzellenzuschnitten legt die Öffentliche Hand die Grenzen fest, innerhalb derer sich private Bauherren frei entfalten können. Im Ergebnis bleibt die Stadtgestalt relativ stabil. Formale Ausreißer werden mit der Methode der (Kritischen) Rekonstruktion zurückgebaut.

Fernwärme
Wärme wird in einem zentralen Heizkraftwerk (HKW) oder in einem dezentralen Blockheizkraftwerk (BHKW) erzeugt. Die Versorgung der Haushalte geschieht über Warmwasser- oder Dampfrohrsysteme.

Fordismus
Entwurfsprinzip, das Form aus der Funktion ableitet. Quasi als Steigerung des Funktionalismus konzentriert sich der Fordismus freilich auf einen Zweck. Entsprechend sind die Ergebnisse monofunktionale Maschinen. Benannt ist das Entwurfsprinzip nach Henry Ford, der Anfang des Jahrhunderts die Fließbandfertigung von Automobilen einführte und damit zum Pionier der rationellen Massenfertigung avancierte.

Gasspeicheranlagen
Es gibt in Berlin zwei Hochdruck-Kugelbehälter mit einem Gesamtvolumen von 957.000 qm, die kurzfristig bei täglichen Spitzenzeiten genutzt werden, sowie einen Untergrundspeicher unter der Glockenturmstraße, in dem sich langfristige Vorräte befinden. Es handelt sich dabei um einen so genannten Aquifer-Speicher, bei dem die geologisch entstandenen porösen Sedimente des Untergrunds mit Gas ausgefüllt werden. Seine gewaltige Kapazität erlaubt die Speicherung von Gasvorräten, die dem gesamtstädtischen Verbrauch von sechs Monaten entsprechen.

Gas- und Dampfturbinenanlage (GuD-Anlage)
Bei der Stromerzeugung in Gas- und Dampfturbinenanlagen werden in einem Abhitzekessel, der der Gasturbine nachgeschaltet ist, die von der Turbine kommenden heißen Abgase zur Erzeugung von Dampf genutzt. Mit diesem wiederum kann in einer nachfolgenden Dampfturbine Strom erzeugt werden. Die GuD-Anlage zeichnet sich besonders durch hohe Wirkungsgrade und geringe Schadstoffemissionen aus.

Industrieflächensicherungskonzept (ISK)
Strategie, mit dem Berlin Anfang der Neunzigerjahre das Überleben seiner Industrie sichern wollte. Insbesondere kleine und mittlere Unternehmen erhielten versteckte Subventionen, indem für ihre Firmengelände andere Nutzungen (vor allem Wohnen, Dienstleistungen und Vergnügen) ausgeschlossen wurden, was den Bodenpreis drückte. Tatsächlich haben die Betriebe, die innerhalb dieser Reservate residieren, im letzten Jahrzehnt deutlich weniger Arbeitsplätze abgebaut als ihre Konkurrenten.

Internationale Bauausstellung
Westberliner Projekt zwischen 1984 und 1987, das zunächst nicht mehr wollte als „die Innenstadt als Wohnort" wiederzugewinnen und damit dank opulenter staatlicher Förderung auch erfolgreich war. Zugleich kam etablierte sie die „Kritische Rekonstruktion", die Josef Paul Kleihues als Direktor der Neubausektion entwickelt hatte, als Methode, nach der seither weltweit Stadt wiederhergestellt wird. Im Ergebnis führte der Erfolg der IBA freilich zu dem Kurzschluss, dass fürs „Städtische" formale Regeln bereits ausreichend sind.

Joint Implementation (JI)
Unter JI wird die Durchführung von CO_2-reduzierenden Maßnahmen in Entwicklungsländern durch oder mit Hilfe von Industrieländern verstanden, die diese Länder dann auf ihrer nationalen Klimabilanz entsprechend ihrem Einsatz anrechnen können. Erst so können die Industrieländer meist ihre Verpflichtungen zur CO_2-Verringerung erfüllen, diese Kompensationslösung ist jedoch umstritten.

Kohlendioxid (CO_2)
Für die weltweite Klimaproblematik besonders relevant ist die CO_2-Emission, da diese neben anderen Spurengasen für die Entstehung des Treibhauseffekts verantwortlich ist. CO_2 entsteht insbesondere bei der Verbrennung von Kohle, Öl und Gas. Industrieländer sind am weltweiten CO_2-Ausstoß zu mehr als drei Viertel beteiligt. Die USA emittieren pro Kopf 20, Deutschland elf, die EU 8,76 und Indien 0,91 Tonnen Kohlendioxid (Zahlen 1996). Deutschland trägt damit – total gesehen – zu immerhin vier Prozent am weltweiten CO2-Ausstoß bei.

Unter den Dächern der GEWOBAG

Wo mehr als 50.000 Menschen in Berlin und Brandenburg ihr Zuhause haben.

Seit 1919 planen, bauen und verwalten wir in Berlin und Brandenburg Wohnimmobilien in fast jeder Lage und Größe.

Ob zur Miete oder zum Kauf – das Angebot reicht von der gepflegten Altbauwohnung bis zum Penthouse-Apartment über den Dächern der Stadt. Und nach bester Tradition einer städtischen Wohnungsbaugesellschaft: immer zu bezahlbaren Preisen.

Wir sind für Sie da:
Tel. 435 65-0
Fax 435 65-220
www.gewobag.de

GEWOBAG
Gemeinnützige
Wohnungsbau-
Aktiengesellschaft Berlin
Bottroper Weg 2
13507 Berlin

GEWOBAG

Klimafunktionskarte
Ziel dieser Karte ist es, Stadtgebiete nach ihrer „klimatischen Funktion", d.h. in ihrer Wirkung auf andere Räume abzugrenzen. Die „Empfindlichkeit" dieser Funktion gegenüber strukturellen Veränderungen wird darin bewertet. Auf dieser Grundlage können Maßnahmen zum Erhalt bzw. zur Verbesserung der klimatischen Situation benannt werden, Planungshinweise aus stadtklimatischer Sicht.

Klima-Michel
(siehe PMV-Wert)

Kraft-Wärme-Kopplung (KWK)
Dieses Verfahren zur Energiegewinnung erzeugt Strom über die Verbrennung von Primärstoffen in Turbinen. Die dabei entstehende Wärme geht nicht verloren, sondern wird als Heiz- oder Prozesswärme genutzt. Durch optimierte Prozessabläufe ist der Wirkungsgrad der KWK vergleichsweise höher als in konventionellen Strom- oder Heizkraftwerken.

Mulden-Rigolen-Systeme
Künstlich angelegte Gräben mit natürlichem Filtersystem. Das auf den Grundstücken anfallende Regenwasser sammelt sich in Mulden und versickert vor Ort über Rigolen, die wie ein Filter funktionieren. Dabei wird das Wasser in physikalischen und biologischen Prozessen gereinigt.

Neue Vorstadt
Leitbild für Stadtrandsiedlungen, das Anfang der Neunzigerjahre in Berlin entwickelt wurde. Es stand für den Abschied von den Großsiedlungen der Nachkriegszeit. Entsprechend waren die Projekte deutlich kleiner (5000 Wohneinheiten galten als ideal) und wollten keine Satellitenstädte, sondern Erweiterungen der bestehenden Stadt sein. Als formales Vorbild wurden Gartenstädte wie Lichterfelde oder Frohnau propagiert, die um 1900 entstanden waren. Real orientierten sich jedoch die meisten Neuen Vorstädte mehr an den ersten Sozialsiedlungen aus den Zwanzigerjahren. Neben Neu-Karow sind Altglienicke, Französisch Buchholz sowie die Rudower Felder die bedeutendsten Beispiele in Berlin, das Kirchsteigfeld und Falkenhöh in seinem Umland.

Ozon (O_3)
Ein natürliches Spurengas der Atmosphäre, das im Gegensatz zum zweiatomigen Sauerstoff O_2 aus drei Atomen O_3 besteht. Die Reaktionsfreudigkeit des Ozons wirkt sich auf Bauwerke, Metalle, Pflanzen, Blätter und Nadeln sowie den Atemtrakt der Menschen und Tiere schädlich aus. Hauptverursacher für Ozon ist der Kfz-Verkehr, es folgen Kraftwerke, industrielle Feuerungsanlagen und der Hausbrand.

Paul Lincke
Aus der Feder des Komponisten (geb.1866, gest. 1946) stammt der Operettenmarsch, das populäre Berliner Lied, „Das ist die Berliner Luft, Luft, Luft...".Geboren in der Kreuzberger Oranienstraße, wirkte Lincke später als Kapellmeister in Berlin und Paris. Neben den bekannten Berlin-Liedern, Schlagern, Revuen und Operetten komponierte er Tanz- und Filmmusik.

Photovoltaik-Anlagen
Diese Technologie verwandelt Sonnenenergie in elektrischen Strom. Die Module bestehen aus Solarzellen, die aus amorphem Silizium (Wirkunsggrad: fünf Prozent), kristallinem Silizium (Wirkungsgrad 14 bis 17 Prozent) oder aus giftigem Galliumarsenid (Wirkungsgrad: 30 Prozent) bestehen. Für den Energiebedarf eines vierköpfigen Haushaltes ist eine Modulfläche von 20 Quadratmeter (kristallines Silizium) ausreichend.

PMV-Wert (Predicted Mean Vote)
Vorhergesagter, durchschnittlicher Wert, der eine Einschätzung des thermischen Umgebungsmilieus eines Menschen, des so genannten Klima-Michel, beschreibt. Es wird dabei von einem männlichen Normmenschen, 35 Jahre alt, 75 Kilo schwer, 1,75 Meter groß, flanierend im leichten Straßenanzug als Berechnungsfaktor ausgegangen.

Polyzentrale Stadt
Leitbild, das von der Gleichberechtigung aller Quartiere einer Großstadt ausgeht. Erdacht wurde es in Westteil von Berlin, nachdem dieser infolge des Mauerbaus sowohl von der historischen Mitte der Stadt wie von ihrem Umland abgeschnitten war. Im Unterschied zum jüngeren, andernorts erdachten Denkmodell einer „Netzstadt" kommt die polyzentrale Stadt ohne die Begriffe „Zentrum" oder „Peripherie" aus und kümmert sich auch nicht um Arbeitsteilung der Stadtteile. Im Ergebnis kennt dieses Leitbild nur eine Hierarchie: zwischen Stadt und Nicht-Stadt.

Quartiersmanagement
Institution zur sozialen Stadterneuerung, die Ende der Neunzigerjahre geschaffen wurde, nachdem sich alle älteren Strategien sozialer Fürsorge und baulicher Aufwertung in Problemkiezen als ineffizient und nicht mehr finanzierbar erwiesen. Seither wollen Stadt und Staat ihre Bürger zur Selbsthilfe aktivieren. Quartiersmanager sollen dabei auf lokaler Ebene konzertierte Aktionen ermöglichen, Geld aus verschiedensten Förderprogrammen bündeln, die öffentliche Hand mit der Geschäftswelt und Bewohnerinitiativen zusammenbringen.

Ruß (Black Smoke)
Ruß wird vorrangig durch die Abgase von Dieselmotoren und Kohleheizungen, aber auch durch den Reifenabrieb hervorgerufen. Black-Smoke ist ein englisches Messverfahren, das zur Abschätzung dieser Ruß-Belastung eingesetzt wird.

Sanierungsgebiet
Städtebauliches Sonderrecht nach Baugesetzbuch, das maroden Quartieren zu baulicher Aufwertung verhelfen und ihre Bewohnerschaft zugleich vor Verdrängung schützen will. Dabei motiviert die öffentliche Hand Sanierungsleistungen privater Eigentümer durch finanzielle Anreize, aber auch durch Zwangsmaßnahmen, die bis zur Enteignung gehen können. Zugleich kontrolliert sie alle Immobilienvorgänge, stellt selbst kleine bauliche Veränderungen und Verkäufe unter einen Genehmigungsvorbehalt und legt auch für die Miete Obergrenzen fest.

Schwefeldioxid (SO_2)
Farbloses, in hohen Konzentrationen stechend reichendes Gas. Es entsteht bei der Verbrennung fossiler Brennstoffe wie Kohle und Erdöl und fällt bei der Verhüttung von Erzen an. Es gelangt als Bestandteil von Rauchgasen in die Atmosphäre. SO_2 beeinträchtigt den menschlichen Gesundheitszustand, wirkt auf die Schleimhäute der Augen und der oberen Atemwege, darüber hinaus schädigt es Pflanzen und Boden. In Berlin werden SO_2-Emissionen überwiegend bei Verbrennung von Kohle und Öl zur Erzeugung von Wärme und Strom verursacht.

Sommersmog
Im Gegensatz zu den früher im Winter bedeutsamen klassischen Schadstoffen wie Schwefeldioxid und Schwebstaub wird Ozon nicht direkt an die Luft abgegeben, sondern bildet sich bei Sonnenschein über eine komplexe Kette chemischer Reaktionen aus Stickstoffoxiden und einer Vielzahl von Kohlenwasserstoffverbindungen. Ab einer Ozonkonzentration von 180 µg/qm ist die Bevölkerung aufgefordert Kfzs nach Möglichkeit nicht mehr zu benutzten.

Sonnenkollektoren
Diese Anlagen dienen der Umwandlung von Solarenergie in Wärme für Heizzwecke. Der Wirkungsgrad ist vergleichsweise hoch. 70 bis 90 Prozent der Sonnenstrahlung wird umgesetzt. Eine Kollektorfläche von sechs Quadratmetern reicht aus, um einen vierköpfigen Haushalt täglich mit 50 Liter Warmwasser zu versorgen.

Stadtgas
Wird aus der Verbrennung von Kohle und Erdölprodukten gewonnen. Bei seiner Herstellung fallen erhebliche Mengen Schadstoffe (vor allem CO_2) an. Die Bezeichnung bezieht sich auf den Umstand, dass es eigens für die Bedürfnisse der wachsenden Großstädte produziert wurde.

Stadtklima
Städtische Ballungsräume zeichnen sich gegenüber ihrem Umland durch deutliche Veränderungen im Wärmehaushalt aus. Auch Berlin weist ein hochgradig verändertes Stadtklima auf. Im Vergleich zum Umland lassen sich innerhalb der Stadt verschiedenen Zonen abgrenzen, die durch einheitliche Temperaturverhältnisse gekennzeichnet sind: von Randzonen mit geringen Veränderungen bis zu klimatisch belasteten Bereichen im Zentrum. Hauptursache der Herausbildung dieses Charakteristikums ist die Bodenversiegelung.

Städtebaulicher Vertrag
Flexibles Genehmigungsinstrument, das Anfang der Neunzigerjahre mit der Novellierung des Bundesbaugesetzes eingeführt wurde. Baurecht ergibt sich dabei nicht mehr aus einer Reihe allgemeiner, von einander unabhängiger Festlegungen, über deren Einhaltung durch ein Projekt die Öffentliche Hand befindet. Vielmehr werden die Vertragsbedingungen für jeden Einzelfall neu ausgehandelt. Dabei verschwimmen die Grenzen zwischen privaten und kommunalen Einflussphären. Die Stadt wird quasi zum Mitauftraggeber, der Investor tritt in den Dienst der Stadt und kann auch ursprünglich genuin öffentliche Bauaufgaben wie Straßen oder Kindertagesstätten übernehmen. Berlin wandte dieses Instrument in Neu-Karow erstmals in großem Stil an.

Stäube
Ohne Messgerät feststellbare, partikelförmige Luftverunreinigung. Unterschieden wird zwischen Schwebstaub und Staubniederschlag. Letzterer tritt auf glatten horizontalen Flächen in Erscheinung, die der Außenluft ausgesetzt sind. Schwebstaub macht sich durch Trübung der Atmosphäre bemerkbar, Stäube reizen das menschliche Bronchialsystem. Hauptverursacher sind in Berlin Kraftwerke, Verkehr und Hausbrand.

Stickoxide (NO_x)
Stickoxide sind Säurebildner und wirken schädlich auf die menschliche Gesundheit, auf Pflanzen, Bauwerk und Denkmäler. Sie sind wesentlich an der übermäßigen Bildung von Ozon während sommerlicher Hitzeperioden beteiligt. NO_x-Emissionen werden hauptsächlich verursacht bei Verbrennungsprozessen in Kraftwerken und großen Industriefeuerungsanlagen sowie in Motoren.

Trennkanalisation
Schmutz- und Regenwasser werden – im Gegensatz zur Mischkanalisation – in getrennten Kanalsystemen abgeleitet. Das Schmutzwasser wird in die Klärwerke geleitet. Das stark verschmutzte Regenwasser aus dem Stadtgebiet wird vor der Einleitung in die Oberflächengewässer in Regenbecken behandelt, wo sich die Schadstoffe über Filter- und Fällungsprozesse absetzen. Das gereinigte Regenwasser wird erst danach in die Oberflächengewässer geleitet.

Umweltatlas Berlin
Beschreibt die städtische Umwelt mit ihren wertvollen, empfindlichen und belasteten Stadtgebieten und präsentiert Arbeitsergebnisse aus der Umweltverwaltung des Berliner Senats. Es sind mittels Karten, Texten und Abbildungen die Schwerpunkte der Belastungen, die davon ausgehenden Gefährdungen und die vorhandenen Qualitäten dargestellt. Neben der gedruckten Ausgabe gibt es den Umweltatlas auch in digitaler Form auf CD-ROM und im Internet.

Verpackungsabfall
Verpackungsabfall besteht zum größten Teil aus Wertstoffen. Die Verpackungen mit dem Grünen Punkt werden als „Leichtfraktion" bezeichnet, zu der Tüten, Folien, PE-Flaschen und Weißblechdosen gehören. Diese Stoffe werden in gelben Tonnen zwar ungetrennt gesammelt, müssen jedoch vor ihrer Wiederverwertung von Hand sortiert werden. Papier und Glas sind separate Wertstoff-Fraktionen, die entsprechend erfasst und recycelt werden.

Wasserhärte
Die von den natürlichen Gegebenheiten der Wasserquellen abhängigen Anteile von Kalzium und Magnesium bestimmen die Wasserhärte. Je höher die Konzentration, desto härter das Wasser. Berliner Wasser ist hart bis sehr hart.

Wasserleitungen
Das Trinkwasserleitungssystem umfasst drei verschiedene Arten. Der Transport des Wassers über große Strecken erfolgt über Hauptleitungen mit einem Durchmesser von 40 cm bis 140 cm, die zum größten Teil unter der Fahrbahn liegen. Versorgungsleitungen zweigen von den Hauptleitungen ab, haben einen Durchmesser bis 30 cm und liegen meist unter den Gehwegen. Zum Grundstück führt schließlich die Anschlussleitung. Leitungen können aus Gusseisen, Stahl oder Kunststoff sein.

Wintersmog
Die Smog-Verordnung zur Verminderung schädlicher Umwelteinwirkungen bei austauscharmen Wetterlagen wurde 1977 erlassen. Da die Auslösekriterien der Verordnung in Berlin seit Januar 1991 nicht mehr überschritten worden waren und die Luftqualität sich in Bezug auf die Schwefeldioxid- und Schwebstaubbelastung so weit verbessert hatte, dass nicht mehr mit Überschreitungen gerechnet werden musste, wurde Verordnung 1995 aufgehoben.

Wohnungsbauprogramm 1989
Mitte der Siebzigerjahre inszeniertes Projekt, das die Wohnungsfrage in der DDR bis zum Jahr 1989 lösen wollte. Auf sein Konto gehen alle großen Plattensiedlungen wie Marzahn oder Hellersdorf. Es setzte allein auf den Neubau industriellen Massenwohnungen und führte faktisch zur Vernachlässigung des Bestandes.

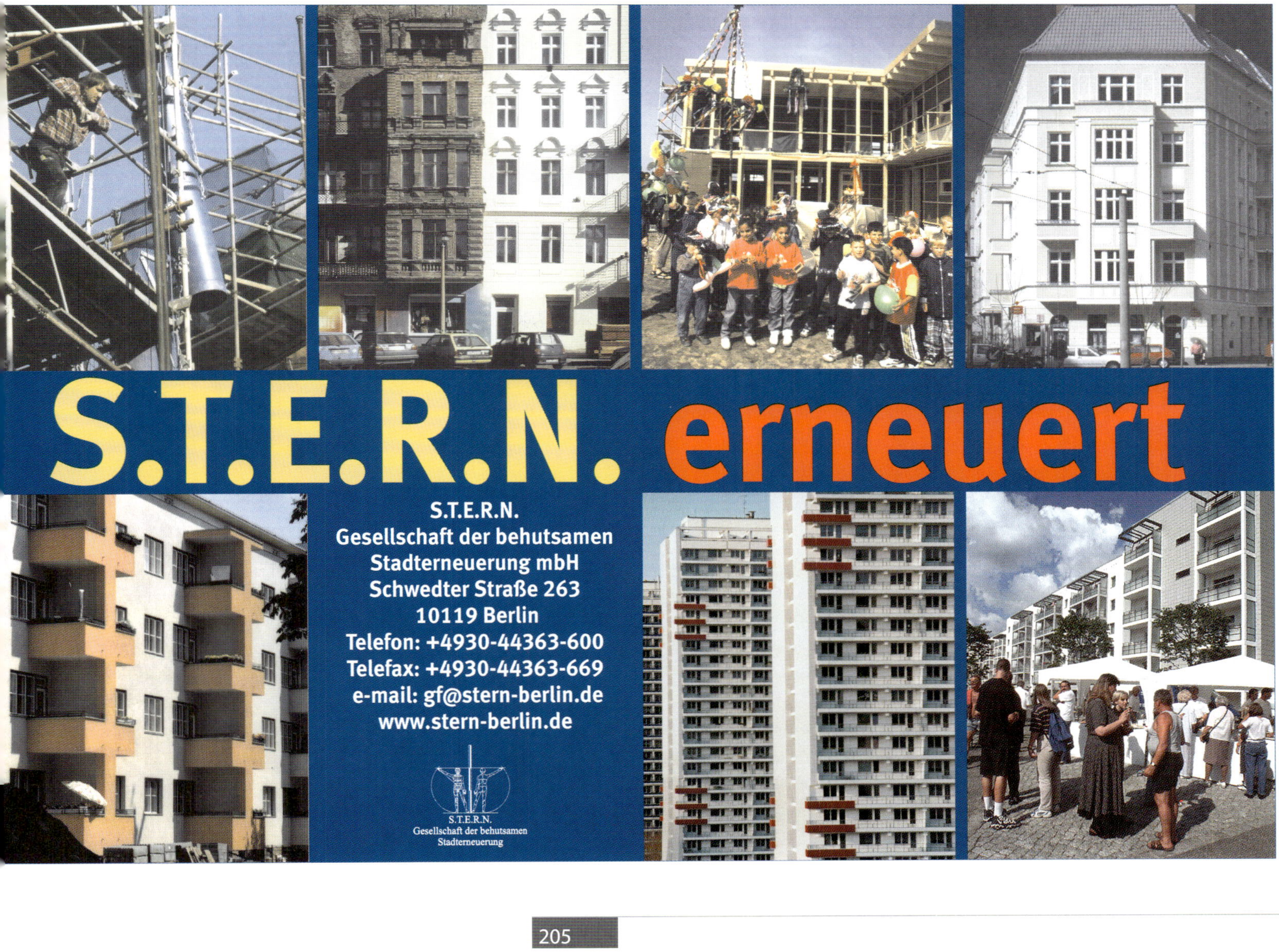

Passagiere und Projektionen
Text: Diedrich Diederichsen
Foto: Pierre Adenis

Schräg sein kann nicht schaden – dem Porträt so wenig wie der Stadt. Darin war sich der Fotograf Pierre Adenis (Jg. 1962) mit dem renommierten Musik- und Stadtjournalisten und Professor der Stuttgarter Merz-Akademie Diedrich Diederichsen (Jg. 1957) rasch einig. Der Franzose Adenis kam aus Toulon über Nizza, Lille und Paris nach Berlin, wo er seit 1987 lebt, für deutsche wie französische Zeitschriften und Presseagenturen arbeitet oder eigene Bücher veröffentlicht. Seit 1992 ist er Mitglied der Fotografenagentur G.A.F.F. Diederichsen lebt in Köln, Stuttgart und Berlin. 1999 erschien sein Buch Der Sound und die Stadt. Der lange Weg nach Mitte.

Bühne der Hauptstadt
Text: Louis Back
Bildredaktion: Jörg Küster

Der Streifzug durch das Bildarchiv der dpa geriet für Autor und Bildredakteur zur Zeitreise durch die eigene Vergangenheit. Der Journalist und Germanist Louis Back (Jg. 1963) kam 1990 nach Berlin – nach Studium und Arbeit in München, Detroit und Frankfurt/Main. Seit 1994 arbeitet er als freier Texter und Redakteur für die Architektur- und Immobilienwelt der Hauptstadt, wenn er nicht gerade seinem Lieblingsthema Gartenkunst nachgeht. Jörg Küster (Jg. 1961) betreute nicht nur die Auswahl der Archivfotos sondern die gesamte Bildredaktion dieses Bandes. Der studierte Wirtschaftswissenschaftler und ausgebildete Fotograf lebt seit 1984 in Berlin. Seit 1996 arbeitet er als freier Fotoredakteur – u.a. für die Senatspublikationen Stadtforum Journal und Foyer.

Zivilisierte Mobilität
Text: Maria Krautzberger
Foto: Wolfgang Korall

Maria Krautzberger (Jg. 1954), vielbeschäftigte Staatssekretärin der Senatsverwaltung für Stadtentwicklung, lacht gerne und oft – nicht nur fürs Foto. Seit Ende 1999 bringt die ehemalige Lübecker Senatorin und studierte Verwaltungswissenschaftlerin frischen Wind in die Berliner Verkehrsplanung. Wolfgang Korall (Jg. 1949) ist nach Physik- und anschließendem Fotografiestudium seit 18 Jahren freiberuflich tätig. In den vergangenen Jahren hat er sich vorwiegend mit Reisefotografie und Sozialreportagen mit Schwerpunkt Berlin, Deutschland und Osteuropa beschäftigt. Übrigens: Auch das Bild im Bild hat er natürlich selbst fotografiert.

Arbeitsort Stadt
Text: Jörg Niendorf
Foto: Frank Welke

Jörg Niendorf und Frank Welke durchstreiften gemeinsam Berliner Arbeitswelten und entdeckten die Gesichter hinter der Wirtschaftsstatistik. Welke (Jg. 1964) ist Berliner. Ein waschechter. Nach Assistenzzeit in Hamburg und Abstechern nach Toronto und New York arbeitet er seit einigen Jahren als freier Fotograf mit eigenem Studio vorwiegend für Werbeagenturen und Verlage in der Hauptstadt. Der studierte Historiker und Politologe Jörg Niendorf (Jg. 1965) kam 1990 als freier Autor nach Berlin. Seither schreibt er vorwiegend für Tageszeitungen. Seine Themenschwerpunkte: Berlin und die Berliner Stadtentwicklung.

Pulsierender Stadtkörper
Text: Cornelia Dörries
Foto: Florian Bolk

Cornelia Dörries (Jg. 1969) und Florian Bolk (Jg. 1967) unternahmen eine Exkursion in die Berliner Unterwelt. Ansonsten beschäftigen sich beide eher mit dem städtischen Leben oberhalb von Abflussrohren und Kabelsträngen. Die Stadtsoziologin schreibt für verschiedene Zeitungen und Zeitschriften, übersetzt und frönt nebenbei einer Leidenschaft für Friedhöfe. Der philosophisch vorgebildete Fotograf ist mit seiner Kamera für Architekturzeitschriften und -bücher, für Stadtmagazine und Gourmetjournale unterwegs, um festzuhalten, wie Berlin leibt und lebt.

Duft der Großstadt
Text: Eva Maria Froschauer
Illustrationen: Martina Leeven
Mit Eva Maria Froschauer (Jg. 1969) und Martina Leeven (Jg. 1970) haben zwei Weltenbummlerinnen gemeinsam die oft prickelnde und manchmal graue Berliner Luft erkundet. Froschauer, die ausgebildete Architektin ist, lebt seit drei Jahren in Berlin. Sie fühlt sich im Dreieck zwischen Österreich, Deutschland und der Schweiz zuhause, wo sie für Zeitungen und Fachzeitschriften zur Architektur, Baugeschichte und Stadt schreibt. Die Foto-Illustratorin Leeven setzt ihre Bilder, die sie für Bücher, Magazine und Designfirmen entwirft, aus beständig gesammelten Fundstücken und fotografischen Fragmenten zusammen. In Berlin lebt sie erst seit kurzem, vorher weilte sie in Brasilien, Tschechien und den USA.

Die Textur der Stadt
Text: Hans Stimmann
Pläne: Tobias Nöfer
Während sich Senatsbaudirektor Hans Stimmann (Jg. 1941) der Buchstaben und Wörter bediente, um die Textur der Stadt nachzuzeichnen, erzählt der Architekt Tobias Nöfer (Jg. 1967) eine Berlin-Geschichte mit Hilfe von Stadtgrundrissen. Die erstmals in dieser Form vorliegenden Schwarzpläne und Parzellenpläne, die in monatelanger Arbeit entstanden, lesen sich daher spannend wie ein Krimi. Wo Nöfer detektivische Spurensuche betrieb, protokollierte Stimmann minutiös Absterben und Wiederbeleben der Berliner Innenstadt. Takis Sgouros (Jg. 1957), der die CAD-Werkstatt in der Senatsverwaltung für Stadtentwicklung leitet, unterstützte die beiden Kriminalisten bei der Ermittlungsarbeit.

Auf der Suche nach Form
Text: Philipp Meuser
Foto: Erik-Jan Ouwerkerk
Philipp Meuser (Jg. 1969) und Erik-Jan Ouwerkerk (Jg. 1959) bestiegen Berlins jüngsten Aussichtsturm am Potsdamer Platz. Der Architekt, der mehr schreibt als baut, und der Biologe, der mehr fotografiert als mikroskopiert, blickten über das neue Berlin, debattierten über das Stadtbild und waren sich dann doch schnell einig, wie sie die Spreu vom Weizen zu trennen hatten. Wenn die beiden Ästheten nicht auf der Suche nach Form sind, koordiniert Meuser das Berliner Stadtforum und die Redaktion der Zeitschrift Foyer, und Ouwerkerk dokumentiert den Wandel der Stadt für Zeitungen, Zeitschriften und Buchpublikationen im In- und Ausland.

Stadt als Selbstläufer
Text: Hans Wolfgang Hoffmann
Foto: Andreas Muhs
Am Hackeschen Markt, wo so manches zusammenkommt, treffen sich auch die Tätigkeitsfelder von Hans Wolfgang Hoffmann (Jg. 1970) und Andreas Muhs (Jg. 1965). Muhs kam 1991 aus Hannover nach Berlin, um das Schauspiel des Stadtwandels auf Zelluloid zu bannen. Dabei nahm der gelernte Volkswirt mit Buchveröffentlichungen zum Potsdamer Platz und zum Reichstag jene Orte ins Visier, an denen Wirtschaft und Volksvertreter ihren Auftritt haben. Hoffmann entsagte dem Architekturhandwerk, um als Journalist zu hinterfragen, was sich auf den ersten Blick nicht begreifen lässt: die Stadtgestalt und wie sie die Stadt gestaltet. Zeit seines Lebens in der Spreestadt zuhause entschlüsselt er seit 1995 die Botschaften des Berliner Bauens für heimische und internationale Publikationen.

Metropole von Morgen
Text: Dieter Hoffmann-Axthelm
Foto: Matthias Broneske
Zwei Visionen, zwei Generationen. Der Nestor der Berliner Stadtkritik schreibt über die Stadt von morgen. Ein junger Fotograf zeigt ihre Vorboten in eigenwilligen Momentaufnahmen. Dieter Hoffmann-Axthelm, geboren 1940 in Berlin, arbeitet seit den Siebzigerjahren als freier Schriftsteller in seiner Heimatstadt und ist einer der ideellen Väter des Planwerks Innenstadt. Matthias Broneske (Jg. 1969) kommt aus Leipzig, absolvierte aber schon Abitur und Ausbildung in Berlin. Seit 1997 arbeitet er als freier Fotograf für Auftraggeber aus Architektur, Werbung und Medienlandschaft.

Begleitbuch zur Ausstellung

Herausgeber
Senatsverwaltung für Stadtentwicklung
Württembergische Straße 6
10707 Berlin

Inhaltliche Betreuung
Senatsverwaltung für Stadtentwicklung
Servicebereich Kommunikation/Joachim Günther

Konzept
Philipp Meuser/Meuser Architekten BDA

Redaktion
Louis Back, Philipp Meuser

Fotoredaktion
Jörg Küster

Endredaktion
Daniela Pogade

Übersetzungen in die englische Sprache
Cornelia Dörries

Grafik
Ulrich Gatz

Mitarbeit Grafik
Lukas Meintrupp

Schaubilder/Info-Grafiken
Louis Back

Schwarzpläne
Senatsverwaltung für Stadtentwicklung
Auftragnehmer: Tobias Nöfer, Dipl.-Ing. Architekt
Koordination: CAD-Werkstatt/Takis Sgouros

Titelfoto/Foto Seite 4
Jörg Reichardt/Andreas Muhs

Produktion und Herstellung
Runze & Casper Werbeagentur GmbH

Verlag
Edition FOYER in der
Runze & Casper Werbeagentur GmbH
Linienstraße 214
10119 Berlin
Fon 030.28018-0
Fax 030.28018-300

Anzeigen
Runze & Casper Verlagsservice OHG

Vertrieb
R+F Logistik GmbH
Ritterstraße 11
10969 Berlin
Fon 030.6159121
Fax 030.6159178

IPV Inland Presse Vertrieb GmbH, Hamburg

ISBN 3-9807281-0-2

Die in diesem Buch veröffentlichten Abbildungen entstanden im Winter 1999/2000 (mit Ausnahme der Agentur-Fotos).

Redaktionsschluss: 30. April 2000

Ausstellung vom 2. Juni bis 3. Oktober 2000

Veranstalter
Senatsverwaltung für Stadtentwicklung
Württembergische Straße 6
10707 Berlin

Inhaltliche Leitung
Senatsverwaltung für Stadtentwicklung,
Senatsbaudirektor Dr. Hans Stimmann,
Abteilung I Stadt- und Freiraumplanung/
Dietrich Flicke

Vorkonzept
Projektteam Arno Dietsche, Stefan Koppelkamm,
Miller Stevens/Christian Voigt/Stadt • Land • Fluss,
Hans-Ulrich Wagemann/Wagemann & Westerveld,
Hans Panhoff/ topomedia (Ltg.)

Gesamt- und Produktionsleitung
Hans Panhoff/topomedia

Projektassistenz
Dorine Craß, Martin Welzel

Künstlerische Leitung
Arno Dietsche

Inhaltliche Konzeption
Stadt • Land • Fluss, Christoph Kaulfuß

Recherche
Ludovica Scarpa, Anne Klein-Hitpaß, Stadt • Land • Fluss, Patrick Kulling, Stefan Drescher (Mitarbeit)

Texte
Christoph Kaulfuß

Übersetzungen in die englische Sprache
Keil & Tillmann

Grafik
Arno Dietsche mit Ralf Klöden

Fotokonzeption
Arno Dietsche, Jörg Reichardt

Kommunikation/Marketing
Wagemann & Westerveld

Ausstellungsarchitektur
Erdgeschoss: Arno Dietsche, Stefan Koppelkamm
Obergeschoss: Arno Dietsche mit Julia Kissel
Außenraum: Arno Dietsche mit Ralf Klöden

Beteiligte Künstler
Atelier Loidl, Dorothée Billard, Stefanie Bürkle, Helmuth Costard, Ursula Cyriax/Johanna Michel, Arno Dietsche, Klaus Domass, hastings, Sybille Hofter, Herman Hola, Tomás Fitzpatrick, Gero Gries, Gusztáv Hámos, Julia Kissel, Stefan Koppelkamm, Annette Munk, Hermann Oberhäuser, Sabine Ohle, Hermann Valentin Schmitt, Jens Tröndle

Porträtgalerie
Jörg Reichardt

Animation 50 Jahre Stadtentwicklung
Manfred Zache, Z•Plan

Animation Lehrter Stadtbahnhof
Tishman Speyer Properties Deutschland GmbH,
Produktion: Archimation

3D-Hubschrauberfilm
Frank Eberle, conch graphics

Stadtmodell
Monath & Menzel, mediapool

Bauleitung Ausstellungssystem
tecton

Herstellung
green congress, Kiebitzberg, Rädler Ausstellungsbau,
Schwachstrom Montage SSM, WLM Messbau

Internet (www.z-B-Berlin.de)
Konzeption: Müller-Britz-Werkstätten, Hans Panhoff,
Christoph Kaulfuß
Gestaltung und Programmierung: Müller-Britz-Werkstätten
Redaktion: Christoph Kaulfuß
Animation Postbahnhof: Herman Hola

Scanarbeiten
Decker & Dietsche

Tafeldruck
CCS

Tafelherstellung
Michael Rädler Ausstellungsbau

Bauherr Postbahnhof/Ausstellungsgebäude
Deutsche Post Immobilien/Franz Werner Nolte
(Geschäftsleitung), Kristian Lengning, Jutta Kmezik

Projektsteuerung Postbahnhof
Ruschitzka & Trebs

Planung und Durchführung Postbahnhof
Lubic & Woehrlin Architekten,
Mitarbeiter: Steffen Blankart, Jens Schneider

Diagrammskulpturen im Stadtraum/Brandwände
Entwürfe: Gero Gries, Arno Dietsche
Bauleitung: radius Ingenieure